MÁS ALLÁ DE LOS MARES

MÁS ALLÁ
DE LOS MARES

De la estepa rusa a la pampa argentina, una niña de 12 años vive una historia de superación y amor en un mundo conmocionado por las dos guerras mundiales.

Yolanda Scheuber

nowtilus

Colección: Narrativa Nowtilus

Título: Más allá de los mares
Subtítulo: De la estepa rusa a la pampa argentina, una niña de 12 años vive una historia de superación y amor en un mundo conmocionado por las dos guerras mundiales.
Autor: © Yolanda Scheuber
Esta obra fue publicada por Nowtilus originalmente con el título "El largo camino de Olga".

Diseño de cubiertas: Grace Maher
Foto de cubierta: foto de Olga Ida Meissener de Scheuber, cortesía de la autora

ISBN: 978 1 60751 082 6

Impreso en U.S.A.

Dedico este libro

A mi abuela Olga, quien me legó la riqueza de su sabiduría, el valor de su experiencia, su fortaleza en el trabajo y su espíritu de lucha.

A mi padre Roberto, por ser una simiente maravillosa de aquel "árbol bueno" que me transmitió mucho de lo que sé de Olga.

A mis tías Amalia y Olga Esther (Tití) y a mis tíos Francisco (*Pancho*), Enrique y Luis porque fueron su reflejo y porque compartieron junto a mi padre aquellos maravillosos años de infancia junto a Olga como herederos de aquel caudal de afectos, fortaleza, lucha y trabajo.

A mi hermana Victoria, quien compartió conmigo largas horas de dedicación y asistencia, dándome fuerzas y consejos para que todo saliera bien.

A mi esposo Nicolás y a mis hijos Nicolás, Santiago y Magdalena, quienes me brindaron su silencio y sugerencias desinteresados para que pudiera concluir este sueño.

A mis primos Olga, Marta, Nilda, Óscar, María Esther, Azucena, Delia, Nélida, José, Luis, Bernardo, Patricia, Guillermina y Carolina para que puedan descubrir, a través de estas páginas, el largo camino que Olga tuvo que desandar para que todos nosotros estuviéramos aquí y fuéramos la continuación de su fructífera vida.

A Delia Hernandorena de Battistoni, con mi agradecimiento por su gentil mecenazgo.

ÍNDICE

PRÓLOGO

Podría haber escogido guardar en mi recuerdo todo lo que nuestra gran abuela volcó en charlas y confidencias en mis oídos. Sin embargo, como guiada de su mano, decidí un día sentarme durante horas a mi mesa de trabajo para dejar testimonio de su asombrosa vida. Tal vez esta historia sirva para avivar el recuerdo, a pesar de los años, de otras personas de distintos lugares del mundo que, como Olga, tuvieron que pasar por situaciones similares o para que cada uno de nosotros comprendamos que quienes fueron nuestros abuelos tuvieron que vivir sus vidas de intenso sacrificio, luchando con esfuerzo y voluntad, para poder hacer de este mundo un sitio mejor para dejarnos.

Este libro, que más que libro fue un sueño, se fue fraguando en mi mente desde hace muchos años. Recuerdo que siendo niña escuchaba asombrada a mi abuela contar los relatos de su infancia en la lejana Rusia imperial. El escuchar su historia era para mí un cuento, donde no faltaban las heroínas, los días amargos, los príncipes azules y un final feliz.

Su vida me impactó constantemente, pues estuvo hecha de puro valor, fortaleza y coraje. Por eso quise dejarla plasmada en un relato, para que todos pudieran conocer los detalles de su valiente existencia y comprendieran cómo se habían desarrollado los acontecimientos que la trajeron hasta esta tierra que la adoptó como hija y que ella quiso como su propia patria.

Fueron pasando los años, llegó mi adolescencia y, por las circunstancias de la vida, tuve la suerte de poder compartir junto a ella varios años de largas horas de conversaciones y añoranzas que hicieron que me propusiera, en lo más íntimo del alma, escribir sobre su vida algún día.

Así, durante mucho tiempo tuve la profunda certeza de que este momento llegaría, mas no sabía cómo ni cuándo ni dónde.

Comencé a escribir una tarde de los primeros meses del año 2003, decidida a no dilatar más esta meta que me había fijado. Pasó el tiempo y una tarde del mes de febrero del año 2005, en medio de lágrimas y sonrisas, había finalizado el manuscrito.

Escribir sobre su vida fue una experiencia irrepetible, pues si bien siempre la conocí con sus cabellos color plata, tuve que volar en el tiempo hacia atrás para reencontrarla en su infancia cuando, siendo apenas una niña, debió afrontar todas las alternativas del destino con el valor y la fortaleza de un adulto.

Escribir sobre ella cuando niña fue por demás emotivo y enternecedor. Mientras iba componiendo las páginas de sus años, me sentí su compañera inseparable. Patiné con ella en los lagos helados de Zhitomir, corrí detrás de su sombra camino a la escuela, planté semillas en el huerto de su casa, jugué con sus muñecas de trapo pero, más que nada, escuché en el corazón el dolor secreto de sus sentimientos al tener que abandonarlo todo al partir de Rusia y el secreto doloroso de sentirse abandonada a los doce años, en medio de las pampas argentinas, cuando sus padres y hermanos decidieron marcharse nuevamente a Europa. Solo su inseparable hermana

Julia quedó junto a ella, a quien se aferró como un náufrago a un madero para salir adelante en medio de un océano de incertidumbres, incógnitas y temores que se agitaban a su alrededor en una tierra desconocida, donde no comprendía el idioma, no conocía las costumbres y debía buscar su propio sustento.

Remonté con ella el camino de su florida juventud, la emoción y la alegría de su primer y único amor, el nacimiento de cada uno de sus hijos y sus días forjados en el trabajo cotidiano, matizados de lágrimas y sonrisas.

Debo decirles que, al escribir su historia puse el alma, el corazón, los cinco sentidos y el empeño de mi voluntad, para que quienes conocimos a Olga reconozcamos en sus páginas el fiel reflejo de su vida entera. Para que, a través de cada capítulo, viviéramos sus mismas ilusiones, sus sueños, sus incertidumbres, sus angustias y alegrías y viajáramos con ella en el correr de los años reviviendo sus días. Así como para que quienes no la conocieron, este libro fuera una estampa vívida de una historia tan singular como intensamente humana.

Debo confesarles que, mientras iba hilvanando su vida, no solo me he sentido compañera de Olga en las vicisitudes relatadas durante la redacción del libro sino que, al concluir la obra siento que he consolidado para siempre una unión espiritual con ella.

Deseo que cada uno de ustedes al leerlo haga suya su historia, porque en Olga se ven reflejados todos los matices de los sentimientos; aquellos sentimientos que, alguna vez, cada uno de nosotros hemos sentido y expresado.

Ahora dejémonos invadir por los aromas del huerto y de los dulces caseros de la casa de campo de Zhitomir, por el ruido de las olas golpeando en el casco del barco del exilio, por el viento que hace inclinar los eucaliptus y barre los cardos rusos en los caminos, por el llanto amargo del adiós de la separación de padres y hermanos y el llanto feliz y portador de futuro con que la vida bendijo los años de Olga en esta tierra. Dejémosle la palabra y escuchemos: es nuestra abuela, la pionera, quien va a contarnos su historia para que nosotros sepamos encontrar un sentido más profundo a la nuestra.

La Autora.
Argentina- En un día del mes de junio de 2007.

I

ANSIAS DE LIBERTAD

Domingo 6 de enero de 1980

Esta historia comenzó a salir a la luz, casi sin darnos cuenta, la tarde del domingo 6 de enero de 1980, en un lugar de la pampa argentina.

Caminábamos por el jardín mi abuela y yo cuando, de repente, ella tomó entre sus manos unos racimos de glicinias lilas, que pendían sobre nuestras cabezas enredados a una pérgola, y deteniéndose, aspiró su perfume.

—¿Sabes? —me dijo—, estas flores me traen reminiscencias de mi madre. Fue la última imagen de ella que recuerdo con cierta nitidez. Yo iba a cumplir los dos años y la tarde de verano era calurosa, como hoy. Me llevaba entre sus brazos y me hacía rozar con la frente los ramos de glicinias que trepaban por la galería de nuestra casa de campo de Zhitomir. Fue allí, lejos, y hace tiempo, en la Rusia imperial y yo reía... Juntas reímos aquella tarde. Aunque apenas ahora la recuerdo...

Me quedé emocionada con aquello y la invité a sentarnos bajo la glorieta:

—Cuéntame, abuela —le dije como en un ruego.

Nos sentamos en un banco de piedras bajo la sombra lila de aquellas flores y mientras mis ojos iban y venían acompasando el movimiento de los racimos floridos, Olga comenzó este relato.

Era el relato del largo camino de su vida...

«... Mi madre se llamaba Rosalía Ratkin y murió en 1891 a los pocos meses de aquel verano. Aquel invierno, la glicinia se secó, como si hubiera querido acompañar a mi madre hacia la otra vida. Yo solo tenía dos años de edad y mis hermanas mayores, Lidia y Julia, ocho y seis años respectivamente. Después de casi tres años de viudez, mi padre volvió a casarse con una prima de nuestra madre de nombre Brígida. Era una mujer de carácter enérgico y bondadoso que vivía cerca de nuestra casa en Zhitomir, provincia de Volinia, en la Rusia fastuosa de los zares Romanov.

El zar Alejandro III había ascendido al trono en 1881 junto a su esposa, la emperatriz María Fiodorovna quien, antes de ser Zarina de los rusos, había ostentado el título de princesa *Dagmar* de Dinamarca. El título de zar significaba "césar".

En aquella década, en la que también había nacido yo, el 18 de abril de 1889, habían sucedido grandes cosas. Los griegos se habían apoderado de Tesalia y Epiro. Túnez pasó a ser un protectorado francés. Los bóers obtuvieron su independencia. Comenzó la construcción del canal de Panamá. Pasteur comprobó experimentalmente el principio de la inmunidad, y la música del mundo recibió tres nuevas joyas para obsequiárselas a la humanidad: *La Obertura 1812* de Tchaikovski, *Los cuentos de Hoffmann* de Offenbach y *El Príncipe Igor* de Borodin Henrik Ibsen.

Y el Imperio ruso seguía creciendo.

Creció constantemente durante el siglo XIX hasta extenderse desde el mar Báltico, al oeste, hasta el océano Pacífico, en el este; del Ártico al norte, al Hindu Kush en el sur, y muchos rusos inteligentes se dieron cuenta de que su país, a pesar de la inmensa extensión que representaba, se hallaba atrasado y necesitaba cambios, pero nadie coincidía en la manera de lograrlos, sobre todo, por la diversidad de pueblos que constituían la Rusia imperial, donde convivían judíos polacos, rusos y alemanes del Volga, finlandeses y germánicos del Báltico, una comunidad griega que habitaba Crimea, tribus nómadas que deambulaban por Siberia, gitanos de Besarabia, armenios, georgianos, mongoles y kazajstanos. Era casi imposible conocer al pueblo ruso, pues dentro de Rusia convivían más de doscientas nacionalidades distintas.

Los Romanov observaban las dificultades y vivían cada vez más atrapados tratando de mantener el control sobre una población de millones de almas de diversas nacionalidades, donde día a día crecía el descontento. Una de esas almas descontentas era mi padre.

Los zares de Rusia eran los verdaderos dueños de todas las personas. De ellos dependía el nombramiento de los ministros, de los funcionarios, de los recaudadores de impuestos y hasta de los policías. Y el pueblo, como nosotros, no tenía voz ni voto.

La familia Romanov era poderosa y manejaba los destinos de la tierra donde yo había nacido desde 1613. Tres siglos de una dinastía que provenía de un noble lituano que emigró a Moscú en el siglo XIV. Uno de sus descendientes, Román Yurev, casó a su hija Anastasia Romanovna con el zar Iván IV, el Terrible, y la familia adoptó el apellido Romanov en honor al padre de la Zarina. En 1613 y con el propósito de poner fin a un periodo de caos, se reunió en Moscú una asamblea de notables que nombró zar a Miguel Fiodorovich Romanov, un sobrino nieto de Iván el Terrible, dando origen a la dinastía mencionada.

Durante los trece años de su reinado, el zar Alejandro III se dedicó a aplastar toda clase de oposición donde la hubiera.

Su poder era absoluto y nosotros, a pesar de ser personas libres, éramos casi como sus "siervos", le teníamos temor y le respondíamos con obediencia.

El primero de noviembre de 1894, cuando yo había cumplido mi primer lustro de vida, el zar Alejandro murió repentinamente a los cuarenta y nueve años. Recuerdo que su muerte sobresaltó a toda Rusia y, por supuesto, a toda la familia imperial. Mi familia no fue ajena a esos acontecimientos que, si bien sucedían a cientos de kilómetros de nuestro solar, repercutían en todas nuestras acciones cotidianas.

El zar Alejandro dejó al morir cinco hijos: Nicolás, el primogénito, Xorge, Xenia, Miguel y Olga, llamados todos "los grandes duques". A Nicolás, por ser el hijo mayor, le correspondió el privilegio de sucederlo. Su ascenso fue por línea directa y por ser descendiente legítimo. Por tan importante motivo, a la muerte de su padre, se convirtió en el Zar de todas las Rusias, ciñendo la corona como soberano imperial. Había nacido el 18 de mayo de 1868 y al morir su padre, contaba con veintiséis años de edad. Se había casado el 8 de abril de 1894 con Alix Victoria Elena Luisa Beatriz, princesa alemana de Hesse-Darmstadt, nacida el 6 de junio de 1872 y nieta de la reina Victoria de Inglaterra, la cual, al desposarse con Nicolás, tomó el nombre de Alejandra Fiodorovna. Se habían conocido cuando él tenía dieciséis años y ella doce. De esta unión nacieron cinco hijos, Olga, Tatiana, María, Anastasia y Alexis.

Los cañones retumbaron con sus salvas en todos los confines del Imperio en honor al zar desaparecido Alejandro III y unos días después, en San Petersburgo, en una ceremonia austera, eran coronados como zares de Rusia Nicolás II y su esposa Alejandra.

En pleno reinado del zar Alejandro III, a mediados de 1894, se llevó a cabo el segundo matrimonio de mi padre con Brígida, la prima de mi madre. Este casamiento se celebró no solo por amor sino también debido a las tristes circunstancias por las que mi padre tuvo que pasar en aquellos días de soledad y amargura, con tres hijas pequeñas a quienes criar, un templo que atender y una granja para cultivar.

Robert, que así se llamaba mi padre, poseía una bondad innata, capaz de transmitirla a través de sus grandes ojos grises y su franca sonrisa, rodeada de una prolija barba rubia. Tenía cierta similitud con el zar Alejandro y eso a mí, me ponía muy orgullosa.

La vida fue dura con él y lo seguiría siendo hasta el final de sus días. En plena adolescencia había perdido a su padre bajo extrañas circunstancias. En un viaje a Polonia para visitar a unos primos se había detenido con su caballo a beber agua del río Goryn, pero las aguas estaban envenenadas. Cayó muerto, junto al animal, sobre los márgenes del río. Así lo encontró mi padre dos días después, habiendo salido en su búsqueda. Poco a poco cundió el rumor de que los rusos habían envenenado las aguas de todos los ríos para exterminar a las colonias de alemanes que habitaban la región de Ucrania.

Por aquellos días no solo murieron mi abuelo y su caballo, sino cientos de alemanes y todo su ganado. Contaba mi padre que era como si la misma peste los hubiera invadido. Los cadáveres de familias enteras con sus rebaños de ovejas se descomponían bajo el sol, sin dar tiempo a los pocos que habían sobrevivido a enterrar sus cuerpos. Mi padre se salvó bebiendo agua de un pozo que se abastecía con agua de lluvia.

Mi familia era alemana, descendiente de aquellos alemanes que fueron traídos a la Rusia imperial por los fervientes deseos y el especial beneplácito de una princesa prusiana, nacida en Stettin, llamada Sofía Federica de Anhaltzerbst. Poseedora de un ingente caudal de conocimientos y una elegante distinción, Sofía llegó a la corte rusa en 1744, acompañada por su madre, para desposarse con el heredero a la corona del Imperio ruso, el gran duque Pedro. Contrajo matrimonio en 1745, tras haber sido admitida en el seno de la Iglesia Ortodoxa, y cambió su nombre por el de Catalina. Aprendió rápidamente la lengua rusa, lo que le facilitó su integración en la corte. En 1762 su esposo accedió al trono, pero su gobierno no satisfizo a las clases altas que lo criticaron duramente. Mientras tanto, la Emperatriz, que esperaba la reacción de la nobleza, ganó adeptos y ese mismo año apoyó un golpe de mano que arrebató el poder a su esposo, el zar Pedro III, quien perdió la vida durante la acción.

La corte rusa vio con buenos ojos el audaz golpe y Catalina II se instaló en el trono. A partir de entonces comenzó una corriente migratoria de alemanes hacia Rusia, por especial petición de su Emperatriz. Así habían llegado mis antepasados desde hacía más de tres generaciones y por ese motivo, nosotros seguíamos siendo alemanes nacidos en Rusia.

Mi padre había heredado la disciplina alemana, la alegría rusa y el amor al trabajo de estas dos naciones, por lo que aquella deliciosa conjunción le había dado como resultado un acendrado sentido de la responsabilidad, pero marcado por unas ansias de libertad sin límites. Desde muy joven había sabido prodigar en cuantos le rodeaban todo lo mejor de sí. Asiduo concurrente al Templo, ayudaba al pastor en los oficios dominicales y días festivos, y se le hizo costumbre el gusto por el estudio de las Sagradas Escrituras. Tal fue su fervor por las cosas de Dios que, al morir el viejo pastor, toda la aldea dio su conformidad para que mi padre lo reemplazara. Así pasó a ser, además de agricultor y músico (amaba tocar el violín), el nuevo pastor de la comunidad y un visionario que comenzó a imaginar por aquellos días, a Canadá, como el nuevo y futuro hogar para nuestra creciente familia. (Con el tiempo aquella visión se transformaría en una obsesión, que ya no le abandonaría hasta el día de su muerte).

Al casarse con Brígida, nacieron otros cuatro hijos, Leonardo (Leo), Guillermo (Willy), Helen y Augusta, por lo que mi familia pasó de tres a siete hermanos, a los que mi padre tenía que alimentar, vestir y educar. Pero él no le tenía miedo a la vida, como no lo tenían los miles de campesinos que, como él, se arriesgaban a traer hijos al mundo en una Rusia imperial que ya veía tambalear sus cimientos.

Lo recuerdo siempre dispuesto a cultivar, no solo la tierra por donde caminaba aferrado a sus bueyes y al arado, esparciendo las semillas, sino también la sensibilidad de las personas, cuando mágicamente soltaba al aire diáfano de los días festivos las notas de su violín. Pero lo que más le agradaba era cultivar las almas con su oficio de pastor para la santa gloria de Dios y de los zares Romanov. Era un hombre decidido y valiente, pero con los años comprendí que, sobre todo por eso, era un hombre nómada. El mundo para él no terminaba en su aldea rusa, ni en los límites del Imperio. Había otras gentes y otros pueblos en otras latitudes, que él soñaba con conocer algún día, cuando todavía sus brazos tuvieran la fuerza suficiente para levantar un nuevo hogar junto a toda su familia, en aquellos suelos lejanos.

Creo que llevaba en el torrente de su sangre la herencia eterna de los cientos de generaciones que le precedieron y que le impusieron con fuerza, a modo de un sello invisible sobre su frente, todo el ímpetu de las tribus trashumantes de la Prehistoria, el andar errante de los pastores de la Historia Antigua, la visión de los sabios de la Edad Media y la intrepidez de los viajeros de la Edad Moderna. Era como si en un solo hombre se hubiera condensado y resumido la milenaria historia de la humanidad.

Aún hoy, después de casi más de noventa años, recuerdo sus ansias de libertad, buscando otros amaneceres, sin arraigarse materialmente jamás a ninguno de ellos y, digo materialmente, porque sí sé que se arraigó y permaneció espiritualmente junto a cada uno de nosotros, sus hijos, cuando con el transcurso de los años, fuimos dispersados por el mundo, como hojas que el viento se fue llevando antojadizamente.

Su influencia en mis primeros años de vida debió ser muy fuerte, porque dejó marcada mi alma para el resto de mis días.

Sus deseos y sueños de marcharse de Rusia persistieron en él con la intensidad de un huracán que lo devoraba por dentro y le conducía a buscar otros horizontes que él creía más promisorios. Tal vez porque la Rusia imperial, aquella Rusia de los zares, tierra a la cual yo veía como la más maravillosa de todas, con sus bonitos pueblos llenos de recuerdos imborrables, estaba gestando el descontento de campesinos y obreros para estallar años después, en 1905, en una revolución que terminó siendo aniquilada. Pero de sus heridas sin terminar de sanar, surgiría otra revolución más sangrienta doce años más tarde, en 1917, que acabaría por convencerme de que mi padre fue un visionario, al emigrar hacia América.

Como alimentado por una fuerza interior incontrolable, obedeció el mandato de su propio corazón y alegre y seguro se dispuso a cumplirlo.

Todo hombre debe encontrar satisfacción en algo y creo que mi padre la encontró en aquel destino peregrino que le demandaría el resto de su vida. Vida que utilizó para esparcir hijos, anhelos, trabajos e ilusiones que se fueron perdiendo entre el tiempo y el olvido.

Desconozco si mi padre me olvidó con los años, solo sé que yo no lo pude olvidar y que aún hoy, después de casi ochenta años de ausencias, de no ver su rostro, de no escuchar sus palabras, de no sentir su risa, siento su voz pausada que me nombra, llamándome en el campo.

"¡Olga!". Sentí la voz de mi padre que desde el cobertizo me llamaba y me hacía señas con sus manos. Estaba risueño, como siempre que se dirigía a sus hijos. Tal vez se sentía orgulloso de nosotros, pues siempre tratábamos de complacerlo en todo. Los siete hermanos éramos sumisos en cuanto a los mandatos paternos o maternos que nos obligaban siempre a obedecer. Las niñas ayudábamos en las tareas de la casa y los varones en los quehaceres del campo, además de asistir a la escuela. Creo que mi padre y mi nueva madre, con sus sonrisas y afectos, sentían que compensaban en algo nuestros sueños y alegrías. Aquellos sueños que por esos años de infancia eran pura fantasía y color. Parecía que la casa estaba alumbrada por una buena estrella. Y eso era muy grato para mí. La magia de la infancia se esparcía por todos los sitios de la casa, del jardín y del campo, y la vida transcurría plácidamente, sin percibir las fuerzas incontrolables del destino que se cernían sobre cada uno de nosotros como nubes de borrasca.

"¡Olga!". Volví a sentir la llamada de mi padre, que ahora más que nunca agitaba con alegría sus manos llamándome a su lado. Eran las primeras horas de la tarde. Desde el cobertizo, lleno de fardos de heno para los caballos, se divisaba el camino que se perdía entre los bosques en la lejanía. Los robles amarilleaban sus hojas porque entraba el otoño y todos nos apresurábamos por aquellos días para terminar de cultivar las últimas frutas y verduras que daba el huerto, para almacenarlas, después de disecarlas, en las alacenas de la despensa, para poder abastecernos durante todo el invierno.

Corrí feliz junto a él que me extendía los brazos. Era el año de 1897, yo había cumplido mis ocho años el 18 de abril y aquel día del mes de septiembre se promediaba agradable y cálido.

Mi padre señaló el camino, indicándome que se acercaban diez jinetes de la caballería cosaca, la tropa de choque del zar. La población rusa era de ciento sesenta millones de personas y la guardia imperial controlaba, casa por casa, que se exhibieran los retratos de los zares de todas las Rusias. Pero no solo controlaba que se rindiera homenaje perpetuo a la familia Romanov, sino que controlaba nuestras cosechas, nuestros impuestos, nuestra vida. Estaba segura de que esa tarde llegaban a eso.

Casi todos los granjeros de Zhitomir, donde se incluía mi familia, eran suficientemente prósperos, comparados con los obreros que trabajaban por un escaso ingreso en ciudades como San Petersburgo, así es que en la sala de la casa, sobre una gran chimenea, se erguían serios y solemnes dos cuadros inmensos con las imágenes del zar Nicolás II y la zarina Alejandra. Era una obligación tenerlos y a eso llegaba la guardia imperial, a comprobar si cumplíamos con lo establecido. Todos los que visitaban la casa debían saludar primero a los santos de los iconos que se hallaban sobre un pequeño altarcito y después a los Zares, con estas palabras: "Dios salve al zar y a la zarina".

Nada me impresionó tanto en aquella tarde como el repicar de todas las campanas anunciando la llegada de la guardia imperial. Las campanas parecían sacudir la tierra. Sonaban antes para anunciar la llegada y después para anunciar la partida. En realidad, las campanas de las iglesias en Rusia sonaban siempre, antes y durante las misas, repicaban al alba o al anochecer. Advertían a los campesinos de los vientos, citaban a los funerales, bodas o fiestas y anunciaban festividades, desastres y victorias en las guerras. Las campanas siempre anunciaban algo, festivo, triste, alegre o serio. Eran de hierro, cobre, bronce y plata. Algunas eran enormes, como la de la iglesia de Rostov que, decían, podía oírse a treinta kilómetros a la redonda. La torre de Iván el Grande en Moscú era famosa en todo el imperio, pues tenía casi cien metros de altura y contenía una colección de campanas superpuestas. La mayor pesaba sesenta y cuatro toneladas, pero una sobrina de Pedro el Grande hizo construir una campana de doscientas toneladas, por lo que podría afirmarse que si todas las campanas de Rusia tocaran a la vez, harían retumbar toda la tierra.

Aquella tarde las campanas repicaban al compás del paso de los caballos de la guardia imperial. Mi padre se apresuró a retornar a la casa, quería que toda su familia estuviera vestida para la solemne circunstancia. Y digo solemne, porque viviendo en el campo, la visita de la guardia de los Zares se transformaba en algo serio y majestuoso, que convertía la circunstancia en uno de los acontecimientos más importantes del año.

Corrí a cambiarme las botas llenas de barro y de heno. Peiné mis trenzas y me puse la cofia blanca adornada con bordados, luego el vestido marrón de lanilla con mis enaguas de puntilla, que llegaban hasta donde comenzaban mis botines negros acordonados. Aquellos botines que solo calzaba para los días festivos y que habían pertenecido a Lidia, mi hermana mayor, y a los cuales yo cuidaba como lo más lujoso de mi vestuario.

Estuve lista en unos pocos minutos, mientras miraba asombrada el trajinar de la casa. Mi madrastra corría de un lado al otro alistando a los más pequeños, alisándose el pelo, poniéndose su cofia almidonada y su delantal blanco. Mis hermanas mayores, Lidia y Julia, ya estaban preparadas desde hacía rato, mientras la guardia se acercaba al galope y nosotros controlábamos el tiempo a través de los visillos de las ventanas. Mi padre se lavó la cara, se peinó y se vistió con su chaqueta de cuero de oveja color marrón, forrada con pieles y botones de metal. De repente, toda la familia Meissner estaba lista y sonriente, parada en la entrada de la casa. Parecíamos un conjunto de soldados dispuestos a saludar con solemnidad a la guardia real que se acercaba al paso acompasado de sus caballos, mientras los perros de la casa salían a su encuentro, ladrando a los cuatro vientos.

Los cosacos se detuvieron a la sombra de los castaños, ataron sus caballos bajo los árboles y se acercaron en silencio.

Los perros continuaban ladrando amenazadores, pero a una orden de mi padre, se escabulleron al cobertizo. Nosotros mirábamos sonrientes, pero la guardia real traía cara de pocos amigos. Mi padre saludó con una reverencia, mientras yo me preguntaba si vendrían a observar si nosotros respetábamos la ley y a ver si en la sala principal de nuestra casa colgaban solemnes los retratos de nuestros Zares. ¿O tal vez llegaban para amenazarnos con que entregáramos más de nuestras cosechas y de nuestros animales para alimentar a los pobres que día a día iban aumentando?

La guardia rodeó a mi padre mientras nosotros nos quedamos todos inmóviles parados contra la pared. El sol de la tarde amarilleaba los contornos y su resplandor me impedía abrir bien los ojos para mirar los ojos de aquellos hombres. Decían que a través de los ojos se podía ver el alma, y yo quería ver el alma de aquellos que habían llegado. Pero solo pude ver los ojos de mi padre, preocupados, angustiados, porque aunque los ojos no hablaran, podía ver a través de ellos su tristeza y amargura. Se llevó las manos hacia los cabellos, se le borró la sonrisa, se apoyó en la frente, mientras el jefe de la guardia real seguía hablándole en un tono tan bajo, que me impedía dilucidar sus palabras.

La conversación se fue extendiendo demasiado, por eso, a una orden de mi madrastra, mis hermanos y yo entramos en la casa. Nadie interrumpió el silencio. ¿Qué sucedía? ¿Acaso mi padre sabía algo que nosotros ignorábamos? Sin duda así era, pues por aquellos años felices de la niñez trataban de ocultarnos el dolor y las preocupaciones, como si el mundo de los problemas y las dificultades fuera solo de los mayores, dispuestos siempre a allanar el camino de las generaciones menores que los proseguían. Transcurrieron los minutos. Yo había perdido la noción del tiempo, tal vez por el miedo y la incertidumbre que aquella situación me provocaba. Yo adoraba a mi padre y todo aquel que podía potencialmente causarle alguna preocupación o dolor a su noble corazón me producía temores.

No recuerdo cuánto tiempo pasó, tal vez bastante, porque cuando mi padre abrió la puerta de la casa, me desperté sobresaltada. Observé que ya había anochecido porque las primeras sombras de la noche se escurrían entre los visillos de las ventanas. Todos levantamos la vista para mirarlo. Su rostro estaba demudado. Se hizo la señal de la cruz al cerrar la puerta con el cerrojo y nosotros le seguimos, luego rezó las oraciones de la noche y nosotros le respondimos. Yo notaba que mi cuerpo temblaba, tal vez de frío. Estaba destemplada. Tal vez de miedo por lo desconocido. Cuando terminamos de rezar, enjuagó sus manos con una jarra que había sobre la mesa, mientras mi madrastra, presurosa, le acercaba una blanca toalla. Luego se sentó en la cabecera. Mi madrastra sirvió la cena. Comimos en silencio. Recuerdo que se escuchaba solo el crepitar de los leños en la chimenea y el ruido casi imperceptible de los cubiertos al chocar contra los platos. Acabada la cena, dimos las buenas noches con un beso a nuestros padres y nos fuimos a dormir.

Mi padre se levantó de la mesa y se sentó en su poltrona junto al fuego de la chimenea, mientras mi madrastra terminaba de ordenar los enseres. Cuando hubo concluido la tarea se sentó a su lado y él comenzó a contarle, con voz pausada, lo que había acontecido aquella tarde.

Yo había dejado, como al descuido, la puerta entreabierta y atenta a la conversación, pude escuchar lo que mi padre decía. Parecía que el corazón se me iba a salir del pecho, por lo que tuve que poner mis manos sobre él para tratar de calmarlo, pero entonces sentí que mi corazón igual se me escapaba y que se saldría por mi boca. Palpitaba tan fuerte, que me entorpecía poder escuchar las palabras serenas de mi padre. Sin embargo, su voz, lejos de causarme temores, me trajo serenidad. Así era él, por eso en la aldea le habían elegido su pastor. Él siempre transmitía paz, serenidad, esperanzas. Sí, esa era la palabra precisa, esperanzas.

Esperanzas que brotaron de mi alma al notar en su voz ese entusiasmo que de pronto me parecía irreal. Mi padre definitivamente era un ser extraordinario. Las situaciones difíciles eran para él un acicate. Parecía que en lugar de haber cerrado la puerta con cerrojos, para que nadie pudiera hacernos daño, estaba abriendo las ventanas de su alma, de par en par, para que todos tuviéramos la oportunidad de poder volar, muy lejos de Rusia, a otras tierras en las que alboreaban aires de verdadera libertad.

Agudicé mi oído para escucharle. Por suerte, mi corazón al escuchar su voz tranquila se serenó y sus palabras fluyeron claras y precisas hacia mí. Mis hermanas mujeres todas dormían y en el otro cuarto, los varones, hablaban en voz muy baja.

La situación en Rusia no era sencilla. Se avecinaban tiempos difíciles de hambre y de guerra y mi padre tenía la responsabilidad, que le atenazaba, de que en casa había varias bocas que alimentar. Mientras estuviéramos en la granja no iban a existir mayores problemas pero la situación cambiaría, todo escasearía, los impuestos se multiplicarían, las reservas se agotarían, mientras sus ansias de libertad parecían resurgir inversamente al tener la confirmación precisa de que aquella situación de tranquilidad y sosiego aparente, de la que habíamos gozado hasta entonces, no sería duradera.

En las vastas y variadas tierras de Rusia, los pobres se apiñaban por doquier, las aldeas, que podían tener entre una docena y cientos de casas como la nuestra, se alzaban en los claros de los bosques y también en las orillas de los ríos. De allí obteníamos el sustento. Los bosques nos proporcionaban la leña para cocinar y calentarnos, la madera para nuestros techos y con su noble corteza nos hacíamos los zapatos. Los campos nos daban ovejas, cerdos y vacas de donde sacábamos leche, pieles y carne, y un sinnúmero de aves de corral. Las preferidas de mi padre eran los patos y los gansos, por centinelas, pues sus graznidos ahuyentaban con la ferocidad de un perro. Mi madrastra preparaba con ellos sabrosas comidas al horno al rellenarlos de arroz, ciruelas y uvas pasas, o al hornearlos con manzanas o cebollas, rociados con jugos de frutas. Sus plumas más suaves las utilizábamos para los "gansitos", aquellos acolchados que usábamos para dormir, livianos y calientes, que hacían las delicias del invierno, forrados con telas blancas de algodón. Recuerdo siempre que por aquellos años, cuando cruzábamos los ríos o lagos helados con los carros de caballos y el hielo no se quebraba por su gran espesor, dormíamos solo con las sábanas y los "gansitos" que nos cobijaban como en un nido lleno de calor y suavidad. Pero estos recuerdos quiero dejarlos para después, pues no quiero apartarme de lo que aconteció aquella tarde.

Aunque los siervos en Rusia se habían emancipado en 1861, en tiempos del zar Alejandro II, las raíces de la servidumbre eran demasiado profundas. Los campesinos como nosotros pagábamos tributo a los nobles dueños de las tierras, que a menudo se quedaban con la mitad de nuestras cosechas. Aquella tarde, la guardia imperial había venido a avisar a mi padre, y a todos los hombres de la aldea, de que ese año se quedarían con los dos tercios de lo que recolectáramos.

La miseria se cerniría sobre nosotros y no había otra alternativa que escapar cuanto antes de Rusia, o morir en Siberia en el destierro, por desacatar las órdenes del Zar.

Previendo el descontento que no tardaría en llegar, aquella noche mi padre tramó la huida. Solo mi madrastra compartió con él sus angustias y sus incertidumbres, pero también la esperanza de escapar hacia un nuevo mundo que se hallaba más allá del océano y al que llamaban Canadá.

Aquella noche me pareció eterna. El misterio de lo desconocido me agobiaba y mi cuerpo temblaba. No sabía cómo serían los días por venir, sobre qué futuro iba a edificar mi vida recién iniciada, sobre qué tierras, junto a qué personas, en qué atardeceres se perdería mi vista, o en qué noches amargas lloraría las penas de una inmensa soledad sin consuelo.

Pero todavía estaba a tiempo de ser feliz, porque cuando amaneció, la luz del sol borró mis angustias. Solo supe que, durante toda mi vida, las sombras de la noche agigantarían siempre mis miedos, miedos que se borraban al despuntar el sol, esa luz de esperanza que me mantuvo viva cuando creía que iba a morir de pena.

"¡Olga!", sentí la voz de mi padre que me llamaba y corrí feliz a darle el beso de los "buenos días", luego volví a la cama otro rato, pues aún era temprano...».

II

LA LLAVE DE UN SECRETO

Domingo 13 de enero de 1980

El domingo siguiente esperé ansiosa a mi abuela Olga que vendría a almorzar con nosotros. Después del almuerzo caminamos hasta el banco de piedras y continuó su relato... Desde aquel 6 de enero en adelante nos encontrábamos todos los domingos para que siguiera contándome su historia...

Ella mirando pasar las nubes prosiguió, como si estuviera leyendo un libro... el libro de su vida..

«... Había pasado una semana desde aquella tarde aciaga, pero yo me sentía feliz. Mi padre siempre me prefería para conversar sobre las actividades de la granja, sobre mis clases en la escuela de la aldea, sobre mi afición a la música. Sería tal vez porque yo tenía esa edad intermedia entre la niñez y la adolescencia, donde podía hablar seriamente sin ser tomada demasiado en serio. Aún no era lo suficientemente grande como mis hermanas Lidia y Julia para ayudar en las tareas más pesadas de la casa ni era varón como mis hermanos Leo y Willy que ayudaban durante toda la jornada en el campo. Mis hermanas menores, Helen y Augusta, eran demasiado pequeñas y solo jugaban con sus muñecas de trapo. ¡Pobre

Augusta y pobre Helen!, nada hacía prever el futuro de cada una. Y pobres también todos nosotros, por no saber el destino que se nos acercaba a pasos agigantados. Me hubiera gustado poder ver como ahora, a los noventa y un años de edad, los acontecimientos que irían forjando mi vida.

Ahora que han pasado los años pienso que la vejez es sabia y prudente porque nos permite mirar hacia atrás, aunque no nos permita arrepentirnos de nada porque ya es demasiado tarde y no hay tiempo para enmendar los errores cometidos durante nuestra juventud. Pero por aquellos años, aún era temprano. La vida parecía sonreír a aquel ramillete de niños rubios y granjeros que mezclaban su idioma alemán con algunas palabras en ruso y las ilusiones con el trabajo, imaginando la vida como un prado sereno y florido.

La mañana amaneció lluviosa. Mis padres se habían levantado más temprano que de costumbre. Mi padre a ordeñar las vacas que estaban en el establo y mi madre a preparar masas tiernas de levadura y anís para el desayuno.

Cuando el día comenzó a despuntar, la cocina ya estaba en pleno funcionamiento y los perfumados aromas se esparcían por toda la casa. Mis hermanas Julia y Lidia se levantaron primero, pues ellas ayudaban a nuestra madre en las tareas de la casa. Mis hermanos varones lo hicieron inmediatamente después porque a ellos les tocaba soltar las vacas, llevarlas al campo, dar de comer a las aves, recolectar los huevos para la cocina y rastrillar los gallineros para que todo estuviera limpio y prolijo como les gustaba a nuestros progenitores.

El jardín y la huerta eran el lugar favorito de toda la familia y, sobre todo, mi lugar preferido, pues todos podíamos trabajar en ellos.

Aquella mañana, cuando todos estuvimos sentados frente a nuestros tazones humeantes de café con leche y los dorados y sabrosos panecillos de anís y levadura, mi padre, después de rezar, nos sonrió y nos habló con dulzura.

—Amados hijos, como ustedes saben, hace una semana llegó la guardia del Zar. En aquella tarde todos nos alegramos porque, si algo venía a controlar, nosotros estábamos cumpliendo con todo lo exigido. Estábamos entregando puntualmente la mitad de nuestra cosecha de trigo, pagando todos nuestros impuestos y rindiendo homenaje y respeto perpetuo a nuestros Zares, después de hacerlo a nuestro Dios y Padre celestial. Pero debo decirles que las noticias que ellos me trajeron no fueron para nada tranquilizadoras. Los tiempos que se aproximan para Rusia serán muy duros porque no solo estará en peligro nuestro sustento, sino también nuestra propia vida. De las cosechas deberemos entregar, de ahora en adelante, los dos tercios; los impuestos se triplicarán y el descontento brotará en el corazón de todos los hombres, como históricamente siempre ha sucedido. Descontento que se traducirá en revoluciones, en hambre e incertidumbres para todas las familias. Por tal motivo, queridos hijos, vuestra madre y yo hemos planeado un vuelo lejano.

—¿Un vuelo? —pregunté con incredulidad.

—Volaremos lejos de Rusia como lo hacen las aves del cielo. Nos iremos solo con nuestras pertenencias y los rublos que con tanto esfuerzo y sacrificios hemos podido ahorrar y que nos servirán para embarcarnos hacia un nuevo mundo. Nos iremos muy lejos, a otras tierras promisorias, a buscar un destino que albergue un futuro para todos. Un futuro de sol y esperanza. Eso es lo que queremos transmitirles, darles una esperanza. No teman a nada y a nadie en este mundo. Solo a Dios deberán temer y todo lo demás irá bien.

Mi padre continuó.

—La fecha de nuestra partida será aleatoria, cuando las circunstancias sean propicias. Tal vez en unos pocos meses o tal vez en un año o dos. La travesía será larga y no deberemos dejar nada librado al azar porque, después, ya no podremos dar vuelta atrás. Lo importante de esto es que permanezcamos todos unidos.

Mis hermanos y yo cruzamos las miradas y nos sonreímos mutuamente y en nuestras sonrisas pude percibir un signo de seguridad y de optimismo.

Mi alma se llenó de júbilo y desde aquel momento no hice otra cosa que pensar en el día en que saliéramos de Rusia, camino a otras tierras, en busca de nuestro futuro. Desde aquella mañana, en adelante, traté de disfrutar de cada cosa, de cada momento, de cada persona y de cada lugar con la sensación de que nunca más volvería a verlos o a vivirlos.

No obstante, durante la infancia, ¿quién no ha sentido el suelo seguro bajo sus pies y la vida surgiendo de nuestro corazón con esa fuerza incontenible, capaz de hacernos sentir los reyes del universo? Con ocho años de existencia mis ilusiones estaban intactas y los años por venir se abrían ante mis ojos con la visión de un prado verde, bordeado de flores multicolores y un sol que asomaba en el horizonte de mi vida entre nubes celestes y rosas.

Cuando mi padre terminó de hablar palmeó con sus manos festejando aquella idea y todos le seguimos llenos de risas y alborozos.

La llovizna ya había cesado y, de acuerdo con las instrucciones de nuestros padres, cada uno de nosotros debería comenzar con las tareas cotidianas.

Bien abrigada, con camiseta de frisa, camisa de algodón, jersey de lana de oveja marrón, enaguas largas de lino, falda amplia y larga de lanilla verde oscura, medias de lana y los zapatos de corteza de árbol para trabajar en la huerta o en el jardín, salí camino a las almácigas. El otoño se insinuaba y la mañana estaba muy fresca.

Sobre la ropa, todas las mujeres de la casa usábamos unos delantales claros de lino o algodón para protegerla, así es que coloqué las pequeñas bolsas de semillas seleccionadas dentro del delantal que sostenía con mis manos formando un saco de tela. No acababa de abrir la puerta trasera de la casa, para iniciar el camino por el sendero bordeado de menta y lavanda, cuando los perros vinieron a mi encuentro. Me lengüeteaban las manos y corrían a mi lado como queriendo saludarme. —¡Tuchi, Demonio! —les grité—, no me dejan caminar. Los perros corrieron por delante de mí y al llegar a la huerta se tendieron sobre el pasto a la sombra de un castaño.

El jardín se extendía al frente y a los costados de nuestra casa, mientras la huerta ocupaba la parte posterior que lindaba con el campo. Nuestra huerta era inmensa, ya que en la granja nunca faltaba el espacio y aquel que no se usaba para cultivar verduras o frutas, se utilizaba para sembrar trigo, cebada o centeno.

Ir a la huerta era mi tarea favorita. El sol se filtraba por entre las ramas pintando el pasto de motas doradas. Y los perales, tilos, almendros y manzanos, que se dispersaban con gran profusión, formaban un bosquecillo encantador. En aquel momento pensé en cuántas mañanas o tardes más volvería a disfrutar de aquel huerto. Pensé en nuestro vuelo, aquel del cual nos había hablado mi padre en el desayuno y me pregunté qué otros niños, como nosotros, vendrían a vivir a nuestra casa, cuando todos nosotros nos hubiéramos marchado lejos. ¿Quiénes recorrerían aquellos senderos sombreados y bordeados de azul lavanda? ¿Quiénes recolectarían nuestro trigo? ¿Quiénes cortarían nuestras flores para preparar los ramos que adornaban la sala en los días festivos? ¿Quiénes acariciarían las cabezas de nuestros perros? ¿Quiénes? Pensé en mi casa. ¿Acaso guardaría el eco de nuestras voces, la energía de nuestras almas, la luz de nuestras miradas, el amor compartido entre mis hermanos y mis padres? ¿A dónde se iría todo aquello cuando nosotros nos hubiésemos marchado? ¿Dónde se quedarían las voces de nuestros rezos y cantos, los sones del acordeón, las notas de los violines cuando festejábamos el día de Pascua? Tal vez quedarían flotando eternamente en aquel espacio infinito entre el cielo y la tierra. Tal vez.

Tendría que disfrutar de todo cuanto me rodeaba y guardarlo en mi retina, con sus detalles, cuanto pudiera y como pudiera, para poder revivirlo cuando ya me encontrara lejos. Pero yo no sabía por aquellos años que, cuando el tiempo se escurre y queremos volver a revivir lugares o momentos, agudizando nuestra memoria, los detalles se esfuman para siempre, como por arte de magia. Solo queda flotando la esencia de lo que fue y de la que solo podemos recordar algún color, algún perfume o alguna música que nos resulte familiar y que podrá, por sí misma, trasladarnos al lugar de nuestra infancia. Mas los detalles, aquellos que deseamos con toda el alma poder revivir, esos ya se han evaporado por el túnel del olvido.

Con los años, las imágenes de la Rusia natal se me fueron tornando borrosas, difusas, se fueron esfumando y entonces he sentido la extraordinaria necesidad de condensar ochenta o noventa años de mi existencia en treinta o cuarenta días de recuerdos en esta amena conversación de los domingos contigo.

Por eso aquella mañana pensé que estaba a tiempo. Estaba a tiempo de hacer un gran esfuerzo y recordar, agudizar, estar atenta ante los mínimos detalles para no olvidar nada. No quería olvidar lo que la vida me ofrecía de bueno. Después, con los años, puedo decir que olvidé lo malo, lo borré de mi memoria, como algo natural y humano. ¿Acaso no es bueno recordar lo que nos hizo felices y olvidar lo que trajo tristeza y amargura a nuestros días? ¿Quién de nosotros no ha querido conservar por siempre dentro del alma la época feliz de la niñez y revivirla cuando nos hemos sentido solos?

Tomé las semillas de dentro de mi delantal y caminé hasta el final del huerto. La tierra ya estaba preparada para tirar en ella las pequeñas simientes que en unas pocas semanas se transformarían en lechugas, romero, perejil, orégano y un montón de otras hierbas aromáticas que después desecaríamos y guardaríamos en frascos herméticos durante todo el invierno para las comidas que cocinaba mi madre. Lo mismo hacíamos con las peras, las manzanas, los duraznos, las ciruelas y los tomates. Cultivábamos aquellos que estaban en perfecto estado, luego los lavábamos y después de cortarlos en rodajas los colgábamos en cordeles a pleno sol. Cuando estaban deshidratados los envasábamos y los colocábamos en los estantes de la despensa. Las frutas que quedaban, las consumíamos frescas, en compotas o dulces. En la despensa siempre había docenas de frascos de mermeladas y jaleas de manzanas, ciruelas, peras, duraznos y tomates. Mi madre endulzaba con ellas los budines, masas o panes y cada desayuno era para nosotros una verdadera fiesta, pero estos se consumían en pequeñas cantidades, ya que el postre solo servía para endulzar la boca. En los días festivos solían servirnos dulces ácidos de frutas de la estación, rociados con nata fresca. Un verdadero manjar.

Los mirlos cantaron sobre los tilos como si me dieran la bienvenida, entonces saqué las semillas de romero y las fui esparciendo proporcionada y prolijamente sobre los pequeños surcos abiertos. Luego con una azada las fui cubriendo con la tierra negra y húmeda. El sol iluminaba las gotas de lluvia que colgaban de las hojas de los árboles y las pequeñas hormigas se alejaban a toda prisa frente al terremoto que había desatado con mi siembra. Cuando terminé con el romero, continué con el orégano, con el perejil y con las lechugas. Concluí mis tareas en la huerta cerca del mediodía mientras que Augusta y Helen me saludaban alegremente desde una ventana con sus muñecas de trapo. Mis hermanos varones estaban rastrillando el establo y Lidia y Julia ayudaban en la cocina con la preparación del chucrut que se iba cocinando lentamente sobre el fuego de leña de una gran hornalla. Mi madre planchaba tapetes, camisas y cortinas almidonadas con una plancha a carbón mientras mi padre leía las Sagradas Escrituras preparando su sermón del domingo.

La casa era una fiesta y, tal como la recuerdo, siempre lo había sido. Todos los días parecían festivos por el ambiente que se respiraba en nuestra familia. Era como si mi padre, al volver a casarse, hubiera recuperado la felicidad perdida al morir mi madre y su familia se había convertido para él en un oasis de paz y en su proyecto de futuro. La comida era sencilla pero siempre sabrosa y servida con todo amor sobre un mantel impecable. Todo brillaba, todo estaba en orden, siempre había alguna flor en el florero de nuestros iconos, y nunca escuché más que buenos consejos y solo vi buenos ejemplos de mi padre y de mi madre.

Por eso con los años me aferré a los recuerdos de mi niñez feliz en Rusia. Pienso que todos los niños de la historia deberían gozar de una infancia feliz, de una etapa deseada y recordada. Lamentablemente, con los años comprendí que muchos niños, rusos como yo, sufrieron y pagaron con sus vidas el haber estado en el lugar equivocado. Y digo en el lugar equivocado porque, habiéndonos encontrado todos nosotros en una situación posiblemente idéntica, mi padre avizoró el peligro y se prometió a sí mismo salvarnos la vida.

Lo que yo no sabía por aquellos años felices de mi infancia era que nos salvaría a todos menos a Lidia. Pero al salvarnos la vida no nos podría ahorrar los sufrimientos del alma. Sufrimientos que irían cayendo unos encima de otros, sobre nuestros pobres e indefensos corazones, hasta tratar de aniquilarnos.

Vi cómo los perros se acercaban ladrando junto a mis hermanos que me saludaban alegres con sus brazos en alto. Yo, entre las almácigas, les hice señas y ellos me esperaron. Juntos emprendimos el camino a la casa. Era la hora del almuerzo. Mi madre salió al jardín y tocó una campanilla llamándonos a la mesa. Con ese sonido identificábamos las horas de las comidas y era una señal clara y precisa de que la mesa ya estaba puesta. Lo primero que hacíamos al llegar dentro de la casa era dejar en la galería de madera nuestras botas o zapatos de cortezas, ya que este calzado solo era utilizado para las labores campesinas. Luego nos calzábamos unos escarpines de piel de cordero que nuestra madrastra nos había confeccionado y nos lavábamos la cara y las manos con agua caliente. Agua que salía del depósito de la cocina de leña y que corría por el caño hasta el grifo de la cocina y, por el resto de la cañería, hasta el baño. Nuestras manos ateridas recobraban el calor y la sensibilidad y ya aseados y peinados nos sentábamos a la mesa donde mi padre, desde la cabecera, rezaba las oraciones diarias y nos impartía su bendición. Al concluir la pequeña y sencilla ceremonia diaria comenzábamos a comer.

El pan casero se hacía todos los días, los bizcochos secos cada quince y los guardábamos en tarros de lata bien tapados.

Durante los inviernos se mataba a los cerdos, así es que en casa siempre había, en el sótano de la despensa, huesillos y patitas de cerdo salados, listos para agregar a las ollas de guisos o potajes que tan gustosos saboreábamos, al igual que chorizos secos o en grasa, pancetas, *bondiolas* y jamones.

A pesar de la situación en que se encontraban muchos campesinos, por aquella época, en mi casa, nunca faltó la comida. En verano recolectábamos nuestras provisiones para el invierno y en invierno las consumíamos. Parecía un círculo perfecto, aquel que la naturaleza nos brindaba, porque año tras año se renovaban los frutos del huerto durante el verano, lo cual nos permitía contar con todas las provisiones para el invierno

Habíamos terminado de comer el *chucrut* con patatas hervidas y salchichas de cerdo y mi madre se disponía a servir el *esnitchut*, que era una compota tibia de duraznos, con nata fría, cuando mi padre, levantando la vista, nos miró a todos y nos dijo:

41

—Deberán recordar que, antes de tomar el buque a vapor que nos llevará a América del Norte, tendremos que viajar a San Petersburgo a hacer algunos trámites para que nos permitan embarcarnos, y también a Polonia a despedirnos de todos nuestros familiares que viven en Varsovia.

—¿Despedirnos? —pensé en voz alta.

—Sí, Olga, despedirnos —respondió mi padre—, porque lo más seguro será que no volvamos a verlos nunca más.

—¿Nunca más?

—Como lo has oído, hija mía, nunca más.

¿Cómo sería no ver a alguien nunca más? Mi alma parecía percibirlo, aunque no alcanzaba a comprender la dimensión de aquellas palabras, pero me había prometido a mí misma guardar como el mayor de los tesoros los pequeños detalles de las cosas, las personas, los lugares y los momentos.

¿Cómo podía yo imaginar lo que aquello significaba?, si a mis escasos ocho años de vida, mi padre expresaba un concepto que estaba ligado indefectiblemente a la eternidad. No alcanzaba a comprender la dimensión de aquella frase, porque todavía no había experimentado palabras como "jamás", "para siempre" o "nunca más". Sin embargo, pensé que pronto aquel ejército de palabras solemnes y perpetuas me irían rodeando para no abandonarme en toda mi vida.

Desde aquel día, que recuerdo en todos sus detalles a pesar del tiempo transcurrido, decidí vivir los cambios que la naturaleza producía en el jardín y en el huerto con toda intensidad.

Todas las estaciones del año, en los campos de Rusia, eran encantadoras. En los inviernos el huerto se cubría de nieve y nosotros salíamos a patinar por los ríos helados. Dos faldas de lana, guantes, gorros de piel y medias tejidas impedían que nos congeláramos de frío y nos permitían permanecer una o dos horas practicando patinaje sobre el hielo o montando en los trineos que fabricaban mis hermanos varones. Mi madre nos forraba con suave piel de cordero nuestros sacos de lana, así que para nosotros el invierno era también un paraíso.

Los pinos se cubrían de nieve, entonces sacudíamos sus ramas y la nieve caía con profusión mientras nosotros aprovechábamos para recoger los piñones frescos que luego se tostaban al horno y servían para comer tibios o para aromatizar budines o pasteles. La leña de los abetos se cortaba y apilaba durante el verano dentro del granero de la granja. Así podíamos disponer de leña seca y abundante durante los meses más helados del invierno. Las vacas vivían en el establo y las aves dentro de sus gallineros. Cuando la primavera comenzaba a entibiar y a derretir con su sol la nieve de la superficie, el pasto comenzaba a brotar verde y brillante y el huerto y el jardín parecían renacer del letargo del invierno. Los duraznos florecían por todos lados y sus flores rosas parecían iluminar hasta el mismo aire, al igual que los perales y almendros. Las almácigas brotaban con fuerza por la tibieza del aire y por la humedad atesorada durante el invierno, que inyectaba al jardín una fuerza inexplicable. Entonces comenzaban a asomar por doquier los primeros brotes y pimpollos.

El verano era un estallido de color y de perfumes. Los tilos daban su sombra y su frescor y los frutales colgaban sus jugosos frutos que luego recogíamos para el invierno. El jardín era realmente maravilloso. Los canteros de lavanda y menta esparcían sus perfumes tenues y las glicinias, jazmines y madreselvas se prodigaban en flores claras y de suaves aromas.

Por las tardes, al abrir las ventanas, las fragancias se filtraban a través de ellas y sentía la inigualable sensación de dormir dentro del mismo jardín. No había duda, el verano era la estación en que más se trabajaba en el campo. Se recolectaba lo producido y se almacenaba. El trigo, el centeno y la cebada se apilaban en fardos, parvas o bolsas. Las frutas y verduras se disecaban, se hacían dulces, mermeladas y se cogían los frutos secos como las almendras, nueces y piñones.

Los nogales crecían silvestres sobre las orillas de lagos y ríos, que también prodigaban abundantes variedades de peces que nosotros disecábamos y guardábamos, después de ahumarlos con serrín de enebros y cedros, pudiéndose consumir en cualquier época del año.

El otoño era la síntesis de los colores. Todo se pintaba de colores ocres, bermellones y naranjas y a mi vista le gustaba perderse a lo lejos, entre los robledales amarillos que parecían iluminar el camino que se escondía bajo los árboles. El otoño en Rusia tenía días de sol, agradables y frescos, y otros de nubes grises y lluvias suaves. Todos los días me gustaban. Los soleados para estar en el jardín y los lluviosos para estar junto al fuego de la chimenea, escuchando los cuentos de hadas y gnomos que mi madrastra nos contaba al anochecer. *Vassilissa la Hermosa* era mi cuento preferido y me deleitaba con las aventuras de aquella buena niña. Una buena niña que llevaba consigo, de recuerdo, una muñeca mágica que su madre le había dejado al morir y que le iba abriendo las buenas sendas de la vida con sus sabios consejos.

En casa me llamaban "la gran duquesa", porque Olga se llamaban también dos mujeres de la dinastía Romanov, una hermana del zar Nicolás II y una de sus hijas. Yo me paseaba feliz por la sala de la granja como si se tratara de uno de los salones de los palacios imperiales de Moscú o San Petersburgo y soñaba poder conocer, algún día, esos fastuosos ambientes donde contaban que las lámparas dispersaban sus suaves reflejos a través de mil velas blancas. ¿Mil velas? Era algo increíble para mí, ya que nuestra casa se iluminaba con cinco o seis velas por habitación y diez o doce los días festivos. Sin embargo, me encantaba soñar que la casa de la granja era para mí, mi palacio de invierno y de verano, mi padre, el zar de todas las Rusias, mi madre, la zarina y mis hermanos y yo, los grandes duques imperiales. Y entonces las doce velas caseras de los días festivos se transformaban en las mil velas palaciegas de la corte, mientras yo me paseaba ceremoniosamente por los salones imperiales de mis sueños.

—¡Olga! —me llamó mi padre y escapé de mis fantasías.

—Aquí estoy, papá, en el jardín.

—Ven, hija, estoy en la huerta.

Corrí por los senderos bordeados de menta y en un instante estaba parada delante de mi padre que se hallaba inclinado escardando las almácigas.

—Aquí me tienes, padre.

—Olga, quiero que guardes algo en tu corazón.

—¿Qué cosa deseas que yo guarde en mi corazón que es tan pequeño?

—Quiero que guardes la llave de un secreto que te ayudará a vivir.

—¿Un secreto? —pregunté asombrada.

—Sí, hija mía. Un secreto. Un secreto que llevarás por siempre dentro del alma, para que te consuele cuando te sientas sola. Escucha bien, Olga: piensa en algo fervientemente y terminarás lográndolo. Solo deberás disponer tu mente y tu alma para lograr el objetivo y lo demás se dará por añadidura.

No alcanzaba a comprender aquellas palabras de mi padre dichas en clave. ¿En clave? ¿En secreto? Me quedé conmovida. ¿Por qué cuando me sintiera sola? ¿Acaso no éramos siete hijos en la familia que estábamos siempre cobijándonos, como los polluelos, bajo las alas protectoras de nuestros padres?

—¿Por qué me lo dices, papá?

—Porque lo estoy experimentando. Creo que voy a poder concretar en poco tiempo lo que por años he soñado.

Yo me recosté sobre un añoso tronco de tilo mientras miraba a mi padre perder su vista en el horizonte. Entonces yo cerré mis ojos y mi mente se trasladó a la velocidad del viento al palacio de invierno de San Petersburgo. Era lo que más deseaba. Tal vez, como decía mi padre, mis pies pudieran recorrerlo algún día, pues yo pensaba en él fervientemente...».

III

LAS FUERZAS ANTAGÓNICAS DEL ALMA

Domingo, 20 de enero de 1980

«Dos días después, Julia y Lidia me invitaron a ir al bosque. Íbamos a recolectar setas que brotaban entre la humedad de los troncos de pinos, para las comidas de nuestra madre. Era uno de los entretenimientos más frecuentes y preferidos de toda la familia, por lo cual acepté gustosa. La tarde estaba fresca, pero el sol se filtraba por entre las copas de los altos árboles entibiando el aire. Caminábamos alegres sobre un manto verde amarillento que se extendía bajo nuestros pies, como una alfombra suave y mullida. Yo corría delante recolectando flores silvestres, mientras mis hermanas transportaban la gran canasta, entretenidas en una agradable conversación. Y digo agradable porque, aunque no sabía de qué se trataba, yo las veía sonrientes y entusiastas.

—Olga, ven un momento —me llamó Lidia haciéndome señas con las manos.

Yo detuve mi carrera y miré hacia atrás. Vi a Lidia hablando en voz baja y a Julia llevándose sus manos a la boca, como queriendo ocultar una sonrisa de complicidad y de asombro.

—¿Sucede algo, Lidia? —pregunté.

—Nada que no pudiera suceder —respondió Julia entre sonrisas.

—Pues entonces, dilo de una vez —contesté impaciente.

—Cálmate, Olguita. Sentémonos sobre el pasto que quiero contarles a las dos algo maravilloso que está pasando dentro de mi corazón.

—Cuéntanos rápido que me muero de ansiedad —solicité.

—Bien —dijo Lidia, y nos miró a las dos con cara de complicidad, —quería confiarles a ustedes, que son mis dos hermanas, algo muy bonito.

—¿Bonito? ¿Y qué es? —pregunté asombrada.

—Sí, bonito. Y es que siento que me he enamorado de Peter, el joven que toca el violín todos los domingos en el templo.

—¿Te has enamorado de verdad? —preguntamos al unísono Julia y yo.

—No solo de verdad, sino profundamente.

—Y él, ¿lo sabe? —pregunté con una sonrisa de complicidad.

—Tal vez se ha dado cuenta, porque en los oficios de los domingos nos miramos y los dos nos sonrojamos.

—¿Y cuántos años tiene Peter? —preguntó Julia.

—Tiene dieciocho años, es huérfano y trabaja en su granja.

—¿Huérfano? ¿Y con quién vive? —la interrogué.

— Vive con sus abuelos y cinco hermanas. Ellas me lo han contado pues se sientan a mi lado en el templo y hemos ido juntas a la escuela.

—Pero sabes muy bien, Lidia, que lo vuestro no tendrá futuro.

Las palabras me habían salido del alma. Sin querer. Como un presentimiento.

—¿Por qué lo dices, Olga? ¿Acaso sabes algo que yo no sé?

—Sé que partiremos tarde o temprano hacia esas nuevas tierras que llaman Canadá. Por eso hermanita, no te hagas demasiadas ilusiones. Cuando nuestro padre dispone, todos debemos obedecer.

—Pero yo le desobedeceré. No viajaré a Canadá. Prefiero morir antes que alejarme de Peter. Él es el amor de mi vida.

—No digas eso, Lidia y ¡perdóname, por el amor de Dios! —Y me aferré a sus manos como queriendo retenerla conmigo. Ella me abrazó y lloró sobre mi hombro, mientras Julia nos miraba con tristeza.

Las sonrisas se nos habían borrado de golpe de nuestras bocas. Las alegrías que habíamos compartido hasta ese momento se habían esfumado de nuestros corazones. La tarde esplendorosa se había vuelto de pronto oscura y aquel sol luminoso que entibiaba el aire y daba brillos dorados al aire y al pasto, se había ocultado bajo unas amenazadoras nubes grises.

De pronto el viento sopló frío y unas gotas aisladas de lluvia precipitaron nuestra búsqueda de hongos en el bosque. Recolectamos a prisa las setas que se ocultaban a centenares entre las grietas de los oscuros troncos. Caminábamos en silencio. Yo miraba a Lidia y Julia me miraba a mí y en los ojos de las tres se dibujó la tristeza. Aquella tristeza que brotaba del alma con el ímpetu de poderosas fuerzas antagónicas que me impedían discernir con claridad lo que deseaba. De querer escapar de Rusia y no querer, de tener que separarme de Lidia y no desearlo. Vi sus ojos tristes y como los ojos son las ventanas del alma supe, desde aquel día, que nada en la vida de Lidia volvería a ser como antes. La felicidad siempre sería incompleta, tanto para ella como para el resto de todos nosotros. Vi sus labios apretados por el dolor que la atenazaba. ¿Acaso mi hermana mayor había decidido permanecer en Rusia para siempre? Si así acontecía, significaría que ya no la vería nunca más. Nunca más, otra de las palabras perpetuas e incomprensibles para mi corta edad, pero tajantes. Abriendo mi corazón por la mitad, dividiendo mis afectos. Afectos que se quedarían ahí, mientras yo tendría que partir más allá de los mares, recorriendo kilómetros y kilómetros de tierras desconocidas.

Volvimos del bosque en silencio. Nos turnábamos entre las tres para llevar la canasta, pero como yo era la menor, resistía poco tiempo el peso de la abundante cosecha. Llegamos al jardín de la casa en el preciso momento en que se precipitaba una lluvia fría. En la galería, mis hermanas menores jugaban al "corro de la patata" y mis hermanos varones cosían unas bolsas de arpillera para guardar los granos de cebada. Mi madre bordaba, sentada en una silla-hamaca, y a mi padre no se le veía en la casa.

Tuve el presentimiento de que las circunstancias para salir de Rusia podrían acelerarse en un año o dos, pero me asustaba pensar que, a mis escasos años, nunca más podría ver a mi hermana mayor. Aquella hermana mayor que había oficiado también de madre, cuando ella murió. Desprenderme de Lidia era como desprenderme de un pedazo de mi vida y de mi alma.

Necesitaba un consuelo. Necesitaba abrazar a mi padre y buscar un refugio en sus brazos. Con la mirada lo busqué por toda la casa y, cuando supe que no lo encontraría, le pregunté a mi madre.

—¿Dónde está papá?

—En Zhitomir.

—¿En Zhitomir? ¿Por qué se ha ido?

—Necesitaba pedir el permiso de la comuna para poder salir de la región.

—¿Partiremos a Canadá, madre? —pregunté preocupada.

—Aún no es tiempo, Olga. Vuestro padre viajará contigo y con Leo a San Petersburgo para arreglar la documentación que necesitaremos para salir sin problemas de Rusia.

—¿Iremos en carro o a caballo?

—Iréis en tren, Olga.

Me quedé absorta mirando a mi madrastra sin saber qué decir. ¿En tren?, no cabía en mi pecho la alegría de viajar en un vagón con asientos tapizados de terciopelo. De repente, las angustias por Lidia se habían evaporado. Las había olvidado. Esas eran las bendiciones de la infancia, poder olvidar en un instante el dolor y las tristezas. Ante una alegría, el alma de un niño siempre vuelve a sonreír.

Entre 1860 y 1870 se había desarrollado una extensa red ferroviaria en Rusia.

¡Cuántas cosas juntas me estaban sucediendo! Mi padre me lo había anticipado, me había dado la llave del secreto y yo no estaba haciendo otra cosa que pensar fervientemente en lo que más deseaba y, como por arte de magia, se iba hacer realidad.

—¿Estás segura, madre?

—Estoy segura, Olga.

Yo no podía creer lo que escuchaba. Mi sueño se iba a cumplir. Las puertas del Báltico se abrirían para que entráramos en San Petersburgo. Conocería la ciudad de las cúpulas doradas y de los mil colores; la ciudad rusa de Pedro el Grande, construida en mármol y piedra, me esperaría eternamente para que mis pies la recorrieran por única vez en la historia de mi vida. Conocería los palacios de invierno y de verano de los Zares, sus inmensos jardines. Pero ¡si solo había pensado fervientemente en ellos apenas un manojo de días! ¿Tan fuerte era la fuerza del deseo para que lo anhelado se hiciera realidad en tan escaso tiempo?

Ese día también comprendí el significado de la palabra "jamás". Debería absorberlo todo, retenerlo en mi alma, porque jamás nada volvería a ser igual. Nada volvería a repetirse. Pasearía por las marismas del Neva hasta donde el río se perdiese, por los canales, por los malecones y puentes, donde el reflejo de la piedra en el agua le daría un encanto sin igual. Pero sería definitivo, nunca más mis ojos volverían a recorrer aquella geografía. "Nunca más". Y en aquel momento comprendí que aquellas palabras solemnes y perpetuas, que mi padre utilizaba con frecuencia, habían comenzado a rodearme.

Mi alma pequeña no alcanzaba a captar la dimensión de tantas angustias y alegrías paralelas. Tanta confusión. Quería marcharme, pero también quería quedarme. Sentía la contradicción constante dentro de todo mi ser. Pero si me marchaba dejando ese espacio vacío, ¿qué circunstancias me vendrían a buscar sin hallarme? ¿Y si el destino era solo propicio donde había nacido, abandonándome en la lejanía a las fuerzas incontrolables de lo desconocido? Decidí no pensar más. Me dejaría llevar por ese destino incontrolable, un destino que yo, con mis escasos años de vida, aún no podía manejar ni ejercer sobre él mis influencias. ¿De qué servirían mis ideas, mis pensamientos, si yo no era la que decidía sobre mi propia vida? Yo era llevada de la mano a donde el destino me guiaba.

Mi hermana no volvió a hablarnos de su amor por Peter y nosotras no volvimos a preguntarle. Tal vez si todas olvidábamos el tema Lidia también lo olvidaría y cuando llegara el momento de partir hacia América, ella vendría con nosotros, obedeciendo los mandatos paternos.

Estaba promediando el mes de octubre cuando una mañana, durante el desayuno, mi padre, mirándonos a Leo y a mí, nos dijo:

—Olga y Leo, deben preparar sus maletas porque me acompañarán a San Petersburgo. Tengo que visitar a un primo que es de la guardia real del Zar y que me conseguirá los contactos para poder realizar los trámites y poder embarcarnos hacia Canadá.

—¿Y cuándo partiremos, papá? —pregunté con curiosidad.

—En una semana, Olga.

—¿Qué trámites debes realizar, padre? —interrogó Leo.

—Deberemos rellenar los formularios para nuestros pasaportes y poder así integrar la lista de pasajeros del buque

que nos llevará a América. Lidia ayudará a mamá en las tareas de la casa y Julia se encargará de las vacas y del campo. Solo serán ocho días. Nos iremos un lunes y volveremos al siguiente.

Yo no daba crédito a lo que escuchaba. No podía creerlo. Apenas conocía algo de Zhitomir, la iglesia de los domingos, la escuela y los almacenes. Pero viajar a San Petersburgo era como conocer el mundo entero. Se comentaba que era una ciudad preciosa, con museos, teatros, avenidas y palacios imperiales que parecían de ensueño.

Conocer San Petersburgo sería como conocer París o Viena.

Rusia era como una bisagra entre Europa y Asia, por lo cual se conjugaban en ella una gran variedad de paisajes y climas, y la mejor manera de conocerla un poco más era recorriendo una de sus maravillosas ciudades, la de las cúpulas doradas y de los mil colores, la deslumbrante y majestuosa ciudad de Pedro el Grande.

La semana pasó rauda. Mi maleta había sido cuidadosamente dispuesta por mi madre. Mis mejores ropas almidonadas y planchadas se hallaban ordenadamente dobladas dentro de ella. Mi padre había sacado con antelación los tres billetes de tren y la fecha de salida era el 9 de octubre a las ocho de la mañana. Y como siempre guardando enigmas, nos había adelantado que era posible que visitáramos algunos de los palacios imperiales. Corría el año 1897.

Mi corazón se agitó de contento cuando aquella mañana, antes de que amaneciera, mi madre fue a despertarme. El olor a café y leche calientes y las masas de miel y canela perfumaban el aire de aquel amanecer de otoño. *Leo* se hallaba junto a mi padre desayunando cuando yo aparecí vestida y peinada, lista para tomar mi taza de café con leche, mientras Lidia preparaba el carruaje que nos llevaría hasta la estación de trenes de Zhitomir.

—Olga, ¿llevas los mitones y tu gorro de piel? —preguntó mi padre.

—Sí, padre, y también el abrigo burdeos que me hizo mamá.

—Bien, porque tal vez visitemos los palacios —contestó mi padre.

—¿Crees que nos dejarán entrar en ellos? —pregunté.

—Tal vez. Mi primo pertenece a la guardia del Zar —contestó mi padre con orgullo.

Cuando todos terminamos el desayuno me abracé a mis hermanas Lidia y Julia. Ellas terminaron de ponerme el gorro de piel y los mitones y me pidieron que observara todo con detenimiento, para después poder contarles el viaje sin omitir detalles. Al mirar a Lidia, el corazón me dio un vuelco. ¿Así sería mi despedida cuando ella se quedara en Rusia y yo partiera para América? Una despedida que sería definitiva, como si ella muriera o yo desapareciera. Porque si era definitiva, y esta era otra de las palabras perpetuas, ya no volvería a verla. Sería como si el espacio infinito se la hubiera llevado.

Traté de no pensar, no quería entristecer el magnífico viaje que mi padre iba a regalarme. Luego besé a Augusta y a Helen, que se habían despertado y estaban mirándome vestidas con sus camisones, paradas a mi lado. Después me despedí de mi madre, que me dio un tierno abrazo lleno de cariño y alegría, deseándonos un buen viaje y dándome las recomendaciones para la ropa. Por último, me despedí de mi querido hermano *Willy*, besándolo en las mejillas. En Lidia recaería esta vez toda la responsabilidad de cuidar la casa, a mi madre y a mis hermanos menores, y Julia se encargaría de los trabajos del campo.

Subimos al carruaje con capota que manejaba Lidia. *Leo* se sentó a su lado. Mi padre y yo nos sentamos en el asiento de atrás y cuando Lidia le dio rienda a los dos caballos iniciamos el viaje al trote, camino a Zhitomir. Eran las seis de la mañana y el sol todavía no había querido asomar. Solo una leve claridad se insinuaba por el Este. Mi madre, con una lámpara en la mano y la otra levantada diciéndonos adiós, me arrojó unos besos al aire. Julia y *Willy* abrazados, levantaron sus manos, risueños, mientras Augusta y Helen, se aferraban a la falda de mamá.

De repente, sentí que todo se partía en dos. Quería viajar, pero a la vez quería quedarme. Qué sensación amarga y dulce a la par, el querer partir, recorrer el mundo, pero a la vez desear quedarme. Las fuerzas del destino luchaban dentro de mí y yo sentía en el fondo de mi alma un huracán incontenible que me llevaba a su antojo, de un sentimiento de alegría a otro sentimiento de amargura, no dándome paz.

Recorrimos al trote el camino que serpenteaba bordeado de robles. Mientras, nuestra casa se iba empequeñeciendo a medida que avanzábamos hacia Zhitomir. Las campanas de la iglesia estaban tañendo, dando las siete, cuando llegamos a la estación de trenes. Bajamos las maletas. Lidia ató el carro bajo la sombra de unos tilos y ayudó a mi padre y a *Leo* a llevar los equipajes. Mi padre de botas, sobretodo negro y sombrero, me miró sonriente cuando yo pregunté asombrada por el humo blanco que echaban las ruedas del tren estacionado sobre el andén.

Un guardia de uniforme gris y rojo estaba parado frente a la puerta del tren. La gente iba llegando a medida que se acercaba la hora de la partida, mientras la máquina resoplaba por su chimenea y hacía sonar su sirena anunciando que en poco tiempo se iniciaba la marcha. Nos despedimos de Lidia y subimos al vagón. Las paredes eran de madera de caoba y los asientos de terciopelo burdeos. Los portaequipajes, de esterillas, estaban sostenidos por varillas de bronce. Las lámparas con tulipas en forma de flores estaban encendidas en toda su magnitud, mientras el guarda iba tomando los billetes de quienes ascendíamos y nos devolvía el comprobante.

Subí curiosa, porque era la primera vez que iba a viajar en tren. Lo había hecho siempre a caballo o en carros, carruajes o trineos, pero en tren era mi primera experiencia.

Me senté junto a la ventanilla. Desde el andén Lidia me miraba sonriente y me decía adiós con su mano. Yo la saludé con entusiasmo, mientras le lanzaba besos al aire. Lidia nos dijo adiós y regresó rápido a la granja, pues tenía que comenzar con las tareas del día.

El silbato del tren se sintió fuerte y seguro, luego sonó la silbatina del guarda y el tren comenzó lentamente su marcha rumbo a la ciudad de mis sueños: San Petersburgo.

La máquina comenzó a tomar velocidad hasta ser un murmullo rítmico y constante que se desvanecía en la atmósfera. Pasamos por Volyski, Novograd y Korosten. Nos detuvimos en Mozyr. De allí a Bebrusk. Recorrimos llanuras, bosques y praderas. Traspasamos puentes, cruzamos ríos y lagos con la fuerza poderosa de un motor energizado a vapor. El humo quedaba suspendido en el cielo por varios minutos para luego diluirse en el aire. Llegamos a Mogilev y Orsa. Nos detuvimos en Vitebsk.

El salón-comedor del tren era un encanto. Lujoso, luminoso, todo brillaba en él. Las luces, la vajilla, los asientos, todo estaba impecable. Y las fuentes de aluminio brillante, el aroma a chucrut, tortillas, salchichas y huevos, hacían las delicias de cuantos llegábamos hasta él. A mediodía almorzamos salchichas de cerdo con patatas hervidas y ensalada de lechuga. De postre, compotas de frutas. A la hora de la siesta, el sueño me venció. Me recosté sobre el asiento. Mi padre sacó una manta de viaje y una pequeña almohadilla para cada uno de su maleta de mano. Yo me acomodé sobre uno de los asientos, para lo que tuve que quitarme los zapatos. Mi padre y Leo se recostaron sobre el respaldo de sus asientos y dormitaron. Un sueño profundo me invadió. El cansancio del viaje lo sentía como un sopor y el vaivén del vagón me acunaba dulcemente, porque hube de dormirme hasta cerca del crepúsculo. Llegamos a Gorodok a la hora de la cena. El comedor lucía majestuoso; las lámparas con sus velas, la música de un violinista y el aroma exquisito de las comidas hacían que este viaje, más que un viaje, fuera para mí un sueño. Cenamos sopa, verduras al vapor y frutas frescas. De nuevo en nuestro vagón, me recosté sobre el asiento, mi padre me cubrió bien con la manta y yo enlacé mis brazos bajo la almohadita de plumas y me dormí plácidamente con el sereno trepidar del tren. Entre sueños sentía que el tren se detenía en otras estaciones, sentía sonar los silbatos, gente que subía y bajaba y el chirriar de los frenos. El vapor de la máquina surgía con fuerza de su chimenea y pasaba raudo por nuestra ventanilla mientras avanzábamos en medio de la noche, atravesando a la velocidad del viento la inmensa llanura rusa.

El día siguiente amaneció esplendoroso. Un cielo azul intenso festoneado de nubes blancas enmarcaba los bosques de abetos, las llanuras y las suaves ondulaciones de las praderas que entre verdes y amarillentas iban pasando a mi lado. ¡Cuántas cosas tenía que grabar mi mente para contar a mis hermanos y para poder revivir en mi recuerdo, cuando ya no estuviera pisando esos suelos!...».

IV

LA CIUDAD DE MIS SUEÑOS

Domingo, 27 de enero de 1980

Ese domingo me sorprendió más ansiosa que nunca; quería conocer la experiencia de aquel viaje de Olga a San Petersburgo y así continuó su historia:

«... Mientras dormíamos, el tren atravesó Gorodok, Novosokolmik, Opocka, Ostrov y Pskov.

Los trenes rusos eran tremendamente confortables, y debían serlo para poder soportar las largas distancias que tenían que recorrer. Todo nuestro viaje transcurrió en *platzkarte*, es decir, en aquellos vagones con compartimentos abiertos. Todos los asientos se volvían literas y por tal motivo, durante toda la noche, el viaje transcurrió cómodamente. La ropa de cama debíamos pedírsela al *probolnik*, al revisor, pero había que pagar un alquiler por ella, por lo que mi padre usó las mantas de viaje que habíamos traído desde la granja y nuestras pequeñas almohadillas de plumas.

Cuando por la mañana temprano el guarda anunció la llegada a Luga, terminé de desperezarme. Mi padre me pidió que fuera a arreglar mis cabellos al servicio de damas, que se encontraba atravesando la puerta. Se hallaba a escasos metros de nuestros asientos y ya había concurrido más de un par de veces desde que subiéramos al tren. La mayor parte de los trenes tenía por aquella época baños excelentes, con lavabos de porcelana, grifos de bronce y tulipas de cristal. El trepidar del tren me hizo perder el equilibrio, pero agarrándome al pasamano caminé segura. Al abrir la puerta de madera, mi imagen se reflejó sobre un espejo en forma de media luna que cubría la pequeña pared, frente al lavamanos. Me sonreí a mí misma. Era una sensación muy gratificante encontrarme conmigo misma en tan agradables circunstancias. Volví a mirarme. Mi imagen se reflejó asombrada. Sobre el estante de mármol que se hallaba bajo el espejo, se encontraban los pequeños jabones envueltos en papel de seda blanco. Un frasco de agua de rosas sin estrenar esperaba intacto y vistoso para perfumar mi camisa. Leí en su etiqueta:

"Agua de rosas de las praderas de Rusia". Me miré de reojo en el espejo y descubrí que mis trenzas estaban a punto de soltarse. Tomé el cepillo que llevaba en mi bolsito de mano y cepillé mis cabellos mientras me sonreía a mí misma y hacía morisquetas con mi boca. Lavé mis manos, también mi cara y peiné mis cabellos. Cepillé mis dientes, até los cordones de mis botines y alisé con mis manos perfumadas mi vestido de lanilla. Coloqué las dos cintas carmesí a mis trenzas y en perfecto orden regresé al vagón.

Mi padre y *Leo* me esperaban listos para desayunar.

Todos los trenes en Rusia tenían un vagón-restaurante con una cocina excelente y las comidas eran elaboradas en el mismo momento de ser servidas. Los vagones-restaurante eran toda una tradición en la tierra de los zares.

Nos dirigimos al salón-comedor. Los olores del café recién hecho, de las tortas tibias de anís y levadura y los panecillos tostados despertaron mi apetito.

—Tomaremos un buen desayuno para tener fuerzas —dijo mi padre.

Una vez sentados frente a la mesa de inmaculado mantel, mi padre rezó las oraciones de la mañana y nosotros respondimos. Luego el mozo nos saludó amablemente y comenzó a servirnos el café, la leche, las tostadas, la mantequilla, los dulces y las tortas de levadura. Bebí la taza de café con leche de sabor exquisito casi sin respirar. El vapor de la taza calentó mi nariz y mis manos y, después de colocar mantequilla fresca y dulce de rosas sobre mi tostada, comencé a deleitarme con los sutiles sabores de aquella mañana inolvidable.

Los poblados rusos pasaban raudos frente a la ventanilla y el sol que iba iluminando los campos reflejaba sus destellos sobre las gotas de rocío esparcidas por doquier.

A un costado del salón, y sobre un mostrador de madera lustrada, se hallaba toda la vajilla del comedor. Las tazas de porcelana blanca con sus platillos, los platos hondos y los platos llanos, las copas y vasos de cristal, las compoteras, las ollas, las soperas, los cubiertos de plata. Todo brillaba y se encontraba en perfecto orden y eso llamó mi atención, ya que el ir y venir de los viajeros era constante. Pero, sobre todo, llamó mi atención la gran cantidad de vasos de vodka que había sobre el mostrador.

Mi padre me observaba y, como adivinando mis pensamientos, me interrogó.

—¿Sabes, Olga?, el vodka, que se toma en esos pequeños vasos que ves allí, es toda una tradición en la vida rusa y los vagones-restaurante, un buen lugar para beberlo. Si, por casualidad, algún viajero no bebiera alcohol, sería mejor que no permaneciera demasiado tiempo en el salón-comedor, porque si alguien lo invitara a beber vodka y se negara a esa invitación sería considerado, aquí en Rusia, poco menos que una ofensa. Así es la tradición con esa bebida.

—¿Se ofenden? —pregunté absorta a mi padre que me miraba sonriente.

—Se ofenden, Olga. Por eso será mejor que nos vayamos cuanto antes y en cuanto terminemos de desayunar, ¡no vaya a ser que alguien nos quiera invitar a beber vodka y tengamos que decirle que no!

Leo se rió con ganas y yo le seguí por detrás. Mi padre nos guiñó un ojo con cierta complicidad, luego pagó el desayuno al mozo que nos servía y volvimos al vagón. Nos sentamos. Mi padre sacó su Biblia y se puso a leer en silencio, mientras mi hermano y yo mirábamos embelesados el paisaje a través de las ventanillas.

El viaje siguió por Vyrica y Puskin y antes del mediodía llegamos, por la estación de trenes de Vitevski, a la ciudad de mis sueños: San Petersburgo.

La visión de la ciudad me resultaba alucinante, sobre todo porque llegábamos a la hora del mediodía, en la que sobre el Neva se desplazaba un enorme sol brillante y los edificios majestuosos, que parecían disolverse en el agua, se transformaban en finísimos encajes de vaporosa amatista.

Los cristales de los ventanales reflejaban un fulgor de oro llameante y las agujas elevadas lanzaban destellos de rubíes al aire. Los palacios que dejábamos en nuestro andar hasta el centro de la estación de Vitevski parecían esfumarse y las cornisas de los inmensos balcones de piedra parecían iluminarse.

—San Petersburgo es una ciudad surcada por ochenta y seis ríos, tiene canales por más de trescientos kilómetros de longitud y más de cien islas en la parte del delta del río Neva —acotó mi padre ante nuestras bocas abiertas.

—¡Es impresionante, padre! —agregó Leo, mientras miraba asombrado, como yo, aquella ciudad inigualable.

San Petersburgo era una incansable competición de detalles.

Estábamos entrando en la ciudad en pleno otoño. Otoño que dura lo mismo que el invierno: cuatro meses, desde agosto a diciembre. Los primeros fríos habían comenzado quince días antes, en septiembre. Sin embargo, las personas que viajaban en el vagón junto a nosotros decían que ese sol brillante y tibio se debía a la llegada del "veranillo de San Martín".

San Petersburgo se asemejaba, a esa hora del mediodía, a una verdadera feria de colores, de la que parecía poder disfrutar en cada uno de sus parques, bordeados de pinos y abetos. Sobre ese fondo de agujas verde oscuras aparecían las hojas doradas de los abedules, las hojas rojas de los arces y las hojas anaranjadas y violetas de los pobos.

El tren se detuvo en la terminal de la estación de Vitevski. Mi padre y mi hermano sacaron las maletas del portaequipajes. Nos colocamos los abrigos y los sombreros y descendimos las escalerillas. En medio de la multitud, una mano se agitó y un sombrero se levantó por encima de las cabezas entre una marea de hombres y mujeres que transitaban por el andén como si fuera un gran hormiguero. Mi padre respondió al saludo y yo pude adivinar que aquel hombre robusto y rubio, de traje de paño oscuro y sombrero de copa que se acercaba sonriente, era nuestro tío Rodolf. Cuando ya estuvo junto a nosotros, mi padre lo abrazó sonriente y ambos intercambiaron un saludo en alemán. Luego fuimos presentados y nuestro tío, simpáticamente, selló con un beso cariñoso aquel agradable encuentro.

Rodolf era un primo-hermano de mi padre y estaba al servicio del Zar en la guardia real. Aquel mediodía se hallaba franco, motivo por el cual mi padre había acordado viajar a San Petersburgo en aquella fecha. Recorrimos el andén en medio de una multitud que se movía en todos los sentidos. Mi padre conversaba animadamente sobre los trámites que debía hacer ante el Ministerio de Relaciones Exteriores, siguiendo las instrucciones de su primo. San Petersburgo era la capital de Rusia y lugar obligado de los trámites oficiales más importantes. Mi hermano y yo mirábamos hacia todos lados, asombrados. Habíamos llegado a la ciudad de mis sueños.

Fuera de la estación, aparcado bajo los árboles, nos esperaba el carruaje de Rodolf. Nos instalamos y al trote recorrimos la ciudad en dirección a su casa.

San Petersburgo había sido diseñada con tenacidad, perspicacia y amplia visión. Era una ciudad libre de los defectos de las cosas improvisadas. Con sus malecones y sus magníficos edificios, con sus calles largas ofreciendo amplias perspectivas y sus amplios parques se ofrecía ante mi vista, inmutable y eterna.

Los caballos continuaban al trote. Mi padre conversaba con nuestro tío y mi hermano y yo estábamos ensimismados con tanta belleza. Pero la verdad era que el trote de los caballos sobre las calles empedradas me impedía escuchar lo que mi padre hablaba. Sin embargo, el rostro de Rodolf expresaba seriedad. Las sonrisas se habían borrado de sus rostros y sus ojos (los espejos del alma) parecían empañados.

Sin duda, su primo estaba alertando a mi padre sobre algo. No sabía qué. Pero con los años descubrí que la atención se había centrado sobre la situación de descontento que se estaba gestando entre las clases obreras que poblaban los suburbios de las grandes ciudades. La miseria de los barrios obreros con sus casas menudas y deterioradas contrastaba marcadamente con la existencia de lujosos palacios y suntuosos edificios. Los campesinos vivían en la pobreza al igual que los obreros de las fábricas. Trabajaban de sol a sol, pero el pan no alcanzaba para satisfacer el hambre de cada uno y de cada familia. Diariamente libraban la batalla contra el hambre, la pobreza y la opresión. La vibrante y tenaz vida de las fábricas y campos había entrado en una verdadera ebullición.

La percepción de mi padre sobre aquella situación había gestado la huida y ahora estábamos preparándonos, en San Petersburgo, para dar el primer paso hacia la libertad.

Pero, ¿qué libertad nos quiso dar mi padre? ¿La libertad de un suelo fecundo, pero que deja al alma desconsolada cuando se pierden los afectos? ¿La libertad de poder vivir lejos de casa, preservándonos de la guerra y de la muerte, pero añorando a cada instante lo que perdimos al marcharnos? Con el transcurso de los años comprendí que aquella libertad soñada me había dejado desarraigada y sin afectos. La libertad buscada me había dejado sin la libertad de poder pertenecer y permanecer dentro de una familia. Mi familia. Nunca supe qué pensamientos se gestaron en la mente de mi padre por aquellos años. Los ignoré siempre. Nunca me atreví a preguntarle y él nunca pudo abrirnos su corazón y expresar sus sentimientos. Creo que le costaba demasiado mostrar que sufría por ello, y tras esa imagen de entereza y fortaleza, tal vez se ocultaba un corazón atormentado. Atormentado por la fuerza de un destino que ninguno de nosotros tenía la capacidad o la posibilidad de desviar.

La fuerza de la historia lo puede todo y contra eso ninguna civilización humana ha podido luchar. El destino colectivo se precipita sin que nada podamos evitar. Solo las pequeñas cosas, las cotidianas, pueden ser influenciadas por nuestras actitudes, pero la fuerza descomunal del destino de la humanidad pareciera que ya estaba escrita.

Mi destino ya estaba escrito en las estrellas del cielo. Yo no lo sabía. El derrotero que debía andar estaba marcado en los designios que se iban perfilando como en clave y yo no alcanzaba a darme cuenta.

Me mantuve atenta a los gestos de mi padre y a la belleza de una ciudad que nunca más volvería a desandar. Iba transitando por un camino sobre el que nunca más mis pies volverían a pisar. No alcanzaba a comprender la dimensión de ese infinito que me rodeaba. "Nunca más", "jamás", "para siempre", eran palabras que me conmovían el alma. Sin embargo, el tiempo continuaba raudo, acotado, finito, con sus plazos despóticos y que inevitablemente, más allá de mi voluntad, tendrían que cumplirse. Habían transcurrido más de cuarenta minutos desde que llegáramos a San Petersburgo y Leo y yo comenzábamos a tener hambre.

Rodolf adivinó nuestros pensamientos y, mirándonos sonriente, nos dijo:

—Ahora iremos a almorzar. Catalina, mi esposa, nos espera. Se alojarán en nuestra casa. Todo ha sido dispuesto desde que supimos de vuestra venida. Y después de descansar, si lo desean, podemos salir a recorrer un poco la ciudad. Mañana, bien temprano, comenzaremos con los trámites, porque con eso no debemos perder tiempo.

—Gracias Rodolf —respondimos los tres.

El carruaje se detuvo frente a una hilera de edificios que aparentaban no ser muy altos, tal vez por el ancho de la calle, que estaban llenos de cúpulas y de torrecillas que le daban un aspecto de ensueño. Descargamos nuestros equipajes y ascendimos, precedidos por Rodolf, por una ancha y corta escalera hasta la puerta principal. Abrió con su llave y llamó a su esposa. Al instante apareció Catalina sonriente y amable. Todos fuimos presentados y, después de los besos y abrazos de bienvenida, nos mostró nuestras habitaciones. Mi padre dormiría en un cuarto con mi hermano y yo dormiría sola, en una pequeña habitación de huéspedes. Dejamos nuestras maletas, pasamos al servicio y luego a la mesa. En verdad, yo tenía hambre. La casa me pareció muy confortable y llena de comodidades. La mesa estaba dispuesta en el comedor luminoso, con un mantel color té y unas rosas al tono, del jardín de Catalina. Ella nos sirvió sopa de remolacha, patatas y carne de cerdo y, de postre, manzanas asadas. Aquella familia nuestra que acabábamos de conocer, me daba la sensación de que ya la conocía desde mucho tiempo atrás. El afecto y el trato cordial me hizo pensar que los genes que corrían por las venas de nuestro tío eran los mismos que los míos. Hay algo indescriptible, mucho más de lo que uno cree, con personas que llevan nuestra misma sangre. Es la bendita sensación de saber que no vamos solos por el mundo, que hay un ejército de personas con nuestros mismos genes, con nuestros mismos lazos de cariño, que también van transitando por algún lugar del planeta y que, al encontrarlos, producen un acuerdo luminoso.

Terminamos de almorzar y yo ayudé a Catalina a fregar la vajilla. Luego, en mi habitación, saqué mi ropa de la maleta, colgué en el ropero mis vestidos y abrigo y me di un baño placentero en una bañera llena de espuma. Cuando hube concluido, y ya vestida, nos encontramos todos en el vestíbulo para salir a recorrer la ciudad.

Subimos al carruaje los cinco; Rodolf nos iba explicando y enseñando cada lugar por donde pasábamos.

Era difícil imaginarse San Petersburgo sin el río Neva. No solo difícil, sino imposible. El reflejo del frío y magnífico río estaba en toda la ciudad, para la cual el Neva fue, desde el momento de su fundación, el eje arquitectónico fundamental.

—El río tiene sesenta y cuatro kilómetros de longitud, de los cuales, trece se encuentran dentro del perímetro de la ciudad —acotó nuestro tío.

—¿Y qué ancho tiene? —preguntó con curiosidad Leo.

—La anchura del Neva a su paso por San Petersburgo varía entre trescientos cincuenta y seiscientos cincuenta metros. Los peterburgueses decimos que sin el Neva no habría ciudad y realmente la ciudad debe su aparición a la feliz combinación de caminos marítimos y fluviales —respondió Rodolf.

Moscú, Kiev y San Petersburgo habían sido, a lo largo de la historia rusa, las tres ciudades más importantes y yo, aquel día, tenía la dicha de conocer una de ellas.

Parecía que en San Petersburgo se respiraba un ambiente indescifrablemente exótico. Pasear por sus calles era como sumergirme en el interior de una ciudad de leyenda, donde la más original de mis fantasías se había convertido en realidad. Quizá algún duende o algún mago, propios de mi imaginación, utilizaron todos sus poderes para inspirar su creación a los zares y ellos, a su vez, pusieron esa magia en las manos de los arquitectos e ingenieros para construir esa majestuosa ciudad llena de encanto. Un encanto que parecía plasmarse en inmensos palacios, museos de enormes dimensiones con colecciones únicas en el mundo, y parques y jardines de belleza excepcional. Decían que estas ciudades rusas, hermosas y únicas, formaban parte de los magníficos pueblos históricos del "anillo de oro" ruso, que se conjugaban a la perfección con los prados de flores silvestres del Cáucaso.

San Petersburgo invitaba al ensueño. Había sido creada a orillas del Neva en el siglo XVIII, a las puertas del Báltico. Y desde las venas de la ciudad por las que se perdía el Neva, los canales, los malecones, los puentes y el reflejo de la piedra en el agua le daban un encanto sin igual. A todo esto, el carruaje continuaba su camino y, mientras mi padre conversaba animadamente con su primo y su esposa, *Leo* y yo guardábamos silencio y absorbíamos todo lo que el paisaje aquel nos brindaba. Los caballos pasaban al trote frente a palacios e iglesias de clasicismo majestuoso y de edificios imperiales de opulencia barroca. Así, aquella tarde tuve la primera vista panorámica de aquella ciudad que llevaría grabada dentro de mi corazón por el resto de mi vida.

Las impresionantes perspectivas del Nevski, el Almirantazgo (famoso astillero donde por aquellos días se estaba construyendo el barco que nos llevaría a América), los Palacios de Invierno y de Verano, los jardines, las fortalezas de San Pedro y San Pablo y la catedral con los sepulcros de los Zares eran todas obras de una maravilla inimaginable para mí, una niña campesina que pisaba una ciudad de esas dimensiones por primera vez.

El recorrido siguió por Peterhof, a orillas del Báltico, donde se encontraba en un enclave fantástico la residencia de verano de Pedro el Grande. El palacio estaba rodeado de preciosos jardines con estanques y fuentes.

—¿Qué es Peterfhof? —pregunté con curiosidad.

—Es un conjunto grandioso de palacios y parques construidos a finales del siglo pasado, ubicado, como verás, Olga, en los pintorescos suburbios de San Petersburgo.

De nuevo en San Petersburgo, hicimos una visita al museo ruso con su colección de seis mil iconos. Con algunos de ellos en mi retina, volvimos a casa de Rodolf y Catalina, dispuestos a comer algo y a dormir. De verdad estaba cansada. A la mañana siguiente iniciaría mi padre una infinidad de trámites que le llevarían, sin duda, toda la semana.

Me acosté. Estaba tan cansada que el sueño parecía tardar en llegar. Siempre me sucedía y me siguió aconteciendo a lo largo de mi vida, que cuanto más cansancio sentía, más difícil era para mí conciliar el sueño. Entonces escuché las voces de mi padre y de Rodolf que estaban en la sala tomando un café caliente de sobremesa.

—Voy a marcharme de Rusia. Me iré con toda la familia en cuanto pueda vender la granja, por eso quiero terminar de concretar los trámites de los pasaportes para luego sacar los billetes en un buque a vapor que parta para América.

—¿Por qué quieres marcharte, Robert? —interrogó Rodolf a mi padre.

—Creo que tengo que elegir entre dos destinos.

—¿Cuáles son esos dos caminos?

—O me voy a la zona del río Volga, adonde por sus buenas condiciones de pesca y navegación muchos alemanes como nosotros se están trasladando, o me marcho a América. El primer destino no quiero elegirlo, pues he visto el arrepentimiento de muchos que se han ido y que, por los robos y los saqueos a que fueron sometidos cuando se instalaron con sus ilusiones, debieron retornar. Además, la política del Zar es presionar a las aldeas alemanas, sean de donde sean, con altos impuestos, a cambio de una seguridad que, hasta ahora, resulta inexistente.

—¿Hablas de una discriminación por ser alemán?

—Hablo de una discriminación —respondió mi padre con tono grave—. Se podría decir que los alemanes de Rusia somos discriminados por nuestra posición económica, ya que somos agricultores de clase baja, sin mucha riqueza en nuestros bolsillos. En otras zonas de Rusia, es imposible elegir, por la falta de campos y el frío persistente. Creo que no tengo otra alternativa que irme de esta tierra a la que alguna vez llamé mi hogar.

—Lo sé y te comprendo. No es sencillo tener que alimentar a siete bocas; por eso quiero ofrecerte, de todo corazón, mi ayuda económica.

—Te lo agradeceré, Rodolf. El nuevo destino de América, con sus tierras fértiles y vírgenes de las praderas y pampas, proporcionará un próspero futuro para mis hijos y algún día podré devolverte toda tu ayuda.

Me quedé absorta. Me dolía el estómago pensando que mi padre recurría a todo con tal de escapar.

Mi padre quería escapar. Quería escapar sobre todo, del poder absoluto de los zares que se había acentuado desde el reinado de Alejandro III entre 1845 y 1894. Por aquellos años se había restaurado el poder absoluto e instituido la política denominada *Ojrana* (1881), una política absolutista y controladora de todos los actos de las personas. La censura previa (1882) recortó el poder de las asambleas provinciales, sometió a los estudiantes a una estrecha vigilancia e inició una política de "rusificación" sistemática. Y a esto temía mi padre, a las discriminaciones de las que podríamos ser objeto todos los miembros de su familia. Durante el reinado del zar Alejandro III apareció en Rusia el gran capitalismo y, en consecuencia, el proletariado industrial.

Aquella tarde me había conmovido ver una parte de la ciudad rodeada de fábricas pobladas de obreros, que más que obreros parecían mendigos. La pobreza se observaba en sus ropas, en sus cuerpos y en sus rostros. Tristes, cansados, harapientos, cruzaban la ciudad con el desasosiego en la

71

mirada. Tal vez, esa angustia llegaría algún día a la gente del campo y acorralada sin saber a dónde ir, agobiada por los impuestos y las discriminaciones, terminarían matándose entre ellos.

El zar Nicolás II había continuado con la política iniciada por su padre, absolutista y totalitaria, y había ciertas actitudes que estaban marcando su vida de una manera llamativa, apegándose a la ortodoxia religiosa y resistiéndose a los cambios. Estas actitudes estaban forjando el desencuentro con sus súbditos, ya que creía firmemente que su deber era preservar el poder absoluto de la monarquía, por lo que se negó a otorgar concesiones a los sectores que reclamaban una mayor libertad política, menos impuestos, menos desigualdades.

Las voces comenzaron a alejarse y yo me dormí pensando en el futuro. Un futuro que, aunque incierto, me producía muchísima curiosidad...».

V

LOS PASOS LEGALES PARA
LA LIBERTAD

Domingo, 3 de febrero de 1980

«Amanecía cuando escuché a mi padre salir de la casa junto a nuestro tío. Yo me quedé despierta y en silencio. El trinar de los pájaros en el jardín me producía la misma sensación que estar en la granja, pero el rumor de la ciudad, que ya se estaba despertando, me avisaba de que estaba en una de las ciudades más importantes de Rusia. Cuando escuché a Catalina trajinar por la casa, me vestí y bajé a desayunar. Conversábamos animadamente cuando llegó Leo que se unió a nuestra conversación.

Mi padre se había marchado con Rodolf al Ministerio de Relaciones Exteriores. Debía presentar los documentos de nuestra numerosa familia, fotos y papeles que acreditaran que todos éramos sus verdaderos hijos y que pertenecíamos a una comunidad ruso-alemana con residencia en Zhitomir.

Con el tiempo supe que mi padre tenía miedo. Miedo a que le impusieran condiciones, a que le presentaran impedimentos, a que nuestro viaje terminara esfumándose en la nada y a que nosotros nos viéramos envueltos en los desencuentros sociales que se avecinaban y nos dispersáramos, como hojas que el viento lleva, por quién sabe qué confines. Sin embargo, el miedo no lo inmovilizó; al contrario, fue el acicate que necesitaba su alma y que le dio el valor necesario para afrontar aquella epopeya de trasladar, a través de medio hemisferio, a toda una familia, con un futuro incierto por delante pero con una esperanza clavada en lo más hondo de su corazón.

Aquella mañana, al llegar al Ministerio, mi padre tuvo conocimiento de dos decretos que se hallaban en vigencia y que acelerarían nuestro viaje hacia América. El primer decreto prohibía a todo individuo de nacionalidad rusa abandonar el país bajo ningún concepto; y el segundo decreto, daba la orden a todos los extranjeros de abandonar Rusia en un plazo no mayor a dos años. Nosotros éramos alemanes nacidos en Rusia, por lo tanto, para la ley éramos extranjeros. Tarde o temprano, si no cumplíamos con lo establecido, se nos expropiaría la granja, que era lo único que poseíamos y lo perderíamos todo. Absolutamente todo. Era imperioso vender nuestras cosas materiales, sacar los billetes en un buque de pasajeros y embarcarnos aunque fuera hacia un destino incierto pero que parecía promisorio.

Tal vez en aquellos suelos lejanos todo nos resultara inabarcable, porque esa era la medida de la libertad. Pero tal vez, aquella libertad apetecida fuera, también, la medida de nuestro propio desamparo.

Por aquellos años, en Rusia, la política imperial se había convertido en una reacción violenta contra cualquier movimiento de cambio, sobre todo si este cambio provenía del pueblo, de la gente común. Y aunque los más radicalizados preconizaban nuevas teorías políticas, pronto abandonaron la intención de convertir a los campesinos en una clase luchadora y dirigieron todos sus esfuerzos hacia un creciente proletariado industrial, que estaba surgiendo con gran fuerza en todos los pueblos y en todas las ciudades.

Pero a pesar de la represión, la censura y el descontento que corroían las raíces de la sociedad rusa, las artes florecieron en profusión, sobre todo a través de la literatura que abrió el camino a tres grandes de las letras: Tolstoi, Dostoyevsky y Turgueniev. En sus novelas se reflejaron el descontento y los desórdenes que acompañaron a Rusia en su lucha por la madurez política.

Mi padre estuvo toda la mañana rellenando formularios en letra de imprenta con nuestros nombres, nuestras fechas de nacimiento, los estudios cursados y las condiciones de salud (las cuales debían ser excelentes para poder embarcar bajo aquella condición de inmigrantes). Todos gozábamos de buena salud. Solo mi madrastra tenía problemas en sus ojos, quizá cataratas, pero a simple vista no se le notaba ninguna imperfección. Ella carecía de una buena visión, sin embargo, mi padre mantuvo en secreto aquella carencia, por temor a que se convirtiera en el primer impedimento para salir de Rusia.

Presentó en orden los documentos de cada uno de nosotros, las actas y la libreta de matrimonio, los certificados de nacimiento y cuanto papel se les ocurrió solicitar a las autoridades imperiales, para disponer por nosotros la salida hacia otro país. Sobre todos aquellos papeles, los funcionarios del Ministerio estamparon sus sellos, sus lacres y sus firmas, retuvieron todos los documentos, entregaron los comprobantes y citaron a mi padre para tres días más tarde. Si todo iba bien, el viernes tendríamos todos los trámites listos. Mientras tanto, mi padre aprovecharía para ir a alguna compañía naviera a inscribirnos en algún buque que zarpara de Rusia rumbo a Canadá, no más allá de los dos años a partir de esa fecha.

El sábado habría una gran fiesta en el Palacio de Invierno de los Zares y Rodolf nos había invitado para acompañarlo. Aprovecharíamos para conocer aquellos círculos imperiales a los que nos estaba vedado asistir, de no ser bajo aquellas singulares circunstancias.

Aquella noche, cenamos alegremente junto a Rodolf y Catalina, que nos había preparado pato con salsa agria y crema espesa, pan de cebada y leche cuajada con canela y azúcar.

Después de rezar y dar el beso de buenas noches, subí a dormir pero, en el momento justo en que me disponía a cerrar mis ojos, escuché las voces graves de mi padre y su primo que conversaban sobre las vicisitudes que podría tener un viaje tan largo hacia América. Sobre todo, por los problemas económicos que acarreaba: no solo deberíamos afrontar los costes de un viaje en buque desde distancias imposibles de calcular, sino que deberíamos afrontar la vida en suelos desconocidos, sin vivienda y sin medios de manutención, de no ser que lleváramos los resguardos necesarios para poder afrontarlos.

Rodolf ofreció a mi padre su ayuda económica desinteresada. Él no tenía hijos y ganaba bastante perteneciendo a la guardia del Zar. Tenía ahorros que tal vez no utilizaría en toda su vida y, de ese modo, se los ofreció con total generosidad y desinterés. Mi padre se sintió conmovido, pero los aceptó bajo la condición de devolvérselos a la primera oportunidad que se le presentara. Tal vez antes de partir, al vender la granja, podría devolver lo prestado. Mientras tanto aprovecharía para reservar los pasajes hacia la libertad. Pero el destino era difícil, el camino incierto y el futuro un interrogante. Era como abrir un sendero en medio de lo desconocido, comenzar a transitar por caminos nunca vistos y sobre los cuales ignorábamos hasta el propio idioma para comunicarnos.

Me dormí intranquila. ¿Estaría haciendo lo correcto mi pobre padre al llevarnos hacia lo desconocido? Debí dormirme sobresaltada porque soñé con una tempestad en medio del mar que se abatía sobre nosotros.

El sol se filtró por entre los visillos cuando abrí los ojos a la mañana siguiente, en ese nuevo día en San Petersburgo.

Desayunamos como siempre y Catalina se ofreció a llevarnos, a *Leo* y a mí, de paseo a los almacenes Peto. Mientras, mi padre pasaría por el Almirantazgo para luego registrarse para el viaje en algún buque de pasajeros que partiera en uno o dos años a más tardar.

Caminamos los tres por la ciudad animadamente observando los edificios, las grandes avenidas y los parques repletos de árboles que conjugaban a la perfección, cada uno desde su propio lugar, para lograr un acuerdo arquitectónico inigualable. Cuando llegamos frente a los almacenes, no lo podíamos creer. Los almacenes Peto fabricaban juguetes. Mi hermano y yo nunca habíamos visto una juguetería, pues nuestros juguetes los fabricábamos en la granja. Muñecas de trapo, carros, pelotas, ruedas de madera, todos nuestros entretenimientos los hacíamos nosotros con los materiales de que disponíamos. Pero allí, en aquel inmenso recinto, podíamos contemplar juguetes nunca imaginados. Juegos de magia capaces de hacer desaparecer una flor delante de nosotros, muñecas vestidas de reinas o campesinas que nos sonreían, con sus largos bucles, desde los escaparates de madera oscura que llegaban hasta los altos techos. Carros de madera, triciclos, trineos en miniatura, osos, conejos y cuanto animalito de felpa pudiera yo desear, se encontraban en aquellos estantes. Estuvimos casi toda la mañana corriendo de un lado a otro para no perdernos nada, mirando y contemplando en silencio las cajas de música con valses vieneses que invitaban a soñar. Catalina compró dos muñecas rusas para enviarle a mis hermanas Helen y Augusta, como obsequio. Aquellas muñecas eran el tradicional juguete ruso. Se hacían en madera de tilo con todos los detalles, luego se las cubría con dibujos y unas capas de laca. Las muñecas estaban vacías en el fondo y se dividían en dos partes, de modo que en el fondo, como en una caja, cabía también otra muñeca más pequeña que también encerraba su copia más pequeña.

Catalina también, muy cariñosa, le regaló a *Leo* un trineo en miniatura y a mí un oso de peluche marrón oscuro. Para mis hermanos mayores y mi madre, Catalina compró gorros de piel para el frío. Y antes de pagar en la caja aquellos obsequios, el vendedor, mirándome a los ojos, me preguntó:

—¿Conoces la historia de estas muñecas?

—No, señor —respondí.

—Pues entonces te la contaré —acotó el amable anciano—. No es muy larga. Existe una vieja leyenda, de ciento cincuenta años, que atribuye el nacimiento de este juguete en Rusia a un instrumento japonés hecho con la misma tecnología, con madera de tilo y colocando un instrumento más pequeño dentro de otro más grande. Por eso las muñecas rusas, *matrioshkas* rusas, como también las llaman, son tan cómodas para economizar el espacio y, después de jugar, los niños guardan todas las pequeñas muñecas en una y de ese modo las pueden colocar en un cofre.

—¡Qué buena idea!, sobre todo porque debemos viajar en tren y una muñeca así nos economizará espacio —respondí alegremente.

—Has visto, tienes buena suerte entonces. Que tengan un feliz viaje — saludó el anciano.

—Muchas gracias, señor —respondimos y salimos con Catalina que llevaba los paquetes de regalos.

Nos encontramos por la noche en la casa. Nosotros con los juguetes nuevos y mi padre con los trámites del viaje ya concluidos. Se había dirigido al Almirantazgo en la orilla sur del río Neva, el cual albergaba también un astillero del que comenzaban a salir los primeros buques rusos y donde se hallaban todos los departamentos estatales de la flota rusa, así como oficinas administrativas y otras pertenecientes a la industria naval imperial. Sebastopol sería el barco con el que zarparíamos de Rusia camino a la libertad. Los ahorros de Rodolf habían servido para pagar los nueve billetes de nuestra familia. Mi padre, sin esperar a obtener la documentación, había realizado la reservación en el buque. Ahora debíamos rezar para que todos los papeles estuvieran en regla.

Los días siguientes pasaron lentamente, sobre todo para mi padre que debía presentarse hacia el final de la semana en el Ministerio de Relaciones Exteriores para retirar toda nuestra documentación. Mientras tanto, íbamos conociendo cada día un poco más de la ciudad. Los paisajes naturales eran simples y realmente toda la belleza que se respiraba en San Petersburgo correspondía a sus mismos monumentos. El río Neva estaba rodeado de magníficos malecones y a lo largo de esta maravillosa vía fluvial se habían construido solo palacios para los nobles y edificios públicos. Las hileras de los edificios no aparentaban ser muy altas, gracias a la notable anchura del Neva, y las cúpulas y las torrecillas le daban un aspecto de ensueño.

El viernes llegó con la premura y la ansiedad de quien espera lo más apetecido. Mi padre se levantó temprano y Rodolf, de pasada a su trabajo, dejó a mi padre en la puerta del Ministerio, siendo primero en el orden de llegada. Los empleados volvieron a mirar toda la documentación sin emitir una sola palabra. Mi padre angustiado observaba la manipulación de todos los papeles, pero sabía ser paciente. Mentalmente rezaba para que Dios le ayudara en esta empresa. Finalmente, y después de esperar más de treinta minutos, le llamaron por su nombre. Mi padre se acercó a la ventanilla y una pregunta lacerante le taladró los oídos.

—¿Por qué quiere abandonar Rusia, señor Robert Meissner?

Mi padre tragó saliva. No podía explicarles que la revolución se iba a producir tarde o temprano, de continuar aquellas circunstancias sociales tan opresivas para el pueblo ruso y que él deseaba salir del país, antes de que aquello ocurriera.

Se hizo un silencio que pareció eterno.

Mi padre con voz calma respondió.

—La iglesia evangélica que yo dirijo en Zhitomir quiere que me traslade a Canadá para continuar con la evangelización en aquellas tierras. Y al viajar tan lejos, debo llevar a toda mi familia.

—Está bien. Podrá embarcarse cuando lo desee, tiene todo en orden —le respondió el empleado, y acto seguido colocó en un sobre de papel madera lacrado todos los documentos firmados y autorizaciones para nuestra salida de Rusia.

Mi padre dio media vuelta e iba a marcharse, cuando la voz del empleado le volvió a llamar.

—Señor Meissner.

Mi padre palideció, sentía que la voz no le iba a salir de su garganta.

—Sí, señor, ¿desea algo más? —preguntó mi padre encomendándose a Dios.

—Solo quería decirle que los pasaportes tienen dos años de vigencia a partir de hoy y que una vez vencidos, deberá volver a hacer todos los trámites.

—Gracias, señor, por recordármelo. Adiós —respondió mi padre con la voz apagada.

Mi padre no manifestó en ningún momento su condición de alemán, dado que él hablaba perfectamente el ruso; sin embargo sabía que, a más tardar en dos años, nuestras pocas pertenencias nos serían expropiadas. Los informes comenzarían a llegar desde Zhitomir delatando nuestra condición de alemanes y ya no habría otra oportunidad para escapar. Entonces seríamos deportados a Siberia. Y Siberia significaba una muerte segura.

Los alemanes de Rusia ejercían por aquellos años una influencia desmedida, hasta tal punto que el general ruso Yermolov, héroe del año 1812 y virrey del Cáucaso, dijo una vez que pediría al Zar que "lo promoviera al alemán". Las clases cultas eran permeables a las ideas políticas francesas, pero los funcionarios públicos, en cambio, preferían imitar las formas alemanas. Y fue en ese importante territorio de las ideas políticas donde chocó la influencia francesa con la alemana discordante, es decir, con la influencia de la Prusia de Federico el Grande. El influjo francés y el influjo alemán eran dos corrientes fuertes y contradictorias. La compenetración con el nuevo espíritu occidental hizo que muchos rusos prominentes dudasen del valor de la cultura rusa. Así fue que el poeta ruso Pushkin se quejaba: "¡Al diablo!, ¿por qué yo, con el talento y espíritu que tengo, tuve que nacer precisamente en Rusia?".

Bajo el reinado del zar Alejandro III se habían ido diluyendo los vínculos con occidente, pero estos se ahondaron y fortalecieron bajo su hijo, el zar Nicolás II, que reinaba sobre nosotros. Nunca antes un ruso culto se había sentido tan naturalmente europeo, miembro de una nación que ocupaba su lugar natural entre los demás pueblos de Europa. Pero el infortunio había hecho retroceder a Rusia a la Edad Media bizantina, sobre todo porque por aquellos días la corte imperial de los zares Nicolás y Alejandra se iba hundiendo lentamente en un abismo, del cual se hacía imposible definir cuándo llegaría su final.

El proceso de europeización de Rusia no se operó de forma súbita e intempestiva; no obstante, llegó sin una preparación previa, pues la Iglesia rusa, que ejercía la dirección espiritual del pueblo, no poseía su propia teología. La influencia francesa se había sumado a la alemana y la ciencia y la filosofía alemana habían penetrado en Rusia desde la época de Pedro el Grande. Él fue el que abrió las ventanas de Rusia hacia Europa. Fue Voltaire quien introdujo después por ellas el aire europeo y, finalmente, Kant y la filosofía alemana sacudieron en sus fundamentos los cimientos rusos y el zarismo absolutista.

Osvaldo Spengler caracterizó con acierto la situación espiritual de Rusia del siglo XIX cuando dijo: "Arriba estaba la intelligentsia con los problemas y conflictos leídos y abajo los campesinos desarraigados con toda su miseria y primitivismo. La sociedad fue impregnada con espíritu occidentalista y el pueblo llevaba consigo el alma del país".

El Zar había llegado a la conclusión de que las influencias culturales alemanas traían aparejadas un proceso lento de desintegración y de descomposición, por eso había publicado aquel decreto donde establecía que, en un plazo no mayor a dos años, todos los extranjeros deberíamos abandonar su territorio.

Cuando mi padre salió aquella mañana del Ministerio, sus pies parecían tener alas. Alas que levantarían el vuelo hacia algún lugar desconocido. Pensó en mi madre que se había quedado a cargo de la granja, en *Willy*, en Lidia y en Julia, en Helen y Augusta y se sonrió a sí mismo pensando en la alegría que les daría. El entusiasmo y el contento habían invadido su corazón, sin saber que pronto aquella alegría se vería empañada por un dolor inenarrable. Pero por aquellos días lo ignoraba.

Los últimos días en San Petersburgo se precipitaron sobre nosotros poblados de acontecimientos muy significativos para mi familia. El sábado, según nos había dicho Rodolf, los Zares de Rusia darían una fiesta en su Palacio de Invierno, donde él debía asistir como guardia del Zar y nos llevaría consigo para que pudiéramos contemplar, por única vez en la vida, aquel magnífico palacio.

Yo estaba ansiosa. Sería la primera vez que mi pobre alma vería aquella magnificencia palpable de una realidad demasiado alejada de nosotros, campesinos de una Rusia imperial que ignoraban la riqueza desmedida en la que vivían quienes administraban nuestros destinos. Vería los carruajes suntuosos, las salas inmensas pobladas de miles de objetos, de colecciones de arte, de iconos, de mobiliarios.

Y si San Petersburgo era magnífica, no menos lo sería el Palacio de Invierno, con sus pisos de marquetería, sus arañas de cristal y sus fastuosas bóvedas.

Preparé mi mejor vestido de lanilla color burdeos que hacía juego con mi abrigo al tono, con el cuello de piel de conejo color marrón. Mi gorro de piel haciendo juego y mis mitones al tono del vestido. Los botines de Lidia que había traído bien lustrados y mis ansias infinitas de conocer aquella corte de leyenda. La vida me iba a dar la oportunidad de llegar a conocer la corte imperial. Entonces, mi corazón se agitó de contento y la noche del viernes al sábado no pude conciliar el sueño. Las sombras se me hacían eternas, el silencio, imperturbable, parecía que detenía el tiempo y las luces del alba, demoradas en algún recodo del río, no querían llegar para mi alivio. Finalmente, el día despuntó inalterable y frío. El aire era límpido y traía el perfume de los abedules de un parque cercano.

Me bañé, arreglé mis cabellos con bucles, me vestí y bajé a desayunar. Catalina me esperaba como siempre. Mi padre y Leo ya lo habían hecho y habían salido a hacer algunas diligencias para llevar a mi madre y mis hermanas lo que les habían encargado. El domingo al mediodía debíamos retornar en tren a casa. ¡Tantas cosas habían pasado desde que llegáramos, que me parecía que hacía mucho tiempo que estábamos en San Petersburgo! Ayudé a Catalina con los quehaceres de la casa y le hice mil preguntas sobre la fiesta de esa noche. Ella me explicó gustosa todo cuanto le preguntaba y me detalló que, como Rodolf era el jefe de la guardia real durante aquella semana, podía acceder al privilegio de llevar a su familia a una fiesta en el palacio. De otro modo, nunca hubiera tenido el placer de acceder al círculo más selecto de la realeza imperial.

La noche llegó, como todo en esta vida llega. Aunque no lo quieras, aunque des vueltas sobre lo mismo para evitarlo, todo llega inexorablemente y si lo quieres, aunque parezca que se demora, igual llega para alegría del alma.

Me vestí con mis mejores galas, pero sobre todo, con la alegría instalada dentro de mi corazón. Me hacía bien estar alegre. Era como si mi sonrisa derribara barreras. Sentía como una fuerza interior que parecía llevarme por un sendero de bienestar que no quería abandonar. Siempre pensé que una de las cosas más importantes, de las cosas importantes, eran los preparativos para llegar a ellas. Con los años, cuando pensaba en ellas, recordaba los detalles para lograrlas y los preparativos para obtenerlas.

Bajé al vestíbulo. Mi padre y *Leo* estaban sentados con sus trajes de paño oscuro, sus cuellos blancos almidonados, sus guantes y sus sombreros de copa. Rodolf estaba con su traje del Octavo Regimiento de Húsares de Vosnesensky. Catalina bajó al vestíbulo vestida de gala con un vestido color azul marino y un lazo de seda burdeos que hacía juego con sus zapatos de cuero de Rusia. Llevaba el cabello recogido y una capa de abrigo en un azul más oscuro. El carruaje estaba listo, con su capota levantada y sus cortinas. La noche estaba estrellada y fría. Las lámparas de las calles estaban encendidas y el aire helado me besó la cara. Subimos al carruaje y atravesamos parte de la ciudad. Muchas cosas me impresionaron aquella noche, pero lo que más me impresionó fue ver una gran cantidad de mendigos durmiendo bajo los puentes tapados con trapos y papeles, entumecidos de frío.

Desde lejos, el Palacio de Invierno se distinguía por su refinado buen gusto, su sentido de la medida grandiosidad de las formas y lo perfecto de sus proporciones. Su perímetro de dos kilómetros hacía resaltar las proporciones de las molduras decorativas de las jambas de sus ventanas, su ornamentación, su talla, sus esculturas, sus verjas y sus interiores iluminados, como en un cuadro.

Contaba Catalina que el palacio disponía de mil cincuenta salas. Mil cincuenta salas no entraban en mi memoria; ¡si en casa había solo una y me parecía enorme! ¿Cómo sería vivir entonces en una casa con mil cincuenta salas? También tenía ciento diecisiete escaleras, mil ochocientas ochenta y seis puertas y mil novecientas cuarenta y cinco ventanas. El personal de servicio de la familia del Zar constaba de mil cien personas.

Yo no podía creerlo. Todo era de dimensiones gigantescas e incomprensibles para mí. Pero en Rusia todo era ilimitado y desmedido. El interior del palacio parecía presentar un cuadro de mayor riqueza y de mayor abundancia aún en toda su decoración.

Pude comprobar, en esa noche, que Rusia tenía dos rostros: por su aristocracia y su nobleza parecía un país culto, pero sin una genuina vida interior. El pueblo, como nosotros, iba por otro lado y permanecía embrutecido, atrasado y esclavizado por las clases poderosas. Sin embargo, éramos un pueblo sabio, bondadoso, alegre, vital y paciente. Teníamos una humildad pasiva y una sumisión al Zar increíblemente peligrosa.

El carácter del pueblo ruso había sido formado no solo por la larga historia de servidumbre y despotismo, sino también por sus bosques sombríos, su suelo inclemente, su clima duro y sus inviernos helados.

Cuando llegamos y descendimos del carruaje nos dirigimos los cinco hacia una puerta lateral por donde entraba la guardia imperial. La fiesta estaba en todo su esplendor. Miré hacia la puerta principal y me causó una gran impresión la monumental escalinata jordana, o "de los Embajadores", por la que se subía al entrar en el palacio desde el Neva. Mis ojos no daban crédito a lo que veía. El mármol, la malaquita, el jaspe, la ornamentación en molduras y murales, el bronce, el oro, las maderas preciosas, las suntuosas arañas y los muebles, formaban un espectáculo imposible de describir.

Yo iba agarrada de la mano de Catalina y los tres hombres que estaban delante de nosotros iban abriendo el paso.

El Palacio de Invierno era una monumental obra maestra, simétrica y de planta rectangular, con cuatro fachadas bien diferenciadas, completamente distintas, que armonizaban con el ambiente que las circundaba. La fachada principal, por cuyo empedrado había entrado nuestro carruaje, daba a una plaza. Tenía en el centro tres arcos con unas complicadas rejas forjadas en metal que daban al espacioso patio interior principal, llamado también "el gran patio".

La plaza central había sido proyectada al construirse el Palacio de Invierno, pero su forma era el resultado de obras posteriores, cuando a principios del siglo XIX el gobierno compró las casas particulares que lindaban con la plaza por la parte sur y construyó en grandioso semicírculo el Estado Mayor y el Ministerio de Asuntos Exteriores (lugar donde mi padre había asistido por aquellos días para presentar nuestra documentación y obtener nuestros pasaportes).

La severa y grandiosa obra equilibraba la suntuosa exuberancia del palacio y cerraba el espacio de la plaza.

La velada había comenzado pero aún no habían llegado los Zares. Constantemente iban entrando los nobles del imperio que lo rodeaban, pero de Nicolás y Alejandra, nuestros zares imperiales, no había noticias. Después descubrí que ellos, al ser las figuras principales de la velada, llegarían cuando todo estuviera ya dispuesto.

La banda de música tocaba mazurcas, polcas y valses cuando, de repente, se hizo silencio y las trompetas resonaron airosas. La puerta interior de doble hoja se abrió y allí, como en un cuento de hadas, estaban los reyes. Pero aquellos que gobernaban nuestras vidas eran iguales a nosotros. Solo el poder que detentaban los hacía diferentes y eso nos hacía temer si no obedecíamos sus órdenes.

El Zar vestía su uniforme de gala de chaqueta clara y pantalón más oscuro. Le cruzaba el pecho una banda de color burdeos y algunas medallas se apretaban sobre su corazón. Era afable y sonreía con amabilidad. Su esposa la Zarina, vestida con un vestido estilo imperio color crema, de gasas, encajes y tules llevaba también sobre el pecho una banda de color azul y sobre su cuello, una gargantilla de brillantes. Una diadema de diamantes sujetaba su pelo recogido. El baile se inició después de los saludos de rigor. Yo me quedé sentada junto a mi padre y mi hermano en uno de los rincones del salón mientras Catalina saludaba a las otras mujeres que, como ella, tenían a sus esposos al servicio de la guardia imperial. Las parejas de nobles comenzaron a danzar y parecían multiplicarse hasta el infinito a través del inmenso salón del palacio de pisos tan brillantes cual si fueran espejos.

Todos trataban de animar el baile, los grandes duques, los chambelanes, los edecanes, los oficiales del ejército. Las damas de la nobleza vestidas con hermosos vestidos de gala, brillaban por sus diamantes, rubíes y aguamarinas.

La orquesta comenzó a tocar los primeros acordes de la polonesa y todos los nobles invitados parecieron decididos a tomar parte en el paseo cadencioso de esta danza que, ante estas circunstancias, adquiría el significado de un himno nacional. Los largos vestidos fastuosos, cubiertos de encajes y los uniformes militares cubiertos de condecoraciones se ofrecían ante mis ojos como un espectáculo imposible de describir.

Aquella fiesta se desenvolvía bajo el resplandor de mil velas multiplicadas en el reflejo de los espejos venecianos que cubrían las paredes. El aspecto era deslumbrante y yo me dejaba llevar por la ensoñación. Las paredes relucían en dorados y color crema, adornadas con flores hasta los altos techos, de los cuales pendían las largas hileras de los candiles alumbrados por el millar de velas. Pero el salón parecía iluminarse todavía más con el tesoro de diamantes, esmeraldas y rubíes de las joyas femeninas y de sus suntuosos vestidos de sedas. A pesar de lo fastuoso de los vestidos de noche, las mujeres eran apenas pálidas sombras al lado de los hombres. Los húsares portaban morriones escarlata, capas bordeadas con pieles y sables con fundas de oro. Allí estaban los oficiales con el plateado y verde de los fusileros, el azul y azafrán de los lanceros, el negro y oro de los alabarderos. Todos giraban y parecían flotar al compás de los valses de Strauss, que daban al recinto un esplendor que igualaba a las luces de los candeleros.

Yo pensaba en aquellos mendigos que dormían bajo los puentes del Neva. Tanta riqueza dentro y tanta pobreza fuera. Tanta alegría dentro y tanta tristeza fuera. ¿Qué harían mi madre y mis hermanos en Zhitomir, alumbrándose con seis velas, esperando humildemente en nuestra casa por nuestro retorno? Cuántas cosas tendría yo para contarles.

El aspecto del salón era deslumbrante, aunque en mi corazón volvieran a comparecer con antagonismo, mis sentimientos.

El gran salón, el más bello de todos los que poseía el palacio, era para aquel cortejo de nobles y altos personajes, espléndidamente vestidos, un marco digno de la magnificencia. Nosotros también teníamos un marco adecuado a nuestra condición de granjeros, nuestro pequeño campo, sencillo y humilde, pero grandiosamente bueno y útil para nosotros.

La rica bóveda con sus dorados bruñidos por la pátina del tiempo era como nuestro firmamento de Zhitomir, con su sol dorado y luminoso. Los brocados de los cortinajes y visillos llenos de soberbios pliegues se iluminaban con los tonos cálidos que se quebraban centelleantes en los ángulos de las pesadas telas. Y a través de los cristales de las grandes ventanas, la luz de los salones se proyectaba hacia el exterior, dando al edificio un resplandor que envolvía con fastuosidad al palacio.

Muchos de los invitados se acercaban a las ventanas desde donde se podían observar algunos campanarios de enormes siluetas.

Sobre el empedrado de la plaza que rodeaba al palacio, se veía a los numerosos centinelas marcar el paso rítmicamente con el fusil al hombro.

Después de una serie de valses, las puertas de las salas contiguas al gran salón se abrieron, y descubrí las mesas admirablemente servidas y cargadas profusamente de preciosas flores, porcelanas y vajillas de oro.

Sobre largos manteles de seda de Damasco, se alineaban ordenadamente decenas de candelabros de plata de seis velas cada uno y donde todas las velas parecían haberse encendido de una sola vez. Las copas de cristal de Murano, los platos de porcelana de Sèvres, los cubiertos de plata inglesa y los centros de mesa, cuajados de pálidas rosas, hipnotizaron mis sentidos. Yo nunca había asistido a una fiesta así y no asistiría más por el resto de mi vida. Las fuentes de plata y oro, repletas de cerdos crujientes, patos y gansos dorados, corderos asados y arenques ahumados, con decenas de salsas, cremas de quesos, verduras gratinadas y frutas confitadas, panecillos crujientes y vinos y champanes espumosos, me impedían concentrarme en algo en particular. Las sillas que estaban tapizadas en seda dorada y que hacían juego con los espesos cortinados bordeados de borlas de hilos de oro, estaban dispuestas a lo largo de aquellas tres mesas para ochenta personas cada una.

El Zar y la Zarina iniciaron la entrada solemnemente con un fondo de violines que no cesó de tocar melodías suaves durante toda la cena. Por detrás les siguieron sus invitados. Una vez ubicados todos los comensales, levantaron las copas de champán para brindar por una larga vida para los Zares y, una vez que todos estuvieron sentados, se inició el banquete.

El personal de servicio cortó y sirvió sin parar mientras duró el banquete, mientras la vajilla parecía centellear con el resplandor de las velas.

Concluida la cena, hubo cambio de guardia y junto a Rodolf y Catalina regresábamos a la casa cuando en el preciso momento en que nuestro carruaje se aprestaba a cruzar el portal de rejas negras y doradas del Palacio de Invierno, la guardia nos detuvo para dar paso a la carroza imperial que se alejaba.

Yo no podía creer lo que había visto. Tanta fastuosidad, tanta abundancia no cabían en mi mente, pero debía mirar y guardar cada detalle para contárselo a mis hermanos que ya nos estarían esperando. El tren de regreso a Zhitomir saldría a mediodía del domingo y solo nos faltaban once horas para emprender el camino de regreso...».

VI

EL REGRESO A CASA

Domingo, 10 de febrero de 1980

«A las nueve de la mañana del día siguiente, mi padre golpeó la puerta del cuarto para que me despertara e hiciera mi maleta. Me vestí con la ropa del viaje y, después de asearme y peinarme, guardé cuidadosamente mi ropa dentro de la valija de cuero junto con los regalos para mi madre y mis hermanos. También guardé mi osito de peluche y todas las alegrías vividas en aquellos inolvidables días en San Petersburgo. Quería llevarlas conmigo por el resto de mi vida, para poder revivirlas cuando estuviera triste, lejos o sola, en algún confín del mundo.

Bajé las escaleras cantando Mi querido Agustín; era mi canción preferida y estaba feliz. Todo había resultado según lo había planeado mi padre, y eso era bueno. Sin embargo, nada sabía de los imponderables del destino que por aquellos días no faltarían y que nos podían estar aguardando en algún recodo del camino, detrás de alguna puerta o dentro del mismo corazón de alguien muy querido.

Desayunamos todos reunidos. Era la despedida. Después de rezar, agradecimos toda la hospitalidad recibida por

Rodolf y Catalina, a quienes jamás volveríamos a ver. No obstante, ellos nos habían abierto su casa y su corazón, ganándose un lugar en el mío, y fueron desde aquel día siempre conmigo, en mi alma y en mi mente. Siempre. Porque gracias a su desinterés y generosidad, pudimos salir de Rusia sin los apremios de quien carece del dinero para embarcarse en tamaña empresa.

Llegamos a la estación de Vitevski una hora antes de la partida. En todas las estaciones de tren había relojes con "la hora del tren" y el de aquella estación, estaba marcando las once. Rodolf nos había dejado de pasada a su trabajo y nosotros nos habíamos despedido en la casa, con lágrimas en los ojos, de su buena esposa Catalina. Cuando sobre el andén, llegó el turno de despedirnos de Rodolf, *Leo* y yo no pudimos contener las lágrimas y, entre sollozos, lo abrazamos, nos limpiamos la cara con las manos y le dijimos adiós. Él nos consoló y, después de despedirse, nos obsequió con un paquete de caramelos para el viaje y con su última sonrisa. Mi padre se abrazó a él con gran afecto y también por sus mejillas resbalaron lágrimas de emoción. Se dieron un fuerte apretón de manos y se dijeron adiós. Así nos despedíamos definitivamente de Rodolf, el hacedor de nuestro camino hacia Canadá.

Me impresionaba ver el entusiasmo que despertaba en todos el viaje en tren. A medida que se acercaba la hora de salida iba en aumento la agitación de la gente. Una madre vestida con una capa y cofia burdeos despedía a su hijo que vestía el uniforme de los húsares. Algunas damas jóvenes intercambiaban noticias sobre los últimos acontecimientos, un hombre de chaqueta oscura, barba y sombrero discutía la tarifa con el conductor de un carruaje. La amplia sala de la estación pronto se vio invadida por una marea humana que fluía desde todas partes.

Subimos al tren, acomodamos nuestras maletas y cuando el silbato sonó, comenzamos a desandar el camino ya recorrido. Solo que esta vez nos sentamos del lado contrario en el vagón, por lo cual el camino tendría que ser distinto. Volvimos a pasar por todas las ciudades por las que habíamos pasado. Nos detuvimos en Puskin, Vyrica, Luga, Pskov, Ostrov, Opoka, Novosokolmik, Gorodok...

Llegamos a Zhitomir a las cuatro de la tarde del día siguiente. Lidia nos esperaba aterida, parada en el andén con las manos en los bolsillos. Por casa había comenzado a nevar profusamente y estaba todo blanco y helado. Nos abrazamos a ella que, después de saludarnos con gran alegría, nos pasó las novedades de la semana. Mis hermanas pequeñas estaban con tos, al igual que mi madre. Una de las vacas había tenido un ternero, el heno había sido enfardado y la guardia cosaca había pasado dejando un comunicado imperial que decía que, a partir de enero del año próximo, los impuestos que debíamos pagar por nuestras cosechas serían de dos tercios sobre el total de lo cosechado. También habían informado de que en aquel mes de enero se iniciaría un censo para saber cuántos extranjeros residían en Rusia. En caso de serlo, se debía abandonar el país en un plazo no mayor de veinticuatro meses a partir de esa fecha. Las distancias eran tan enormes en Rusia que los pobladores de Ucrania teníamos tres meses más de gracia, comparados con los de San Petersburgo. Entre tantas noticias, el camino a casa me pareció un suspiro.

Pronto divisamos la cúpula de la iglesia de la aldea, coronada por una cruz, que tenía la forma de cebolla típica de todas las iglesias en Rusia. Siempre se decía que aquel diseño atrapaba las plegarias y las dirigía al cielo, pero la razón era que esa forma evitaba la acumulación de la nieve.

Desde la distancia se veía el humo de la chimenea de nuestra casa y todo el campo cubierto bajo un manto blanco de nieve. Los abedules parecían espolvoreados de harina y, aunque había sol, el aire estaba helado. Los perros fueron los primeros en salir a recibirnos al camino y los que anunciaron nuestra llegada. A pesar del frío, todas las mujeres de la casa salieron a esperarnos bajo la galería que daba al camino. Nosotros levantábamos los brazos para saludar y todas nos hacían señas con sus pañuelos. Llegamos. La alegría del reencuentro fue tan inmensa como efímera porque, después de abrazarnos, entrar en la casa, abrir las maletas y entregar los regalos, mi padre sacó de su valija un sobre color madera lacrado, con sellos reales, y levantándolo en el aire sobre su cabeza exclamó:

—Mi querida esposa y mis queridos hijos, aquí está la llave de nuestra libertad. Aquí tengo la documentación de los nueve Meissner y los billetes que nos llevarán a América. En un año o a más tardar en dos, venderemos todas nuestras pertenencias y zarparemos en el buque Sebastopol, que zarpará de Rusia cada seis meses con destino a América, a partir del próximo año. Tendremos que trabajar duro para ello, ustedes estudiando, preparándose para la vida y vuestra madre y yo, trabajando en el campo. Quiero advertirles que deberán guardar este secreto y, sobre todo, no decir nada a nadie de nuestro proyecto. Todo lo haremos silenciosamente. Llegado el momento de partir, entonces se lo comunicaremos a nuestros vecinos. No lo olviden.

Todos escuchábamos en silencio las palabras de nuestro padre y cuando hubo terminado, Lidia, que se hallaba sentada al lado de nuestra madre, se puso de pie, pidiendo permiso para hablar. La sangre se me heló en las venas. Sabía que cuando Lidia hablara, no iba a ser para decir ninguna fantasía. Ella era una joven resuelta y de carácter fuerte y cuando tomaba una decisión, era porque la había meditado durante largo tiempo. Por eso tuve miedo. Miré a Julia y Julia me miró y en esa mirada nos dijimos todo lo que ya sabíamos y temíamos. Fueron solo unos instantes, pero los suficientes para comprender que el destino estaba echado y que ya no había nada que hacer para volverlo hacia atrás.

—Padre —comenzó diciendo Lidia—, en primer lugar quiero pedirte perdón por lo que voy a decirte.

—Habla, Lidia —respondió mi padre sorprendido.

—Quiero pedirte perdón porque no voy a obedecerte.

—¿De qué estás hablando? —interrogó mi padre frunciendo el ceño.

—Estoy hablando de mí, padre. Te decía que no voy a obedecerte.

—Por favor, hija, ¿qué estás diciendo? —intervino mi madre mientras todos nosotros mirábamos atónitos aquella escena.

—Habla Lidia, por favor —solicitó mi padre nuevamente.

—No viajaré a América, me quedaré en Rusia para siempre.

—¿Qué estás diciendo Lidia? —interrogó mi padre con la voz ronca por el disgusto.

—Digo, padre, que no iré a América con ustedes.

—¿Por qué has tomado esa decisión sin consultarnos? —volvió a interrogar mi padre.

Mi madre sollozaba en silencio, mis hermanas menores abrían sus grandes ojos, los varones se habían llevado las manos a la boca para no dejar escapar las palabras y yo, me había convertido en una estatua de hielo, de frío, de miedo. Estaba aterrorizada. Temblaba como una hoja, porque aquellas palabras significaban que perdería a Lidia para siempre. Nunca más volvería a abrazarla o a escuchar su voz. Nunca más volvería a escuchar su risa, sus pasos por la casa, sus alegres canciones. Lidia sería un fantasma que llevaría clavado a mí, en mi mente y en mi alma, por la angustia que significaría para mí el no volver a verla nunca más.

Se hizo un silencio profundo.

—¿Por qué has decidido eso, Lidia? ¡Habla, por el amor de Dios!

—Porque estoy enamorada —respondió Lidia, y sus palabras quedaron suspendidas en el aire, retumbando en mis oídos.

—¿Quién es el bienaventurado? —volvió a interrogar mi padre.

—Peter Wayman.

—El que toca el violín en la iglesia —acotó mi padre con tristeza.

El silencio volvió a invadirnos. Solo la respiración acompasada de cada uno de nosotros palpitaba en el aire.

Mi padre cayó al suelo de rodillas y comenzó a orar en voz alta al Señor de los cielos. Todos nos arrodillamos y rezamos con él, también Lidia comenzó a rezar en voz alta. La plegaria acompasada de todos fue penetrando en nuestros corazones y contagiándonos de una gran serenidad. Mi padre siempre decía, que solo en la oración se encuentra la paz verdadera. Y era verdad. Por aquel vértice del alma, por aquel donde no logra penetrar ningún ser humano, solo podía penetrar la luz y la energía salvadora de Dios y sostenernos cuando creíamos que las fuerzas nos abandonarían. Terminamos de rezar y el silencio se prolongó por unos instantes. Mi padre se puso de pie y dirigiéndose a mi madre, la interrogó con una sonrisa, como si nada hubiera pasado.

—¿Nos esperaban a comer?

Mi madre le sonrió con complicidad. Comimos en silencio. Parecía que las palabras se habían mudado de nuestras bocas. Tomamos la sopa, comimos el pastel de patatas y cuando estábamos a punto de comer las natillas con miel que había preparado Lidia, todos rompimos el silencio y comenzamos a contar nuestro viaje por San

Petersburgo. Después de aquellos anuncios, nadie volvió a hablar del tema de Lidia en nuestra casa.

Sin embargo, yo sabía que cuando llegara el día en que tuviéramos que partir, Lidia no vendría con nosotros. No obstante, traté de ilusionar a mi corazón, olvidándome de aquel episodio y volví a dedicarme a la huerta, al jardín y a la escuela. Yo asistía a segundo grado en la escuela de la aldea, a donde íbamos caminando con Julia, *Leo* y *Willy*. Lidia hacía dos años que había concluido la escuela primaria y Helen y Augusta comenzarían en un año y dos respectivamente.

Las clases las recibíamos a la hora de la siesta, sobre todo porque, siendo hijos de granjeros, debíamos ayudar por las mañanas en las tareas del campo. Además el frío era otro de los grandes inconvenientes, por lo que las horas de la siesta eran las más adecuadas para asistir a la escuela. De las horas del día, eran las más tibias y en las que menos quehaceres teníamos que realizar en la granja. Volvíamos corriendo por el camino que iba serpenteando entre los robles, a tomar una taza de leche caliente con un pedazo de pan y a preparar nuestras tareas para el día siguiente, para luego reanudar las actividades restantes de la casa.

Los días transcurrieron serenos y calmos y, aunque bien sabíamos todos y lo manteníamos en silencio dentro de nuestros corazones, el día de la partida llegaría tarde o temprano y los acontecimientos que tanto habíamos anhelado cambiar se precipitarían sobre nuestra familia, mutilándola.

Los días que siguieron nos sorprendieron siempre relatando alguna de las maravillosas cosas que habíamos conocido, la familia que nunca más veríamos, los palacios de los Zares, y cuantas novedades íbamos recordando al relatar nuestra estadía en San Petersburgo.

Una noche me había acostado y no había colocado mi cabeza en la almohada, cuando el sueño me invadió de repente y no pude permanecer con mis ojos abiertos, por más que lo deseaba. El sueño me había vencido y mis temores parecían haberse esfumado. La rutina y los quehaceres en la escuela y en la casa me habían ayudado a recuperar la alegría. Entonces fue cuando Lidia se acercó a mi cama.

—Olga.

—¿Qué? —respondí casi dormida.

—No quiero que estés triste por mí.

—No lo estoy, Lidia.

—¿Sabes?, si me quedo en Rusia seré más feliz. Pero si me voy, creo que nunca más mi corazón volverá a latir.

—Lo sé, Lidia. Solo que no sé cómo voy a hacer para que siempre estés cerca de nosotros.

—Les escribiré. Todos los meses iré hasta Zhitomir a enviar una carta para mi hermanita Olga.

—¿Lo prometes?

—Lo prometo, Olga.

De pronto mi sueño se había marchado y la angustia había vuelto a instalarse en mí porque, aunque yo sabía que Lidia me había prometido escribir cada mes, sabía que eso sería muy difícil, por no decir imposible. Las cartas deberían ser transportadas en barco, con más de tres meses de travesía, y las noticias, aquellas que yo esperaría ansiosa, llegarían siempre tarde y la realidad de Lidia nunca podría ser absorbida realmente por mí. Porque en el momento preciso en que ella me contara que era feliz, al llegar la carta a mis manos, tal vez ella estuviera sufriendo. Era imposible doblegar el tiempo y el espacio, era imposible dominarlos, aniquilarlos. Ellos siempre estarían entre nosotras, nunca más un aquí y un ahora. Nunca más.

La mañana amaneció nublada y la nieve se precipitaba contra las ventanas de la casa. Mientras hacía dibujos con mis dedos sobre los vidrios empañados, me prometí a mí misma ser feliz junto a Lidia en este tiempo último y definitivo que compartiríamos antes de separarnos. Me propuse hacerla reír, que se sintiera orgullosa de mí, ayudarla en sus tareas, para que cuando yo me marchara, ella siempre me recordara con cariño. Si lograba vivir en su alma y en su mente, constantemente, sería como si no nos hubiéramos separado. Y así, entrelazadas en la esencia, iríamos juntas hasta la misma muerte...».

VII

LOS TORMENTOS DE LIDIA

Domingo, 17 de febrero de 1980

«Los días siguieron su curso inexorablemente. Cada uno de nosotros continuaba con sus rutinas de trabajo y estudio, como si nada hubiera pasado. La Navidad se aproximaba y los días se habían vuelto blancos. Nieve en el suelo y en el cielo, en los pinos y en los techos, cubriendo los campos y los bosques, congelando los ríos y los lagos.

Cuando por las tardes volvíamos de la escuela, corriendo colina abajo, hacíamos guerras de nieve, las mujeres contra los varones. Por suerte, nosotras corríamos más rápido que nuestros hermanos y a pesar de que nuestros guantes llegaban mojados al igual que nuestros pies, nunca lograban atraparnos con las bolas de nieve que se deshacían contra el suelo, siempre lejos de nosotras.

Llegaron las vacaciones de Navidad y mi madre y mi padre nos llevaron a Zhitomir a comprarnos ropa para las fiestas y a buscar las provisiones que necesitábamos. Partimos una tarde a la hora de la siesta en el carro cerrado para resguardarnos del frío y de la nieve. Mi padre junto a *Leo*, iban sentados afuera, manejando los caballos, y el resto de la familia íbamos dentro, mirando transcurrir por las ventanillas el camino que serpenteaba al costado del río en un recorrido sereno y ligero.

La Navidad, al igual que la Pascua, era celebrada en Rusia durante varias semanas de fiestas, intercaladas con largos periodos de ayuno. Mi padre hacía ayunos con frecuencia, porque decía que purificaban el alma y acercaban el corazón a Dios.

Los preparativos para las celebraciones de estas fiestas, tan entrañables como esperadas para los cristianos, eran especialmente prolongados y se iniciaban varias semanas antes. Sobre todo la Navidad que se festejaba en pleno invierno bajo intensas nevadas. Y aunque la religión dominaba la vida de casi todos nosotros, el Zar gobernaba otros aspectos que no podíamos evadir, sobre todo el pago de nuestros impuestos, que a partir de enero deberíamos pagar con los dos tercios de lo que producía nuestra granja.

Las calles de Zhitomir estaban pobladas de trineos, carros de caballos, *drozhkis* (que eran carretas ligeras y descubiertas de cuatro ruedas para viajes rápidos), *troikas* (que eran carros un poco más grandes, tirados por tres caballos), y mientras avanzábamos al trote por las calles cubiertas de nieve, el sol se filtraba por entre las nubes y se reflejaba en las cúpulas de las iglesias. Una cúpula simbolizaba a Dios, tres cúpulas representaban la Trinidad y cinco a Jesús con los cuatro evangelistas, nueve simbolizaban el novenario de coros de ángeles y doce cúpulas, alrededor de una mayor, representaban a Jesús y los doce apóstoles.

Llegamos frente a la plaza de la ciudad. Realmente era un caleidoscopio: armenios, búlgaros, cosacos, tártaros y otros extranjeros que yo no lograba identificar vestían sus atuendos típicos. Una deslumbrante feria callejera agrupaba a cientos de mercaderes venidos de Europa y Asia, mientras los músicos sentados sobre las veredas lanzaban al aire las melodías de cuerdas de sus balalaicas.

Mi padre dejó el carro de caballos atado a una gruesa vara de madera, sobre la calle. Todos descendimos cuidadosamente. Primero lo hizo mi madre que iba muy bonita de vestido largo azul, abrigo de paño con cuello y sombrero de piel. Todas las mujeres de la familia íbamos con abrigos burdeos, pues mi madre había comprado una pieza de tela y había confeccionado los abrigos, todos del mismo color, hasta terminar el corte. Los varones vestían también de azul, pues con la tela que había sobrado, mi madre había confeccionado su ropa. Entramos a la tienda todos en fila y muy juiciosos, y esperamos a que nuestra madre pidiera a la vendedora lo que necesitábamos. Nos compró medias y camisetas de frisa, ropa interior abrigada y como regalo de Navidad, mis padres me compraron un par de botines de cuero. Los que yo tenía en uso, pasarían a Helen y con el tiempo a Augusta. Mi alegría era inmensa, pues era la primera vez, que yo recordara, que iba a tener botines nuevos que no fueran de mis hermanas mayores.

Cuando terminamos las compras de la tienda, fuimos al almacén. Compramos harina, azúcar, uvas pasas y pistachos. Mi padre compró una botella de vodka. Le agradaba en las noches de inviernos helados tomar una pequeña porción para entrar en calor. Compró además cuerdas para su violín, y fue allí cuando estábamos en el sector de los instrumentos de música, cuando lo vio.

Peter Wayman estaba allí. Lidia le miraba y él le devolvía la mirada. A mi padre, que estaba sonriendo, se le congeló la sonrisa; sin embargo, tratando de esbozar una, le saludó con amabilidad.

—Buenas tardes, Peter.

—Buenas tardes, señor Meissner —respondió con timidez y sus mejillas se volvieron de color carmesí. Se había quitado el sombrero en un gesto de cortesía para con mi padre.

—Buenas tardes, señora Meissner —prosiguió, y así continuó saludando por el nombre a cada uno de nosotros.

—¿Qué te trae por aquí? —preguntó mi padre, y su corazón supo adivinar que no era otra cosa que poder ver a Lidia.

—Vengo a comprar cuerdas para mi violín, señor.

—¡Qué coincidencia!, igual que yo —respondió mi padre.

—Así parece, señor —y las mejillas de Peter se iban volviendo cada vez más rojas.

—Te esperaré en el oficio del domingo, quiero que practiques algunas melodías para la Nochebuena —prosiguió mi padre.

—Con mucho gusto, señor —e inclinándose con una leve reverencia pagó al cajero del almacén sus cuerdas y, después de decirnos adiós, se marchó sin volver la vista.

Las hermanas de Peter, amigas de Lidia, le habían contado a su hermano que nuestra familia iría aquella tarde a la ciudad y que pasaríamos por la tienda y el almacén. Peter había entrado al almacén apenas nos vio descender del carro, simulando un encuentro casual.

En cuanto se hubo marchado, todos miramos a Lidia que se había sonrojado del mismo modo. Yo no podía contener la risa y me tapé la boca con la mano, pero la risa explotó en mi cara y todos mis hermanos me siguieron a coro. Mi madre nos pidió que nos calláramos y, aunque tuvimos que contener las risas tapándonos las bocas con las dos manos, nuestros ojos brillaban de alegría al descubrir el gran enamoramiento de Lidia y Peter. Sin embargo, mi hermana permaneció seria y en silencio. Estaba pensativa. Mi madre la abrazó por los hombros y así, juntas, caminaron hasta el carruaje. Todos guardamos silencio, nos subimos al carro y emprendimos el regreso a la granja.

Llegamos a casa a la hora del crepúsculo. Los perros salieron a recibirnos como siempre. Un mendigo se hallaba esperando en la galería para que le diéramos un pedazo de pan. Mi padre buscó un poco de carne de cerdo ahumada, pan y queso caseros y se los entregó al hombre que, levantando una mano sobre todos nosotros, nos dio una bendición agradecida. Estaba aterido y así, bajo las sombras, continuó su camino. Era frecuente que a casa llegaran mendigos y caminantes que vivían de la limosna y de la caridad, y aunque en casa no sobraba nada, tampoco nos faltaba. Por eso mi padre siempre nos decía que había que dar y ayudar, porque todo se volvía en bendiciones. Aquella noche pensé en las bendiciones de aquel viejo mendigo y cuando hubieron pasado los años, y la vida me forjara a fuerza de dolores y sacrificios, tuve la certeza de que aquellas bendiciones se habían transformado en mis seis hijos. Seis hijos más buenos que el pan que mi padre le brindara aquella noche y tan sacrificados y trabajadores como pocas veces vi en los jóvenes de aquella época.

Las bendiciones del mendigo fructificarían de la mejor manera en mi vida. Esas bendiciones trascenderían a través de la sangre de aquellos que amé por encima de todas las cosas, y por los cuales estoy agradecida de por vida. Pero en aquel anochecer, aún no lo sabía.

El domingo antes de la Navidad toda la familia acompañó a mi padre hasta la iglesia, como de costumbre. Llegamos un rato antes para abrirla y limpiarla, colocar las flores y para que los jóvenes músicos del coro, entre los que se encontraba Peter, pudieran ensayar las melodías para los oficios de la Nochebuena que se avecinaba. Peter se mostraba tenso y Lidia creo que también, porque su rostro estaba serio y preocupado.

Por aquellos días, ella había cumplido los quince años y Peter los diecinueve. Sin embargo, ellos dos jamás habían intercambiado una palabra a solas, pues siempre estábamos todos nosotros o las hermanas de Peter. Por aquellos años los jóvenes íbamos al matrimonio sin haber tocado siquiera la mano de quien soñábamos como nuestro príncipe azul. Todo se decía a través de la mirada (el espejo del alma), de una sonrisa o alguna palabra. Los padres consentían o no que dos jóvenes se trataran y se pudieran ir conociendo antes de los esponsales. Por lo pronto, ya todos en casa considerábamos tácitamente a Peter como el futuro esposo de Lidia, aunque siguiéramos todos, incluida Lidia, tratándolo como el joven huérfano y violinista que ayudaba en la iglesia de mi padre los domingos y días festivos (sin más trato que aquellas miradas o pocas palabras cruzadas en contadas ocasiones). Sin embargo, Peter se consideraba destinado a Lidia y Lidia destinada a él.

Creo que el corazón de mi hermana mayor vivió aquella etapa, que debería haber sido la más maravillosa, como un gran tormento (el tormento de saber que al haber elegido a un joven alemán de Zhitomir como futuro esposo, jamás saldría de Rusia para acompañarnos en nuestro peregrinar hacia las nuevas tierras). Ella iba a optar, como todos debemos hacerlo en la vida, solo que ella era demasiado joven. ¿Y si se equivocaba? Tal vez no, porque dicen que el corazón no se equivoca y que si uno sigue sus dictados puede ser feliz toda la vida. Sin embargo, en toda opción hay una renuncia que hace que la felicidad se vuelva incompleta. Y al no poder tenerlo todo, la tristeza se instala en nuestras vidas, por más que deseemos desterrarla lejos. Ella siempre vuelve y nos visita con asiduidad y aunque cerremos las puertas del alma, pongamos candados a nuestro corazón, bajemos los ojos para no verla, llega sin ser llamada y se instala en nuestro ánimo, ante cualquier altibajo en nuestra vida.

Solo en la fortaleza del espíritu reside la alegría y, aunque incompleta, es necesario aferrarnos a ella para poder vivir, tener fuerzas, disposición de ánimo, voluntad y energías para no claudicar ante el primer tropiezo.

Todo aquello lo fui descubriendo calladamente, en los días previos a la Navidad de 1897. La última Navidad que compartiríamos con Lidia. Era como si de repente la vida me fuera describiendo sus secretos, preparándome para afrontarla con valentía cuando llegara el momento de tener que ser fuerte.

Y para ser fuerte hay que prepararse. Sin saberlo yo, mi padre lo estaba haciendo con cada uno de nosotros. Nos fue inculcando los valores esenciales del alma: la igualdad, la sencillez, la honradez, la caridad, el trabajo, el ahorro, no desperdiciar jamás nada, porque nunca se sabe si se volverá a tener.

Yo no lo sabía, pero estaba siendo preparada para ser fuerte y salir adelante contra las adversidades del destino. Pero no cuando llegara a ser una persona adulta pues eso era lo que siempre sucedía, sino en unos escasos años más, cuando aún seguía siendo una niña de apenas doce años de edad.

Aprendí que la sonrisa borra los pesares, entonces me propuse sonreír a todas las personas que se cruzaran en mi camino; que los buenos pensamientos ayudan a salir de la tristeza, entonces imaginé atardeceres calmos y amaneceres rosas; que el trabajo borra la mayor parte de las amarguras, entonces busqué tareas para que mis manos y mi mente estuvieran siempre activas. Aprendí que tener fantasías e ilusiones en la niñez, serviría para que me acompañaran durante toda la vida, inclaudicables, salvándome.

Las ilusiones fueron el motor de mi vida y creo que el motor que mueve toda vida humana. Ilusiones de que el día después fuera mejor que el que ya había transcurrido. Ilusiones de no saber qué podía depararme el destino, aunque yo siempre pensara que serían cosas buenas. Ilusiones de poder recorrer el mundo con mis pies y con mis ojos, conociendo gente nueva y lugares nunca vistos. Ilusiones de esperar un nuevo día, de tener una esperanza.

El ensayo de los violines, previo al oficio religioso, me transportó de nuevo a la iglesia. La música suave y melodiosa de *Noche de Paz*, *Blanca Navidad*, *Gloria Eterna* y *Llegó Nochebuena* continuó poblando mi alma de ilusiones. Después del oficio durante el cual mi padre dio un sermón muy emotivo, preparando nuestros corazones para la Navidad, volvimos a la granja.

En la casa ya se respiraba el aire navideño. Un árbol de Navidad hecho con plumas de pájaros, que había pertenecido a mi abuelo, se encontraba en la sala. En el extremo de cada rama, una pequeña vela color ocre se posaba sobre el diminuto candelero. Guirnaldas, globos de vidrio pintados de brillantes colores y moños adornaban el pino, que fui conservando en la familia hasta mis últimos días. Un pesebre sencillo pero de imágenes preciosas se encontraba bajo el árbol, al que por las noches le encendíamos las velitas para rezar, para luego volver a apagarlas. En la cocina se sentían los perfumes de las almendras, ralladuras de cáscara de limones, miel, canela y anís, con los que se iban preparando los panes dulces y las masitas que guardábamos en latas y cuanta golosina mi madre pudiera prepararnos con azúcar quemada, piñones, uvas pasas y frutas cubiertas con nata. En casa se confitaban las cáscaras de naranjas, de limones y las cerezas, que luego servían para estas ocasiones.

En ese ambiente tan festivo, los días pasaron volando. El día de Navidad amaneció nevando profusamente, mientras la chimenea de casa consumía los grandes troncos de pinos secos y el humo blanco se elevaba entre los oscuros abedules. En el horno de la cocina de leña, mi madre asaba un pavo relleno. Las patatas crujían dorándose en otra fuente, mientras las confituras se encontraban sobre las fuentes en el aparador del comedor. Esa noche la mesa había sido dispuesta en la sala. Doce velas se iban a encender para la ocasión. Entonces recordé las mil velas del Palacio de Invierno de los Zares y pensé si, aquella noche, ellos también serían tan felices como yo. Pusimos el mantel blanco bordado por mi madre y que solo se usaba para Navidad, los platos de porcelana blancos con hojas de muérdago en los bordes, los cubiertos de alpaca, las copas de cristal, regalo de casamiento de mis padres, y dos candelabros, de seis velas cada uno, en cada esquina de la mesa. Un centro de mesa hecho con ramas de pinos y muérdagos perfumaba el aire. Todos nos vestimos con nuestros abrigos y gorros de piel, bufandas y guantes, medias de lana y botas de abrigo. El aire del atardecer estaba helado e impregnado de nieve. El carruaje estuvo listo desde temprano y una hora antes de los oficios de Navidad salimos para la iglesia. La iglesia estaba llena. Toda la gente de la aldea se había dado cita en esa noche tan especial. Las chicas y chicos del coro, los jóvenes con sus violines y todos los fieles rezaban fervorosamente y cantaban con alegría. Fuera, la nieve seguía cayendo profusamente.

Cuando el oficio religioso concluyó, todos nos saludamos sonrientes. Las mujeres nos saludábamos con un beso y los hombres se inclinaban con una pequeña reverencia, quitándose sus gorros y sombreros, dándose un apretón de manos. De cada uno de los labios, brotaba la frase que tuviéramos una feliz Navidad. Ante tanta energía junta, henchida dentro de cada uno de los corazones de aquellos granjeros, sus buenos deseos se hicieron palpable realidad y aquella Navidad fue la más feliz de toda mi niñez.

Volvimos a casa una hora antes de la medianoche. El pavo en el horno nos esperaba dorado y caliente, las patatas crujientes, el pan recién hecho. Mi madre encendió las velas y, todos de pie, rezamos y cantamos frente al pesebre. Luego nos sentamos a la mesa y mi madre fue sirviendo los platos, uno por uno. Mi padre sirvió un poco de ponche caliente en cada vaso y brindamos por "nuestra" feliz Navidad. Cuando la cena concluyó, mi padre sacó su violín del estuche y comenzó a tocar, mientras todos nosotros cantamos *Noche de Paz*. Con la paz en el alma, nos fuimos a dormir, después de abrazarnos entre todos, manifestando nuestros mejores deseos. Fuera, la nieve seguía cayendo sin parar mientras yo soñaba con los angelitos...».

VIII

NUESTRA CRECIENTE POBREZA

Domingo, 24 de febrero de 1980

«La Navidad se fue y, al irse, tuve la sensación de que se había llevado para siempre la alegría de nuestra casa. Las angustias y las incertidumbres comenzaron a llegar unas tras otras y el ánimo de mi padre, aunque no decaía, se volvió taciturno y melancólico.

Aquel júbilo que había embargado su espíritu en San Petersburgo, mientras tramitaba la documentación y los pasajes hacia América para toda la familia, se había ido opacando poco a poco hasta desaparecer por completo. Era como si todas las ilusiones de poder instalarnos en un nuevo hogar, más allá de los mares, las hubiera perdido cuando Lidia le confesó a su regreso su negativa a partir.

Los anhelos de que nos marcháramos todos, unidos y juntos, no se concretarían y eso afectó profundamente su corazón. Lidia era su hija mayor y el que no lo acompañara en aquella epopeya lo hirió de muerte. Dejó de reír, dejó de hablar y se volvió silencioso y pensativo. Y todos a su alrededor nos fuimos volviendo como él. En la casa trajinábamos silenciosos y tristes como preparando el alma para la despedida.

La despedida definitiva.

Yo comencé a tener la misma sensación de que Lidia había enfermado de muerte y que, en una fecha concreta, ella moriría al partir nosotros. Al marcharnos, ya no la volveríamos a ver jamás.

Cada vez que quería apartar mi mente de aquella idea que me perseguía a todas horas, esta volvía con más fuerza. Y de pronto se convirtió en una obsesión para mí. En la escuela no atendía a las explicaciones. No podía estar atenta, pues la figura de Lidia se hallaba siempre parada delante de mí, diciéndome adiós con la mano, sonriente. Luego su imagen se iba alejando como por un túnel, hasta perderse en la nada.

—Olga, ¿en qué piensas?, hace varios minutos que te estoy pidiendo que expliques la lectura que hizo Irina —escuché la voz de mi maestra.

Volví de golpe a la realidad, pero la verdad era que no sabía sobre qué tema había leído mi compañera de banco. Tenía la sensación de que Lidia me llevaba consigo y que solo quedaba de mí mi cuerpo porque mi mente y mi alma se habían marchado tras ella.

—Perdón, señorita. Pensaba en mi hermana.

—¿Y qué tiene tu hermana para que pienses tanto en ella? —volvió a preguntarme la maestra.

—Mi hermana va a quedarse —respondí y, al pronunciar aquella frase, comprendí que había cometido un error insalvable. ¿Cómo saldría de aquel laberinto que yo misma había trazado?

—¿Dónde va a quedarse? —siguió interrogando mi maestra.

Hice un breve silencio. Julia, *Leo* y *Willy* me miraban con sorpresa. Tenía que encontrar una respuesta adecuada que no descubriera ante todos los niños de la aldea que nosotros nos marcharíamos de Rusia. Le habíamos prometido a nuestro padre guardar el secreto y prefería morir antes que traicionarlo con una distracción.

—Mi hermana va a quedarse todo un mes sin el postre, porque no ha querido ayudar a mi madre en las tareas de esta semana —respondí nerviosa, pero sentí el alivio dentro de mi corazón.

—Bueno, me parece muy bien que te compadezcas de tu hermana, pero tú vienes a la escuela a aprender. Para eso, Olga, debes estar atenta —reclamó mi maestra.

—Lo prometo, señorita.

El episodio pasó y le prometí a mi maestra aprender la lectura de ese día para explicarla al siguiente.

Pero así como me había sucedido en la escuela me sucedía en todos los lugares a los que iba. Si llegaba a la iglesia a rezar, en la única que pensaba y la única por la que rezaba era Lidia. Si me acostaba por las noches cansada a dormir, Lidia se me dibujaba en el techo y desde allá arriba me seguía diciendo adiós con su mano. Si llegaba a la huerta a trabajar en ella, no veía más que su cara entre las almácigas diciéndome: "no quiero que estés triste por mí".

Sentía que yo también me estaba enfermando. Enfermando de tristeza.

Y mi ánimo no tenía perspectivas de mejorar, porque las penurias parecían seguir llegando unas tras otras.

Los impuestos que debíamos pagar durante aquel enero helado y frío también nos congelaron la sangre, al pensar que no íbamos a poder sobrevivir con tan escaso sustento. Sin embargo, seguimos adelante, porque la vida también seguía.

La cosecha de aquel verano de 1897, que teníamos a resguardo en el granero, fue entregada casi en su totalidad a los que en nombre del imperio llegaron a buscarla. También controlaron la cantidad de quintales de cereales que producíamos en nuestra granja, cifra que anotaron en unos grandes libros negros, cada uno con el nombre de la región, de la aldea y de la familia. Nadie podía negarse, porque todo estaba escrito, y si la mala suerte aún se hacía más terrible y algún desastre natural llegaba a suceder en nuestro campo haciéndonos perder la cosecha, los quintales adeudados se trasladaban a la cosecha siguiente, endeudándonos cada vez más. No se podía escapar en modo alguno de aquel régimen autoritario y despótico.

Y esta situación no solo afectó a mi familia sino a toda la región. Cada vez estábamos más desprotegidos y cada una de las familias acusó el golpe. Todos los campesinos, vecinos nuestros, comenzaron a sentir poco a poco los zarpazos de la pobreza creciente que nos iba despojando de aquellas cosas a las que nunca más podríamos acceder.

Nadie se atrevía a negar la entrega de la cosecha que, aunque era nuestra, porque nuestras eran las semillas, la tierra, las herramientas y, sobre todo, el trabajo, no nos pertenecía. A partir de aquel decreto real injusto, se establecía que los dos tercios de lo producido por cada campesino serían destinados a las arcas del imperio, que luego las comercializaría o elaboraría, para volver a vendérnosla transformada en harina, o cerveza o algún otro producto comestible.

Las autoridades de Zhitomir tenían los registros de la producción de cada granja, por lo que nadie podía desconocer o hacerse el indiferente sobre las cifras que debíamos aportar. Pero sucedió que un vecino de la aldea, un hombre trabajador, devoto de la iglesia y buen padre de seis hijos pequeños, se negó a entregar los dos tercios, aduciendo que no tendría con qué alimentar a su numerosa familia. Como levantó su voz a la guardia real por la gran injusticia de la exigencia, delante de otros vecinos, la guardia imperial le asesinó frente a todos los allí presentes.

Yo supe de aquel episodio porque acompañé a mi padre aquella tarde en que lo vinieron a buscar, desesperados, sus familiares, para que le diera la bendición antes de abandonar este mundo.

Mi padre llegó unos instantes antes de que expirara. "Quería defender lo nuestro", fueron sus últimas palabras y mi padre le consoló: "Tan bien lo has defendido, que has entregado hasta tu propia vida. Por eso irás a Dios. Que Él te bendiga". Toda la aldea se quedó conmocionada con aquella ejecución pública de un pobre y buen hombre que lo único que quería era no dejar sin alimentos a sus pequeños hijos. Pero nada les había importado. Le habían hecho pagar con su vida aquel amor sublime y desmedido por su hijo y lo habían hecho delante de todo el pueblo, para que sirviera de escarmiento, para que quien de allí en adelante quisiera sublevarse, supiera lo que le esperaría.

¡Cuántas cosas tristes iba descubriendo que tenía la vida! No podía comprender tanta maldad y aquel hecho desdichado hizo que me jurara a mí misma que siempre me impondría contra las injusticias, aunque tuviera que luchar contra ellas también a costa de mi propia vida. Tal vez todo aquello fue forjando mi carácter para convertirme en una persona fuerte, como quería mi padre.

Desde aquel día aciago tuve la sensación de que mi padre trabajaba más para tratar de equiparar todo lo que nos sacaban y, aunque cada vez se levantaba más temprano y se acostaba más tarde, teníamos menos recursos para afrontar la vida.

Pero él era un hombre totalmente dedicado al servicio de Dios y agradecía lo poco que nos iba quedando, resignándose. Sabiendo que un día, no muy lejano, nos marcharíamos de aquel lugar de injusticias. Lo que yo no sabía era que cualquier lugar en el mundo estaba plagado de ellas y que nos marcháramos a donde nos marcháramos, ellas vendrían detrás de nosotros, como las plagas bíblicas de Egipto.

Pero a lo que no podía resignarse era a marcharnos dejando a Lidia.

Pasó el invierno y la primavera de 1898 se esparcía por el campo. El trigo brotaba fuerte y sano y mi padre recobró la alegría perdida. Todos nos alegramos con él cuando nos confesó su cambio en el estado de ánimo. Había encontrado un camino alternativo para Lidia. La desposaría con Peter antes de nuestra partida, de este modo, Lidia pasaría a formar parte de la familia de los Wayman, trabajaría con su esposo, los dos en el campo, compartirían la casa paterna con las hermanas de Peter, las cuales adoraban a Lidia y en un futuro cercano, con algunos rublos ahorrados, podrían cruzar la frontera a Polonia para salvarse de ser deportados a Siberia por ser alemanes.

Con toda suerte, las hermanas de Peter se echarían de novios a jóvenes rusos, por lo tanto ellas, al desposarse, pasarían a ser ciudadanas rusas y podrían seguir trabajando la granja para sobrevivir. De ese modo, y hasta que cruzaran a Polonia, donde nosotros teníamos unos primos de mi padre, Lidia no se sentiría sola ni desprotegida.

El tiempo de la partida se nos venía encima y yo sabía que, cuando Lidia cumpliera los dieciséis años, mi padre la casaría con Peter y partiríamos para siempre.

En la aldea nadie sabía de nuestra partida, ni siquiera los Wayman. Esta familia era alemana, como nosotros, pero no tenía los medios necesarios para salir de Rusia (medios que a mi padre le fueron facilitados por Rodolf, pues de otro modo nos hubiera sido imposible afrontar un viaje de esa naturaleza). Respecto a la familia de Peter, él y sus hermanas habían perdido a sus padres siendo muy pequeños y carecían de los medios necesarios para poder marcharse muy lejos de allí. La única alternativa posible scría cruzar a Polonia cuando viniera la orden terminante del Zar de expulsar a todos los alemanes de Rusia.

Mi padre no quería partir hacia Polonia. Un viaje hacia esa nación hubiera sido más fácil para todos nosotros y, tal vez, nuestra familia nunca se hubiera separado. Pero él decía que Canadá era una tierra de paz y con futuro y que sobre Europa se cernían vientos de guerra. Por eso quería escapar.

La tristeza no me abandonaba aunque yo pusiera empeño en desterrarla. Era inútil, la tristeza se había adueñado de mi corazón y, aunque trataba de olvidarla, no lo conseguía. Era algo imposible para mí imaginarme una vida feliz alejada de mi hermana. Tenía la sensación de que mi familia era como un cuerpo y que, al faltarle alguien de nosotros, ese cuerpo se iba mutilando poco a poco. Lo que yo no sabía era que aquel cuerpo quedaría sin su cabeza, sin su cuello, sin su corazón, sin sus piernas, sin sus pies y solo dos brazos permanecerían juntos hasta el final de la vida.

Con el paso de los años, agradezco no haberlo sabido, porque hubiera muerto de tristeza.

Con la primavera llegó mi cumpleaños. Cumpliría nueve años. ¡Nueve años escasos y cuántas cosas vividas! Parecía que todos los matices de las penas y las alegrías ya los conocía mi corazón; sin embargo, el día de mi cumpleaños me olvidé de las angustias y de las tristezas y decidí vivirlo con alegría. Después de todo, yo me había prometido a mí misma hacer feliz a Lidia para que siempre me recordara y, la verdad, no estaba cumpliendo muy bien con el mandato.

—¡Olga! —me dije a mí misma—, ¡basta de penas! Y como yo era una rusa-alemana, tenía que demostrar mi vitalidad y mi alegría como lo hacían los rusos cuando se encontraban en las ferias o en el mercado. Siempre alegres, por más que las amarguras les rodearan.

No sé si fue mi noveno cumpleaños, cuando tomamos una taza de chocolate con leche caliente y bollos de levadura, o si fueron las risas de mis hermanos al obsequiarme con una gran muñeca de trapo que habían estado confeccionando por las noches cuando yo me dormía para darme la sorpresa, que mi ánimo cambió por completo. Afrontaría todo lo que la vida me presentara con verdadera fortaleza de ánimo, valentía y entereza. Me estaba preparando para ser fuerte y tenía que demostrarlo.

Proseguíamos en la escuela. Yo había elevado mis calificaciones, estaba atenta y quería absorber todos los conocimientos que me daban porque en América no conocería el idioma y me iba a ser muy difícil asistir a un colegio. Tal vez iba a tener que manejar un arado ayudando a mi padre o escardar una huerta y no habría ya tiempo para estudios y otras distracciones, como no fuera el trabajo realizado con el sudor de nuestra frente para poder sobrevivir.

Mis hermanos practicaban en el granero tareas de carpintería, tal vez les vendría bien en las otras tierras. Decían que, en Rusia, los rusos no construían las aldeas o las ciudades, sino que, literalmente, las cortaban, dado que la madera era el material de construcción más importante; y el hacha, prácticamente la única herramienta con que se construían las iglesias, las casas, los palacios, los baños públicos, los puentes y, a veces, hasta las carreteras. Los troncos para las construcciones estaban marcados y numerados para el ensamblado. Las casas como la nuestra eran todas de madera, al igual que todas las de la aldea, por lo cual había un alto riesgo de incendios. En todas las aldeas y ciudades había torres de vigilantes que de día izaban banderas negras de cuero, para dar aviso del fuego, y de noche, lo anunciaban con antorchas. A pesar de las precauciones, los incendios eran frecuentes. La madera más usada era la de los abetos, aunque también se usaban hayas, coníferas, castaños y robles. En Zhitomir las avenidas principales eran de tablas de roble sobre armazones de madera, bajo las que pasaba una tubería de madera sellada con corteza de abedul que drenaba el agua de los deshielos y de la lluvia. La madera se usaba en todo y los rusos podían construir desde una *isba*, que era una casa típica de dos o tres habitaciones, hasta un palacio, y todo de madera.

Lo que más me llamaba la atención era que estos edificios de madera eran invariablemente levantados sin usar un solo clavo, tornillo o clavija. El hacha era la principal herramienta, aunque la decoración más intrincada se hacía con cincel. Los rusos tenían tanta habilidad con el hacha que hasta podían tallar con ella una cuchara.

Mis hermanos se habían vuelto expertos en carpintería, como mi padre, porque ellos hacían todos los arreglos de nuestra casa que, desde el techo hasta los pisos y las paredes, era también íntegramente de madera.

La vida siguió, pero la tristeza parecía colgar de cada objeto de la casa, de cada palabra en nuestras bocas, de cada actitud. En todos se percibía el tono de nostalgia y amargura al tener que dejarlo todo, incluida nuestra hermana, por ir a buscar un destino que nadie dentro de la familia sabía cómo sería. Pensábamos que sería mejor, más promisorio, más fecundo, tal vez para tener una esperanza a la cual aferrarnos, pero, decididamente, ninguno de nosotros estaba convencido de que así sería.

En la escuela, nuestra maestra comenzó a notar la tristeza en nuestros ojos y, después de interrogarnos durante varios días y no encontrar una respuesta, decidió llamar a mi padre. Mi padre acudió presuroso, pero dio como excusa el agobio al que estaba sometida toda la familia por los abusivos impuestos. La tristeza que ella percibía se debía a que la familia tenía menos recursos para el sustento y a que, si la situación continuaba así, pocas serían las esperanzas de progreso. La maestra trató de darle ánimos a mi padre diciéndole que tal vez era una medida provisoria, hasta que se mejorara la situación de millones de pobres, y que no tardarían en revertirla. Mi padre aceptó los argumentos, pero no dijo una sola palabra sobre la tristeza que embargaba a los Meissner por tener que abandonar Rusia dejando a su hija primogénita abandonada a su propio destino...».

IX

MI ÚLTIMO AÑO EN RUSIA

Domingo, 2 de marzo de 1980

«Entre el trabajo de la huerta, la escuela y ayudar en algunas tareas de la casa, el año 1898 pasó raudo. Aquella Navidad no se pareció en nada a la anterior y todo el mundo la festejó solo rezando. Mi padre nos abrazó uno por uno como en una despedida. Sin duda, quería disimular el adiós a Lidia, abrazándonos a todos por igual. En casa no hubo alegrías ni regalos, solo palabras de afecto y consejos. Porque mi padre, al hacerlo, quería ocultar que se estaba despidiendo de su hija mayor y aconsejándola para la vida. Vida que sería para ella extremadamente corta y, para nosotros, extremadamente larga, afrontándola con un dolor indescifrable. El árbol de Navidad permaneció con sus adornos y velas, como un mudo testigo de aquella fecha entrañable en que estaríamos juntos por última vez.

El tan temido año de 1899, el de nuestra partida, llegó sin prisa y sin pausa y tuve que asumir que tendría que abandonarlo todo definitivamente.

Yo me daba cuenta de que mi corazón estaba sufriendo y había comenzado a sentirlo así desde aquella triste tarde en que Lidia nos había confesado en el bosque, a Julia y a mí, sus deseos de permanecer en Rusia desobedeciendo los mandatos paternos.

Nunca deseé a nadie esa agonía. Lidia había sido para mí mi segunda madre. Dejarla sola, por más que tuviera un esposo enamorado a su lado, no me bastaba para sentirme bien. Además de esa terrible angustia, estaba la angustia del desarraigo, de tener otra tierra como patria, de tener otra casa como hogar, de tener otro idioma como lengua. Me sentí morir pero no ocurrió. Yo estaba preparada para poder sobrellevar mi destino, a pesar de todo, hasta el final de mi larga vida. La maestra siempre nos repetía algo que decía Heráclito: que la fuerza reside en el carácter y, con los años, me di cuenta de que esa era una gran verdad.

Llegó mi décimo cumpleaños pero nadie festejó nada, solo los besos matinales al despertar, anunciando mis diez años con diez tirones de orejas. Cuando me abracé a Lidia, me invadió la tristeza. Lloré abrazada a ella. Julia nos consoló a ambas y mi madre nos mandó a lavarnos la cara para frenar nuestras lágrimas. Mi padre me regaló una Biblia y me dijo que tratara de llevarla siempre conmigo, pues los cielos y la tierra pasarían pero la palabra de Dios, jamás.

El barco con destino a América saldría en diciembre, por lo cual consideré que pasaríamos la próxima Navidad en alta mar. Y Lidia la pasaría sola o con su esposo. Sola en cuanto que a su lado no habría nadie que llevara su misma sangre (ese torrente que corre por las venas con similares sentimientos de pertenencia).

Después de mi cumpleaños, mi padre comenzó a vender las herramientas poco a poco con la excusa de que necesitaba el dinero, lo cual era verdad. Pero el dinero lo fue guardando en una caja de madera con llave que tenía en su ropero. Mi madre también fue guardando en los arcones la ropa de estación que ya no usaríamos. Y en otro arcón fue preparando, mes a mes, el ajuar de Lidia. Ella heredó el camisón de boda de nuestra madre, por ser la hermana mayor. Nuestra madrastra lo lavó y perfumó, guardándolo junto con una capita de satén para la noche de bodas. Le confeccionó camisas de seda blanca bordadas, faldas largas oscuras, ropa interior, abrigos y accesorios para que Lidia tuviera, en sus primeros años, el alivio de no preocuparse por confeccionar o comprar ropa. Lo guardó todo entre flores de lavanda secas y bajo doble llave.

La casa se fue vaciando lentamente. Un día desaparecían los cuadros, otro la vajilla importante de la sala, los adornos, algunos muebles. Todo se embalaba o se vendía.

Llegó octubre y con él llegaron los preparativos de nuestra partida. El barco zarparía el 6 de diciembre, en pleno invierno y día de San Nicolás. Lidia se desposaría el 30 de noviembre y ya el destino estaría echado tanto para ella como para nosotros. Tendríamos que viajar a San Petersburgo, por lo cual el día 5 saldría toda la familia en tren con destino definitivo hacia América. Parecía que los días no alcanzaban. Mi padre había comenzado a vender los animales, a entregar la última cosecha a nuestro nombre como pago de impuestos, pero lo más triste fue deshacernos de nuestros perros. Tuchi y Demonio fueron llevados a casa de Peter. Se quedarían con Lidia, al menos con ella no extrañarían tanto. Pero nosotros, que llevábamos la angustia de la partida clavada en nuestro corazón, estábamos muy tristes.

En el último domingo de octubre, mi padre anunció en el sermón de la iglesia que partiría hacía América con toda su familia. Los feligreses dieron una exclamación y un hondo suspiro. Al final de la ceremonia, todos se acercaron a hablarnos y a preguntarnos sobre nuestro viaje. Mi padre les explicó a todos que se iba a América a llevar la palabra de Dios a los habitantes de aquellas tierras.

Sobre finales de noviembre, Lidia había cumplido sus dieciséis años y sus anhelos de desposarse y quedarse en Rusia iban a cumplirse. La semana antes de los esponsales, mi padre llamó a Peter y a Lidia a la sala de la casa y les dio instrucciones de marcharse cuanto antes a Polonia. La situación en Rusia estaba empeorando y, de quedarse, los deportarían a Siberia. Obsequió a los novios con sus libros y después de aconsejarlos en lo que correspondía al trabajo, los hijos y el respeto mutuo entre ellos, los abrazó largo rato y así se quedaron los tres mirando por la ventana de la sala, el camino que se perdía en la lejanía. Durante toda la semana en casa se prepararon los pavos y gansos rellenos y las tartas que comeríamos en la fiesta nupcial.

El 30 de noviembre llegó inexorablemente. El día amaneció soleado. La casa era un trajín desde temprano y las alegrías y tristezas se mezclaban encadenadas en nuestros corazones. Yo tenía ganas de llorar y de reír. Y así como yo, el resto de la familia. Veía a Julia llorando y riendo por los rincones, a mis hermanos varones y a mis padres. Solo Helen y Augusta parecían felices de verdad. A las once de la mañana, todos estábamos vestidos con nuestras mejores galas y nos quedamos sentados en las pocas sillas que aún quedaban en la sala. Estábamos en silencio cuando la puerta se abrió y apareció Lidia con su vestido de novia color nácar que había pertenecido a la madre de Peter. El vestido era de corte imperio de muselina y mangas de encaje al codo. Una mantilla del mismo encaje enganchada con una cinta de seda a la altura del cuello le cubría la cabeza. Llevaba guantes y una capa de abrigo color crema sobre los hombros. Unos ramilletes de violetas blancas de los Alpes adornaban sus manos. Lidia me impresionó por su belleza y su simplicidad, parecía un ángel o un hada. Sin embargo, un mal presentimiento me turbó la alegría de verla. Decía la tradición que quien usa un vestido de boda de otra novia, nunca será feliz. Y tuve miedo, mas lo callé para siempre dentro de mi corazón. Tal vez la tradición no se cumpliera esta vez.

Partimos en el carruaje rumbo a la iglesia. Los caballos trotaban serenamente por el camino serpenteante. Yo iba mirando el campo cubierto de nieve, sin vacas ni ovejas, porque ya todas estaban en los establos, pero salpicado de alisos, sauces y tilos que se mezclaban entre las coníferas.

En poco más de cuarenta minutos estábamos llegando a las puertas de la iglesia donde se congregaba la familia de Peter, parientes, feligreses y amigos. El novio estaba nervioso dentro de la iglesia junto a su hermana mayor. Lidia permaneció en el carruaje acompañada de mi padre hasta que todos estuvimos dentro del recinto. Y cuando el coro comenzó a cantar acompañado de los violines, mi padre y Lidia descendieron del carruaje. Avanzaron lentamente por la nave central de la iglesia mientras el pastor de la aldea vecina, que oficiaría el sacramento, los esperaba frente al altar. Yo no podía respirar de la emoción, mientras las lágrimas resbalaban por mis mejillas.

La ceremonia fue muy emotiva, no solo por lo que implicaba sino por las circunstancias en las que se realizaba. Con un viaje en puertas hacia América de todos nosotros, dejando a Lidia para siempre en las tierras de Rusia y sabiendo con certeza que nunca más la veríamos, todos nos sentíamos acongojados. Las alianzas fueron de bronce, pues de oro había sido imposible comprarlas, pero relucían tan bonitas como si fueran del metal tradicional. Muchos de los asistentes habían llevado sus regalos a la iglesia, motivo por el cual a la salida, y después de los saludos, entregaron a los novios los presentes. Recibieron flores, dinero y algunos pequeños muebles caseros que eran muy bonitos, ya que cualquier ruso de la aldea, como ya lo dije, era un experto carpintero.

Al mediodía, la caravana de carros retornó a la granja donde mi madre, ayudada por las hermanas de Peter, sirvió el almuerzo: jamón con patatas tibias y gansos y pavos rellenos de frutas y arroz. En los postres se sirvió la tarta nupcial y las otras confituras que durante varios días se habían preparado hacendosamente. Para no romper con la tradición, en los postres, mi padre levantó la copa para brindar por una vida feliz y rodeada de hijos para el nuevo matrimonio. Creo que solo tenía ganas de brindar la familia de Peter, que se quedaba en Rusia, pues todos nosotros no sabíamos si reír o llorar. A mi madre la veía triste, al igual que a Julia. Mis hermanos varones sonreían, pero sabía que, en el fondo de sus almas, trataban de disimular lo mejor que podían.

Por la tarde comenzó a nevar y en la casa se sirvió chocolate caliente. Y allí fue que llegó el momento de la despedida, donde los novios partirían a su casa y la cama de Lidia quedaría vacía para siempre. Mi padre cogió de los hombros a sus dos hijos recién desposados y con los ojos cargados de lágrimas les dijo que su corazón estaría siempre con ellos. Luego les regaló un cofrecito de madera tallada. Nunca supe qué contenía, pero me imaginé que guardaba los rublos para la salvación de ambos, pues ese dinero les permitiría viajar a Polonia.

Lidia y Peter, con una sonrisa serena en los labios y con inmenso afecto, nos fueron abrazando de uno en uno. Cuando llegó mi turno sentí el desgarro en el alma. Besaba a mi hermana en una de mis últimas veces y en cinco días la besaría definitivamente.

Los novios subieron al carruaje de Peter, después de haber guardado las maletas de Lidia dentro del mismo y, diciéndonos adiós con la mano, se dirigieron a la granja de los Wayman. Me quedé parada en la galería viendo alejarse a Lidia y a su esposo. La noche me sorprendió parada mirando el camino vacío que parecía perderse en la nada. Julia vino a buscarme porque, de verdad, yo estaba muerta de frío. Mi madre nos sirvió la cena y me acosté sin poder pegar los ojos. En los cuatro días que nos separaban de la partida hacia América, casi no dormí. La casa terminó por quedar desolada. Caminábamos por las habitaciones vacías mientras nuestros pasos resonaban y nuestras voces se alzaban en ecos contra los techos. Lo que quedara de utensilios y muebles, Lidia se lo llevaría después de nuestra ida. La granja había sido vendida al vecino contiguo ya que se le casaba también un hijo que viviría en ella.

El 5 de diciembre, a las ocho de la mañana, todos estuvimos parados en el andén de Zhitomir. Doce baúles constituían nuestras pertenencias, y cada uno de nosotros llevaba imaginariamente una alforja cargada de ilusiones y tristezas sobre nuestros hombros. Los encargados de transportarnos hasta el andén del tren no habían sido otros que Lidia y su esposo. Se les veía felices y, en lo más profundo del alma, sentí cierto alivio.

La hora antes de la partida pasó tan rápido que no podía creerlo. Sonó el silbido del tren. Mi padre se abrazó a Lidia y a Peter por unos instantes, al igual que mi madre; después nos despedimos uno a uno de Lidia y de su esposo. La besé por última vez en la vida y, no pudiendo contener el llanto, subí al vagón sin volver la vista atrás. Me senté y cubrí mi cara con mis manos. Los sollozos me brotaban de la garganta sin poder contenerlos. Mis hermanas Helen y Augusta me acariciaron el pelo y las manos, tratando de consolarme. Dejé de llorar a media noche, cuando el tren paró no sé en qué estación y ya casi todos estaban dormidos. Mi padre y mi madre permanecían despiertos. Leían sus Biblias. Entonces yo tomé la mía y me puse a leer los Salmos: "Señor, escucha mis gritos, atiende a mis clamores, presta atención a mi plegaria, pues no hay engaño en mis labios...".

Me quedé dormida con la Biblia en la mano y así amanecí. Desayunamos y, después del mediodía, el tren llegó a San Petersburgo. Nos dirigimos directos al puerto donde el buque Sebastopol, que nos llevaría a América, estaba amarrado. El muelle era un mundo de gente mucho más inmenso que la estación de trenes. Un mundo de gente que llegaba con baúles, arcones, maletas, atados de ropa y valijas grandes o pequeñas. Gente elegante o pobre (según se veía en su ropa) iba ascendiendo por la escalinata. La entrada era común para todos, solo que en cubierta, de acuerdo a los pasajes, la tripulación los separaba por clases. Los pudientes iban en primera clase, los no tanto en segunda, y los más pobres, como nosotros, íbamos en tercera. Tal vez mi padre si hubiera viajado solo, podría haberse pagado un pasaje en segunda clase, pero nosotros éramos ocho y el dinero no alcanzaba para más.

El barco zarparía sobre el anochecer y para eso faltaban más de cuatro horas. Ya estábamos instalados en nuestros camarotes cerca de la proa del barco, donde se agrupaban los pasajeros en un mayor número. En tercera clase iban los campesinos rusos como nosotros, con sus vestimentas típicas, sus pantalones negros dentro de las botas, sus sacos oscuros y sus cascos de piel o de fieltro. Las mujeres vestían vestidos de paño oscuro al igual que sus abrigos y algunas llevaban pañuelos de seda en la cabeza. El barco estaba repleto de pasajeros en todas las categorías, pues por aquellos años, la corriente migratoria era inmensa. Casi todos los que nos encontrábamos embarcados habíamos considerado (como lo había hecho mi padre) que lo más prudente era salir de la tierra de los zares cuanto antes.

La primera clase me causó admiración. La misma admiración que me produjo conocer el Palacio de Invierno de San Petersburgo. Todas las mujeres eran elegantísimas, de largos vestidos, con tocados o sombreros haciendo juego con los bolsos de mano, abrigos, guantes y calzado. Los hombres todos de traje oscuro, guantes, sombreros y bastones. Todos los equipajes de la gente de primera clase iban en la bodega, cuyo transporte debía costar muy caro. Nuestro equipaje iba dentro de los tres camarotes que nos habían asignado. Mi padre con mi madre viajaban en uno, los varones en otro y nosotras cuatro en otro. Los compartimentos eran pequeños, pero limpios. En la bodega también observé a algunos mendigos que viajaban con lo puesto y con su atadito de ropa. A cambio del viaje, ayudarían en la sala de máquinas a palear el carbón.

Cerca de media tarde mi padre fue llamado a las escaleras de ascenso al buque. Sentí miedo, pues pensé que alguna documentación no estaba correcta. Mi padre acudió presuroso seguido de mi madre y de nosotros seis que les seguimos por detrás por miedo a quedarnos solos. Para alegría de mi padre, Leo y mía, al llegar a las escaleras nos encontramos con nuestro querido primo Rodolf y su esposa Catalina que habían venido a despedirnos. El reencuentro fue muy emocionante, al igual que la despedida. Ellos se quedaron con nosotros hasta la última media hora antes de zarpar, conversando y dándonos ánimos y aliento. Mi padre les recomendó a Lidia, pero las distancias eran enormes y nunca se conocerían.

En aquel barco estábamos los que partiríamos y en el muelle los que hubieran deseado partir. Cuando al anochecer, con todas las luces prendidas en el muelle y en el buque, la campana sonó y el vapor de las chimeneas llegó hasta nosotros, me di cuenta de que las calderas ya tenían la suficiente presión para poder zarpar. Nos abrazamos con fuerza a nuestros primos y, ya desde cubierta, les dijimos adiós con las manos y los pañuelos. Miré las chimeneas del barco y de ellas se escapaban columnas de humo coronadas con vapor blanco.

La policía rusa vigilaba en el muelle la partida del Sebastopol y pude observar su intransigencia cuando, en el último momento, tres viajeros quisieron abandonar el país sin cumplir las exigencias. Mucha gente que iba y venía por el muelle se detuvo como en un cuadro, con las manos agitándose en un adiós, en el instante en que, con el último golpe de campana, se levantaron las amarras, se levó el ancla, las chimeneas se llenaron de vapor y el buque comenzó a alejarse de tierra firme.

Rodolf y Catalina eran apenas dos puntos imperceptibles cuando volvimos a nuestros camarotes a prepararnos para la cena.

Entre tanto, el buque marchaba a toda máquina, adentrándose cada vez más en alta mar, cruzándose con otros barcos que llegaban o que habían zarpado de otros puertos o que los remolcadores arrastraban remontando la corriente. Las gaviotas nos acompañaron por un buen rato, yo las miraba por el ojo de buey de mi camarote y, alumbradas por los reflectores del barco, me parecían palomas blancas.

Así dejé Rusia, el 6 de diciembre de 1899.

Una parte de mi vida se quedaba allí para siempre, acunada en los mejores años de mi infancia, entre el cariño y el afecto de los míos...».

X

EL VIAJE EN BARCO

Domingo, 9 de marzo de 1980

«Yo me arrojé sobre la cama con el deseo de dormir hasta América. Quería olvidarme de todo. Quería que mi mente estuviera en blanco. Quería no tener memoria. Pero mi madre me ordenó que me levantara para bajar al comedor a recibir la cena. Apenas había comido unos emparedados de queso que ella había traído desde la granja y me sentía mareada. No obstante, puse buena voluntad y fui con toda la familia hasta el comedor de la tercera clase. Era el 6 de diciembre, día de San Nicolás; sin embargo, nada me hacía recordarlo, pues no había ningún signo visible dentro del barco, por donde yo caminara, de aquel maravilloso santo.

Me impresionó ver la gran cantidad de inmigrantes que abandonaban las tierras que les habían visto nacer, trabajar y luchar. El barco avanzaba sereno por el golfo que separa Rusia de Finlandia, sin embargo, yo sentía que se movía el piso bajo mis pies y me producía la extraña sensación de estar mecida sobre un océano oscuro que solo me provocaba pánico y mareos.

La cena fue sencilla: sopa, carne de cerdo con verduras, abundante pan y un budín de frutas. Para beber solo había agua. En tercera clase los lujos estaban prohibidos. Volvimos al camarote a acostarnos enseguida porque nuestro viaje ya se había iniciado un día antes y el cansancio era muy grande. La sirena del barco se hizo escuchar mientras otro buque, como el nuestro, avanzaba en sentido contrario pasando a nuestro lado, a unos escasos veinte metros. Me asusté porque el oleaje se incrementó y el barco se balanceó aumentando mis mareos. Tuve que agarrarme a la pared para no caer de bruces. Helen y Augusta también estaban mareadas y se acostaron sin pronunciar una palabra. La única que se mantenía incólume era Julia que trataba de alegrarnos con un canto en alemán. Yo me recosté sobre la cama y me dormí vestida. Entre sueños sentí que mi madre me sacaba los botines y me tapaba con las frazadas pues el invierno se hacía sentir.

A las ocho de la mañana me despertó la sirena del barco que sonó nuevamente. Me asomé al ojo de buey y estábamos pasando frente a Estocolmo por las aguas del Báltico. Me quedé quieta sobre la cama, mientras sentía mecerse el mar bajo el barco. El resto de la familia parecía dormir, agotada por el cansancio de casi dos días de viaje, las angustias contenidas y los insomnios padecidos. Tuve la impresión de que no habían pasado ni cinco minutos cuando mi madre apareció en nuestro camarote dispuesta a despertarnos. El desayuno se serviría hasta las nueve y no nos podíamos demorar. Nos pidió que nos bañáramos y que nos cambiáramos deprisa la ropa que teníamos puesta desde la salida de casa en Zhitomir.

Todos bañados, peinados y con ropa limpia bajamos al comedor dispuestos a desayunar. El salón estaba repleto de decenas de familias con sus hijos. Las jarras de café y de leche calientes y grandes fuentes de pan recién horneado llegaban a las mesas que se iban ocupando. Nos fuimos sentando y, cuando el último de mis hermanos lo hubo hecho, mi padre rezó en voz baja y todos le respondimos. Agradeció a Dios el viaje realizado y pidió en voz más alta por la paz y felicidad de Lidia. Después comenzamos a desayunar. En mi vida nunca volví a tomar un café con leche tan rico como aquellos que me servían en el barco. Aún los recuerdo. El pan era fresco pero también se podía comer tostado y, donde había niños, las camareras del barco servían unas compoteras con dulces.

Sin embargo, con cada legua que el barco se adentraba en el mar, yo sentía que me iba quedando. Mi cuerpo se había tornado cansado, mi cabeza mareada y mi mente no abandonaba a Lidia, pensando que estaba sola, llorando, extrañándonos.

Después de desayunar, mi madre y mi padre nos llevaron a la cubierta. El viento estaba helado y cientos de pedazos de hielo flotaban en el agua. Parecía que el mismo aire era un pedazo de hielo que hería mis mejillas. Por suerte el sol había comenzado a calentar y el viento a calmarse. La cubierta se cubrió de pasajeros de todas las clases que paseaban tomando el aire marino.

Mujeres elegantes de vestidos largos de terciopelo en colores burdeos, azules y ocres, terracotas, añiles y negros, daban a mi vista una visión colorida y alegre. De pronto, observé a una niña de mi edad que iba con su niñera y que me miraba entristecida. Cuando pasó a mi lado se detuvo y, sonriéndome, me preguntó mi nombre.

—Olga —le dije.

—Como la gran duquesa —respondió ella, y un destello iluminó sus ojos.

—Así es —le respondí orgullosa—. ¿Y el tuyo?

—Anastasia.

—¿Anastasia? También tu nombre es de una gran duquesa.

—Lo soy —me respondió.

Habíamos seguido caminando y conversando. Cuando miré para atrás, mis padres y mis hermanos me estaban mirando de lejos y me hacían señas con las manos. Me despedí apresurada de mi nueva amiga y volví corriendo al lado de mi familia. Pensé en si aquella niña era realmente una duquesa o yo no había comprendido la respuesta.

Los días continuaron monótonos e iguales para alivio de mi padre que temía al mar. No solo temía por su vida, sino que se sentía responsable de la vida e integridad de su esposa y de los seis hijos que le quedaban. Yo, en realidad, no tenía miedo. Solo deseaba que se mantuviera calmo para no marearme, pero el barco ya se estaba acercando a las costas de Inglaterra y en un par de días se adentraría plenamente en el Atlántico, donde los vientos, según decían, eran fuertes y las olas de más de cinco metros.

Avanzábamos por el mar del Norte. Desde nuestro camarote se podían divisar las costas de Polonia, Alemania, Holanda y de Bélgica que iban quedando atrás. Por momentos las chimeneas del buque a vapor resoplaban con fuerza y al barco parecía invadirlo una energía mágica, la misma que, al partir, a mí me había abandonado. Entramos en el Canal de la Mancha, entre las costas de Francia e Inglaterra, país este último donde el barco se detendría unos días para reabastecerse y poder iniciar la travesía definitiva hacia el país de los sueños de mi padre: Canadá.

Cuando los años pasaron y pude ver mi vida desde el ocaso final hacia atrás y recorrer, como lo estoy haciendo ahora, los días vividos, intensos, coloridos, amargos, duros y buenos comprendí, después de habérmelo cuestionado un sinnúmero de veces, que Canadá había sido el sueño e ideal de mi padre. No sé qué quimeras envolvieron sus ilusiones volviéndolas una obsesión. Obsesión que le llevó a abandonar Rusia con tal de vivir en aquella tierra por la cual lo había dejado todo.

Pero en aquel viaje, aún no lo sabía. No sabía tampoco que nuestro destino no sería Canadá, hacia donde nos habíamos embarcado.

El barco se detuvo en Liverpool para mi alegría. Era el segundo puerto de Inglaterra después de Londres y su forma se asemejaba a una media luna. Por fin iba a poder caminar, descansar, comer y reír sin tener que estar mareada. Mis pies pisarían por vez primera una tierra extranjera. Tierras extranjeras que, desde ese día en adelante, pisaría hasta el día de mi propia muerte, sin poder volver jamás a pisar la que me vio nacer.

A Anastasia no la había vuelto a ver, pero aquella tarde, al bajar al puerto de Liverpool sobre la orilla del estuario del río Mersey, me la encontré sobre el muelle. Estaba agarrada a la mano de su niñera y, a un lado, una dama elegantísima junto a un caballero, que parecían realmente de la nobleza, hablaban en voz baja. Parecían sus padres y, si no eran de la nobleza, serían sin duda algunos aristócratas, pues la delicadeza en los modales, sus ropas, sus pasajes en primera clase, confirmaban que era una familia distinguida. Me recordaban a aquellos nobles aristócratas que yo había visto en San Petersburgo.

Anastasia me dijo adiós con la mano. Entonces yo, apartándome del resto de mi familia, con previo consentimiento de mi padre, caminé unos metros hasta encontrarme con ella. Para mi sorpresa, ella y su familia se quedaban en Liverpool. Quince arcones de madera lustrada se destacaban como sus equipajes.

—Olga, quería despedirme.

—¿Por qué? ¿Acaso te quedas en Liverpool?

—Nos quedamos en Inglaterra y viviremos en Londres. Mi padre está emparentado con la reina Victoria y viene en misión diplomática. ¿Y tú, Olga, dónde vivirás?

—El sueño de mi padre es vivir en Canadá.

—Debe ser bonito —respondió Anastasia.

—No lo sé. ¿Extrañarás Rusia? —le pregunté con incertidumbre.

—Mucho. Sobre todo Moscú, donde vivíamos.

—Yo también extrañaré la granja, a mi hermana mayor que se quedó allí, a mis perros...

—No lo pienses más, Olga. Nunca vuelvas al lugar donde has sido feliz, porque nunca volverá a ser igual. Adiós Olga, no te olvidaré.

—Adiós Anastasia. Yo tampoco habré de olvidarte —Y aquella frase me quedó grabada hasta el final de mis días. "Nunca vuelvas al lugar donde has sido feliz".

Nos dimos un beso y nos dijimos adiós con la mano. Jamás volví a ver a Anastasia en mi vida. Tampoco sé qué fue de ella. A veces pienso si me habrá recordado alguna vez. Creo que sí, porque aquel viaje sellaba su destino al igual que el mío llevándonos lejos, como a un exilio.

Después de dos días en Liverpool el barco reinició el viaje por el mar de Irlanda y de allí al océano Atlántico. Yo temía a los hielos que se soltaban de los icebergs y podían dañar el casco del Sebastopol, pero Dios protegió aquel viaje y llegamos sin ningún problema a las costas de América del Norte después de quince días de navegación. El barco atracó en la isla de Nueva Escocia, en el puerto de Halifax, Canadá.

Habíamos llegado a nuestro nuevo hogar. Preparamos los doce baúles que constituían nuestras pertenencias y esperamos pacientes para descender del barco. El viaje del buque continuaba hacia América del Sur, pero nosotros nos quedaríamos en Canadá y nos iríamos a vivir a Calgary, en la provincia de Alberta.

Hicimos pacientemente la fila que se demoraba por tener que hacer los trámites en migraciones. La verdad es que estaba impaciente esperando conocer aquella tierra. Pero mi padre estaba más impaciente por terminar los trámites que parecían demorarse demasiado. Cuando después de tres horas llegó nuestro turno, fuimos pasando de uno en uno. Primero lo hizo mi padre, luego todos nosotros (sus hijos) y, por último mi madre. Y fue aquí donde un puñal pareció atravesar el corazón de todos. En migraciones, los médicos revisaban a los inmigrantes. Necesitaban gente sana para trabajar.

El diagnóstico de mi madre no fue bueno y en aquella tarde el filo del dolor quebró nuestro destino para siempre. El veredicto de migraciones de Canadá había sido tan desvastador que terminó con los años desintegrando a mi familia.

Observé el rostro de mi padre. Yo estaba anonadada.

—¿Qué sucede? —interrogó mi padre al guarda de migraciones canadiense.

—Su esposa no podrá quedarse en Canadá —contestó con serenidad, como si aquello fuera una cosa totalmente trivial.

Miré a mi padre. Entonces lo supe. Tuve la certeza. Mi padre lucharía contra el destino, costara lo que le costara. Sentí que iba a desafiar a las propias fuerzas de una realidad que se cernía amenazadora sobre nosotros, como las nubes de una tormenta que se nos venían encima, oscuras y grises.

—Señor Meissner, ¿me está escuchando? —interrogó el guarda.

Mi padre no respondía. Y cayendo al suelo de rodillas, como aquella tarde en que Lidia le confesó sus deseos de quedarse, elevó sus ojos al cielo y comenzó a rezar. Necesitaba encontrar una solución con rapidez que le permitiera actuar para solucionar aquella situación tan difícil. Y Dios siempre se la brindaba.

Terminó de rezar en voz baja y dirigiéndose al guarda le preguntó:

—¿Por qué no puede quedarse?

—Porque no tiene una buena visión en sus ojos y los inmigrantes que están entrando a Canadá deben gozar de muy buena salud. Tan buena que sean aptos al cien por cien para poder trabajar de la mañana a la noche sin ningún impedimento.

—¿Qué haré con todos mis hijos y con mi esposa? ¿A dónde iremos?

—Señor Meissner, el barco continúa el viaje en dos días a América del Sur.

—¿América del Sur? —preguntó mi padre.

—Así es, señor.

—Allá iremos, entonces —contestó mi padre con la voz apagada.

Dos días después y según lo previsto, nos reembarcamos nuevamente con un destino incierto y desconocido. Si poco conocía mi padre sobre Canadá, sobre América del Sur no conocía absolutamente nada. Jamás esa idea había pasado por su mente, como tampoco se le había pasado ir a vivir a Indochina o a la India.

Apenas el barco se alejó unas millas de las costas de Canadá, el capitán del Sebastopol, Otto Weidedigen, llegó hasta el camarote de mi padre. El capitán había sido puesto al tanto de nuestra situación, por lo que la conocía muy bien.

—La solución a lo que usted desea, señor Meissner, la puedo concretar yo —dijo el capitán gordo y risueño.

—¿De qué modo? —le interrogó mi padre.

—Mi barco ya está algo lejos de la costa. Si usted con su esposa y sus seis hijos bajan en un bote salvavidas y entran en Canadá sin pasar por migraciones, nadie sabrá que lo han hecho y podrán vivir y trabajar felices, como ha sido vuestro sueño. El único inconveniente es que la tormenta está sobre nosotros.

Mi padre nos miró a todos, como pidiendo con aquella mirada el consentimiento para poder embarcarnos en aquella aventura peligrosa de más. La vida de toda la familia estaba en juego, y corría verdadero peligro.

La tripulación bajó el bote salvavidas al agua con nosotros dentro y unas pocas pertenencias. El mar me salpicaba la cara mientras comenzamos a acercarnos hacia la costa, que había quedado a dos mil metros del barco pero, a medida que nos íbamos acercando, las olas eran cada vez más grandes y la tormenta arreciaba con descargas eléctricas y la lluvia era torrencial sobre nosotros. El bote se balanceaba como una cáscara de nuez. Helen y Augusta lloraban a gritos y mi madrastra, implorando a mi padre, le rogó que volviéramos al barco. Tardamos media hora en poder maniobrar y regresar, mientras Julia y yo, descompuestas por tanto ajetreo, creíamos desmayarnos. Los varones ayudaban a virar el bote y mi padre regresó tembloroso y pidiendo a Dios en voz alta que le salvase junto a toda su familia. Al regresar cerca del barco mi padre hizo señas con una bengala y la tripulación que nos estaba observando atentamente nos ayudó a subir. El capitán corrió a recibirnos presuroso y mi padre, al subir, le agradeció todo el esfuerzo a nuestro favor realizado.

—Muchas gracias, capitán, pero no voy a arriesgar la vida de mi esposa y de mis seis hijos por correr detrás de una tierra que no ha querido abrirme sus puertas. El riesgo es muy grande y no estoy dispuesto a afrontarlo.

—No tengo nada más que decirle, señor Meissner. Sea usted bienvenido nuevamente al viaje del Sebastopol y, tal vez, esas tierras de América del Sur sean las que algún día hagan brotar su nueva simiente pródiga y fecunda.

—Gracias, capitán. Seguiremos hacia el sur.

La solución había sido acertada, porque el oleaje que se levantó en aquella tempestad nos hubiera hecho naufragar en el pequeño bote salvavidas, de haberse decidido mi padre a continuar.

Sanos y salvos continuamos nuestro viaje hacia América del Sur. Un destino jamás pensado y que abría una gran cantidad de interrogantes a nuestras vidas...».

XI

NAVEGANDO HACIA SUDAMÉRICA

Domingo, 16 de marzo de 1980

«Mi madre entró en depresión. Se sentía culpable de haber torcido el destino de todos por su escasa visión y aquello comenzó a determinar acciones que, de no haber sido por aquella infeliz circunstancia, nunca hubiéramos atravesado.

Se pasaba días enteros encerrada en el camarote tratando de arreglar la ropa de todos y bajaba con mucho desánimo a tomar los almuerzos o las cenas que seguían siendo abundantes, ricos y, sobre todo, alegres. Y digo alegres, porque siempre había alguno de aquellos viajeros que tocaba el acordeón o el violín. Mi padre también siempre amenizaba las veladas, después de las comidas, con alguna canción rusa, tocada con su violín. *Willy* y *Leo* le acompañaban en los cantos, mientras nosotras los mirábamos sonrientes y calladas. Pero mi madre había perdido la sonrisa. Pienso que aquella decisión de migraciones, de impedirnos bajar en tierras canadienses, terminó de romper las ilusiones que tanto había guardado dentro de su corazón.

El barco continuó su viaje hacia Centro América. Nuestra primera escala hacia el sur fue San Juan de Puerto Rico. Nos detuvimos dos días para abastecer calderas y despensas. Lo primero que nos asombró ver fue gente negra y mestiza, vestida de vivos colores, sonrientes y alegres, portando sobre sus cabezas atados de ropa, vasijas, bolsas, frutas, harina, etcétera. Probé por primera vez algunas frutas tropicales, como los mangos, papayas y chirimoyas. Realmente parecía el paraíso. La fruta se deshacía dentro de la boca bañada por un almíbar dulce que jamás había probado. El mar por su parte merecía también otra mención. Era de color turquesa y su espuma y su arena, blancas y brillantes, como el ánimo de la gente, calmo y sereno.

Era otro mundo. Y de haber podido elegir me hubiera quedado a vivir en Centro América. Las palmeras se mecían con la brisa y nos ofrecían los cocos que unos nativos abrían ante nuestros ojos convidándonos en jarros con su leche fresca y riquísima. El arroz con bananas era la comida cotidiana y nuestra curiosidad, pendiente de cada detalle, se asomaba cada mañana al ojo de buey para ver otras tierras que jamás habíamos visto y que jamás volveríamos a ver.

Pero de todo aquello tan maravilloso, lo que más llegó a impresionarme eran las bandejas repletas de piedras preciosas que los vendedores de la isla ofrecían a los viajeros. Montañas de esmeraldas, zafiros, perlas naturales y corales deslumbraban mis ojos, como lo habían hecho los destellos de los palacios rusos de San Petersburgo. Mis hermanas más pequeñas no se despegaban ni de Julia y ni de mí y mi padre aprovechó por aquellos días para llevarnos cerca del mar y conocer un acuario. Desconocía los colores de los peces tropicales, acostumbrada a los lagos helados de mi añorada Ucrania. Vivíamos aquello como una fantasía y de allí pude rescatar que, gracias a no haber entrado en Canadá, pude conocer aquellas maravillas. Solo mi madre seguía sumida en la tristeza y eso me hacía sentir que aquella decisión, tal vez, había sido equivocada.

Pero la preocupación más grande de toda la familia era poder comunicar a Lidia nuestro cambio de decisión. Lidia nos imaginaba en Canadá y nosotros ya no estábamos donde ella pensaba. Eso también me entristecía. Habíamos perdido por aquellos días el contacto con nuestra hermana mayor y eso angustiaba mi corazón.

¿Por qué me seguía aquella sensación de angustia interminable? Tenía que elaborar el duelo de la pérdida de Lidia y eso era contra lo que me rebelaba.

El mes de enero era sin duda el más caliente del trópico y las tormentas se cernían sobre aquellos mares como algo normal y cotidiano. Salimos de Puerto Rico con las nubes encima y con un oleaje similar al que nos rodeaba cuando zarpamos de Canadá, solo que el aire caliente agitaba al viento con tanta fuerza que lo llamaban huracán y los relámpagos desaparecían sobre el oleaje como queriendo escurrirse a través de un mar que vibraba cada vez más con el retumbar de los truenos.

Me acosté en mi litera, al igual que todos mis hermanos. De vez en cuando miraba por el ojo de buey agitarse a un mar embravecido que parecía querer tragarnos. Mi padre también se acostó para rezar. Cuando había descargas eléctricas debíamos permanecer acostados para evitar encontrarlas y morir electrocutados. De repente una luz enceguecedora alumbró el camarote y, tras ella, un ruido colosal y seco quebró el aire. Creí que iba a morirme de miedo. El barco chirrió entero y se inclinó sobre estribor. Permaneció así unos breves segundos para volver a enderezarse y proseguir la marcha. Escuché las sirenas de emergencia y ruidos de pasos corriendo por los pasillos.

—¡Fuego! —se oyó, y todos saltamos de nuestras literas y nos pusimos de pie. Mis padres en un segundo estuvieron junto a nosotras, al igual que nuestros hermanos, y todos subimos corriendo a la cubierta. El fuego se había desatado en la proa y avanzaba consumiendo las maderas de la balaustrada. Un rayo había caído sobre el barco incendiándolo y casi toda la tripulación participó para extinguirlo. Por suerte solo fue un susto mayúsculo, porque con bolsas de arena, en pocos minutos, el fuego se extinguió. Las maderas se quemaron, pero el hierro de la balaustrada permaneció incólume.

La noche se presentó serena y, mientras el barco avanzaba hacia el sur, a nuestras espaldas quedaban los resplandores de una tormenta que se iba disipando sobre el área de las Bermudas.

Me tendí en la cama, abatida. Mi padre había comenzado a escribir una carta para Lidia. La enviaría en cuanto supiéramos dónde desembarcaríamos para quedarnos. Imaginaba a mi hermana, sola, en un país lejano y distante al que nunca más volveríamos. Ya no la veríamos más y aquel solo pensamiento me sumía en la desesperación. Sin embargo, yo guardaba ese secreto sufrimiento, sin que nadie pudiera sospecharlo. A pesar de sentir que Lidia vivía más allá de los mares, yo tenía la sensación de que había muerto. La llevaba constantemente en mi corazón y en mis pensamientos, sin embargo no podía comunicarme con ella, no sabía de sus alegrías ni de sus sufrimientos, no sabía de sus angustias o de su soledad. Por momentos me la imaginaba feliz. Después de todo, ella había tomado esa elección. Pero eso no me bastaba para sentirme bien.

El barco avanzaba hacia América del Sur. Las líneas infinitas de costa, que se extendían ante nuestra vista en los puertos en los que atracábamos, me recordaban a Rusia. Entonces pensé que mi padre y mi madre podrían volver a ser felices, a reiniciar una vida de trabajo y sacrificio en tierras de libertad.

Nada más lejano de la realidad que aquellos pensamientos.

Finalmente una mañana calurosa de febrero el barco atracó en el último puerto de destino: Buenos Aires, en Argentina. Arribamos por el río de la Plata hasta el muelle. El "hotel de los inmigrantes" era una construcción que se levantaba a escasos metros de donde desembarcamos y allí nos alojaríamos hasta saber qué rumbo tomar. Este era un país extenso, de más de cuatro millones de kilómetros cuadrados y podíamos elegir ir a vivir a la llanura o a las montañas, al mar o a la selva.

Migraciones no puso ningún reparo. Selló nuestros pasaportes, nos dio la bienvenida y nos alojó en el gran hotel que habían construido para albergar a los miles de inmigrantes que llegaban de todo el mundo a poblar este país desierto.

Esa noche mi padre conversó con otras gentes tratando de averiguar a dónde podríamos ir. Le habían comentado que en la provincia de Buenos Aires existía un pueblo llamado Salliqueló y que allí residían varias familias alemanas, por lo cual decidió preparar su destino con rumbo a esas tierras desconocidas y despobladas (aún habitadas por indígenas, mas eso, él lo ignoraba).

Los inmigrantes que residían temporalmente en el hotel eran cientos, casi todos europeos: italianos, franceses, españoles y alemanes se reunían en grupos, donde cada uno hablaba su lengua. También había sirios, libaneses, turcos y algunos ingleses, pero la mayoría eran italianos y españoles.

A la mañana siguiente, mi padre, con el dinero que había traído de Rusia, decidió alquilar un coche de caballos que pudiera llevarnos a nuestro nuevo destino. El viaje demandaría entre tres y cinco jornadas, por lo que había que llevar caballos de refuerzo. El pueblo de Salliqueló quedaba alejado de Buenos Aires unos cuatrocientos kilómetros.

Poco o nada entendíamos el español, nos costaba comunicarnos con alguien que no fuera alemán, por lo que todo el tiempo hablábamos entre nosotros sin poder manifestar o apreciar lo nuevo en toda su magnitud.

Recuerdo la última noche que pasamos en el hotel de los inmigrantes antes de abandonarlo camino a las pampas. Mi madre nos ordenó que nos bañáramos y que nos cambiáramos la ropa por otra más cómoda y fresca, pues el sol, en estas latitudes, se hacía sentir sobre nuestras cabezas. Con cofias que nos resguardaban y camisas de hilo de algodón iniciamos a la mañana siguiente, muy temprano, el camino hacia una geografía que parecía conocida. Según decían, la llanura a donde nos dirigíamos estaba cubierta de un tapiz de trigo, maíz y girasoles.

Me sorprendí al pensar que habíamos atravesado medio mundo para volver a ver lo mismo que en Rusia. Pero lejos estaba de imaginar que aquellas descripciones eran solo sueños sin cumplir, ilusiones guardadas en los viejos arcones que habían cruzado el océano con nosotros y que solo con nuestro trabajo duro y sacrificado podrían hacerse realidad.

Iniciamos el viaje de madrugada. El hotel nos brindó el desayuno para la travesía y al coche subimos todos los Meissner, cada uno de nosotros absorto en nuestros pensamientos. Volvimos a la realidad cuando mi padre inició las oraciones para que Dios nos protegiera durante el viaje. Solo mis hermanas menores se durmieron de nuevo apenas recostaron sus cabecitas sobre los respaldos de los asientos. Mi madre cobijó a Augusta y mi padre a Helen. *Willy* y *Leo* se sentaron uno al lado del otro y yo me senté junto a Julia.

Sin saberlo iniciaba, junto a la hermana que me seguía en edad, el más largo y solitario viaje hacia nuestro destino final, que acaecería casi nueve décadas más tarde.

Julia y yo seríamos, después, las únicas protagonistas de esta historia.

Lo que jamás imaginé era que al llegar a las pampas argentinas a mi padre le resultarían inabarcables y, aunque tenían la medida de su apetecida libertad, tenían también la medida de su propio desamparo.

Los caballos comenzaron a trotar. Cruzamos grandes avenidas bordeadas de árboles y llenas de coches de caballos. Buenos Aires era una ciudad muy poblada y con cierta reminiscencia europea. Para suerte de todos nosotros el cochero era alemán y podía explicarnos y entendernos todo lo que le preguntábamos.

Siempre recuerdo lo que nos dijo antes de subir al pescante del coche: "No debiera la gente salir de su tierra o de su país. No a la fuerza. La gente se queda desarraigada, triste, dolorida, porque el destierro no anula la memoria, la lengua, los colores o los recuerdos. Hemos sido como arrancados y tenemos que aprender a vivir en tierra extraña como el clavel del aire, propiamente del aire".

Nuestro nuevo destino en América del Sur, Argentina, con las tierras fértiles y vírgenes de las praderas y pampas, proporcionaría, sin duda, un próspero futuro para las nuevas generaciones.

Argentina tenía por aquellos años de finales del siglo XIX dos millones de habitantes aproximadamente, la mayoría analfabetos. Los indios del sur, hacia donde nos dirigíamos, habían sido eliminados en su mayoría por el general Roca. Sin embargo, los "malones" (grupos de indios rebeldes y sin civilizar) representaban un problema y las pampas vírgenes comenzaban a ser colonizadas por agricultores europeos.

Apenas hacía dos meses que habíamos salido de Rusia, sin embargo, me parecía que había vivido una vida entera. Eran tantas las situaciones vividas, la gente que habíamos conocido, los lugares que habíamos recorrido, que los sesenta días me parecieron sesenta años. Ojalá en aquel tiempo los días hubieran sido años, dado que con ellos se hubiera extendido en el tiempo la vida de Lidia. Sin embargo, el tiempo comprimido se iba inexorablemente a la velocidad constante y eterna para todos los que transitamos por este mundo terrenal y sin darnos otra oportunidad.

Era como desandar un camino borrado por la lluvia sobre la niebla del mar. Un mar de pampas infinitas y despobladas.

El coche con los caballos seguía al trote. Ya habíamos dejado atrás la populosa ciudad de Buenos Aires y transitábamos por unos caminos de tierra y lodo bordeados de juncos. De trecho en trecho debíamos cruzar algún río o arroyo sin demasiado caudal.

Mis hermanas menores ya se habían despertado y mi madre sacó de la cesta unos emparedados de queso y manteca que le habían dado en la cocina del hotel antes de emprender el largo viaje. También llevábamos agua y con aquellos escasos alimentos almorzamos a un lado del camino bajo unos eucaliptos que se agitaban con el viento.

Mi madre y mi padre conversaban en alemán con el cochero que les iba introduciendo en la geografía y las costumbres argentinas.

Después de descansar una hora, dar de beber a los caballos y corretear un poco por el campo, todos volvimos a subir al coche y retomamos la senda. Al atardecer, mi madre nos dio unas manzanas y el cochero nos informó de que dormiríamos en una posada cercana al camino para poder reiniciar la marcha al día siguiente bien temprano.

Poco a poco fue oscureciendo y las estrellas brillaron con un resplandor inigualable. La latitud de los cielos las mostraba bellísimas y me quedé cautivada mirando las constelaciones que iban apareciendo sobre un firmamento azul oscuro, mientras el coche seguía avanzando con un trote sereno.

Parecía un sueño. Habíamos salido de Rusia con destino a Canadá y de pronto toda mi familia se encontraba en un coche tirado por caballos, trotando por las pampas argentinas.

Nos detuvimos en la posada. Había una galería ancha con un poste para atar los caballos. Unas madreselvas en flor colgaban de unas pérgolas y las macetas cuajadas de malvones alegraron nuestra vista. Los candiles estaban encendidos y los dueños de la casa estaban vestidos a la usanza gauchesca. La señora, con trenzas renegridas que le llegaban hasta la cintura y un vestido floreado largo hasta el suelo, nos atendió muy amable. El señor vestía botas y bombachas de campo. Llamó mi atención su ancho cinto cubierto de monedas de plata que reflejaban los destellos de los candiles. A través del cochero que hablaba un castellano duro, nos hicimos entender. La posada era grande, pertenecía a unas estancias de San Antonio de Areco. Por primera vez iba a conocer algo realmente autóctono.

Para cenar había asado con panes y patatas estofadas. Nos quedamos asombrados con el sabor de la carne argentina y realmente nos fuimos a dormir con una sensación de alegría y esperanza.

Esa noche vi sonreír a mi madre y a mi corazón llegó la tranquilidad.

El cuarto era inmenso con una cama matrimonial y seis camas más pequeñas. Apenas puse la cabeza sobre la almohada, el sueño me venció. Así todos juntos parecíamos darnos valor en aquellas tierras lejanas y totalmente desconocidas, donde deberíamos abrirnos camino con nuestro propio esfuerzo y comenzar de la nada a forjarnos un porvenir.

Mi último pensamiento fue hacia Dios, pidiendo sus bendiciones...».

XII

EN TIERRAS LEJANAS

Domingo, 23 de marzo de 1980

«No existe nada en este mundo que haga olvidar tanto el pasado como el futuro mismo. Y era aquel futuro, que se abría ante mis ojos en esa nueva geografía, lo que hacía que me olvidara de mis años ya vividos, que si bien no eran muchos, habían sido muy intensos.

Sin embargo, comencé a notar en mi padre un comportamiento inverso al mío. Apenas había puesto el pie en aquellas tierras extrañas, presentí que comenzaba a buscar volver al pasado, a despedirse de cada cosa, de cada persona, de cada lugar, sin haberlos visto más que una vez.

Nadie lo sabía, mas yo lo intuía y presentía. Era como que su vida comenzaba a desandar el camino recién recorrido, con sus gestos cansados, con su andar errabundo. Mi padre había dejado de ser el hombre entusiasta que había salido de Rusia dos meses atrás con su bagaje cargado de alegrías y esperanzas y se había transformado en un ser disconforme y triste que parecía no aceptar dentro de su mente y de su corazón que el destino hubiese sido otro que no fuera el planeado. Daba la sensación de que había perdido la brújula de su vida o, mejor dicho, mi padre deseaba retornar al norte desde donde nos habíamos precipitado. Lo comprendía. Comprendía su tristeza, su desasosiego, sus angustias, mas todo lo guardaba en secreto dentro de mi corazón y esto me valió el seudónimo de fuerte, de valiente, de mujer de carácter. Yo comprendía lo que le sucedía a mi padre. Había perdido a Lidia, su primera hija (aquella que le había hecho echar las primeras raíces en este mundo), la que le había otorgado el honor de comenzar a ser "familia" junto a mi madre de sangre. Y ahora, sin ella, se sentía débil, mutilado, desarraigado, extranjero.

Sobre todo se sentía obligado a vivir en tierras extrañas que él no había elegido, obligado por circunstancias externas y ajenas a su voluntad. No estaba bien, no estaba conforme, no deseaba vivir en un lugar no elegido. Más allá de todo, fueron las circunstancias obligadas las que hicieron que mi padre pisara estos suelos por primera y última vez. Pero por esos días todos lo ignorábamos e ignorábamos que pronto nos desintegraríamos como núcleo familiar.

De haberlo sabido, me hubiera aferrado a mis padres, a mis hermanos, a cada palabra, a cada caricia y no los hubiera dejado nunca. Sin embargo, las ilusiones de la infancia y la despreocupación de la edad hicieron que pensara en este nuevo hogar como si fuera definitivo. Aquel donde levantaríamos rescoldos de cariño, arropados en la lejanía por el amor y la ternura de nuestros progenitores.

Llegamos a Salliqueló a la hora de la siesta. Atravesamos unos médanos cubiertos por tamariscos mientras el aire soplaba y levantaba un polvillo que se nos introducía dentro de los ojos. Y allí estaba el caserío. El poblado era pequeño, disperso, de escasos árboles, y lo más desolador, carecía de una iglesia. Fue por lo primero que preguntó mi padre. El cochero alemán le dijo que no había iglesia porque aún no había allí ningún ministro o sacerdote de Dios. Mi padre le dijo que él era pastor y que, si la gente estaba conforme, él podría ejercer el ministerio. Sin embargo, la curia católica, apostólica y romana que regía en las tierras del sur no aceptó que mi padre pudiera ejercer de pastor de un pueblo fundado sobre los confines de la civilización. Esto lo hirió de muerte. No poder ejercer el ministerio, no poder rendir culto a Dios, no poder rezar frente a un altar, destruyeron totalmente su buen ánimo y sus deseos de huir de allí se instalaron en él con firmeza, casi al mismo instante de haber llegado.

Después de más de tres días de viaje, en el que habíamos ido haciendo breves descansos cada dos o tres horas, comiendo a la vera de los caminos y durmiendo en casas de huéspedes aledañas a los poblados, habíamos llegado a Salliqueló, un pueblo de voz indígena que no podíamos pronunciar bien y que tampoco sabíamos lo que significaba.

El coche de caballos se detuvo frente a la plaza del pueblo. Mi padre lo primero que hizo fue buscar el correo. Ya tenía la carta escrita para Lidia, quién sabe desde cuánto tiempo atrás, a la que le había ido agregando notas, noticias, lugares y fechas, hasta llegar a lo que nosotros creíamos sería nuestro hogar definitivo. La carta fue despachada y de allí en adelante contaría los días para recibir noticias de su hija, que tardaron en llegar.

Nos bajamos en la plaza. Nuestras cofias y nuestras camisas estaban grises de tierra, los zapatos llenos de polvillo, los pantalones de mi padre parecían desteñidos por el polvo de los caminos, al igual que el vestido de mi madre. Nuestros arcones también estaban cubiertos por el polvo. Y tres mujeres, que casualmente pasaban por allí, nos miraron con sorpresa, entre risueñas y compasivas.

En aquel momento me sentí desolada. De no haber sido porque mi madre y mi padre velarían aquella noche por nosotros, me hubiera puesto a llorar. Recordé mi casa de Rusia, la huerta, el jardín, el olor de nuestras flores, nuestros campos de trigo, nuestros perros y la tristeza me embargó de tal manera, que dos lágrimas rodaron por mis mejillas dejando dos surcos sobre mi rostro. El aire era caliente y seco, y el polvillo se seguía levantando con el viento. El ruido de los eucaliptos acentuaba mi tristeza. Era ese chasquido seco de las hojas al viento y la sensación de desolación que me daba el no saber dónde nos iríamos a vivir lo que me abatía.

Estaba tan cansada que sentía que iba a desmayarme. Mi padre hizo que me sentara en un banco bajo un árbol. A mi lado se sentaron también Helen y Augusta mientras Julia, de pie, me miraba con preocupación. *Leo*, *Willy*, mi padre y el cochero cruzaron hasta un almacén a comprar unas hogazas de pueblo y unas limonadas que tomamos con avidez, mientras mi madre me acariciaba la cabeza.

El pueblo a la hora de la siesta parecía desierto. De no haber sido por aquellas tres mujeres que pasaron, hubiera pensado que estaba deshabitado. Nos quedamos todos sentados en unos bancos bajo un árbol en medio de la plaza, mientras los caballos descansaban también a la sombra, atados en la calle.

Mi padre buscó en la pequeña geografía urbana una posada o un hotel que nos albergara aquella noche, para después buscar un hogar, una casa donde vivir. En la esquina opuesta a donde nos encontrábamos estaba el único hotel que había en el pueblo. Así fue que hacia allí nos encaminamos. El hotel era sencillo, limpio y desprovisto de lujos. Los pisos eran de madera oscura y las puertas altas con visillos blancos. Las paredes estaban algo despintadas y unas macetas coloradas repletas de malvones adornaban el patio abierto rodeado por una alta galería. El dueño del hotel era un hombre gordo y de bigote, muy sonriente, que rápidamente mandó a hacer las ocho camas con sábanas limpias. Mi padre siguió conversando con el cochero, que oficiaba de traductor y que en dos días más emprendería el regreso a Buenos Aires. Por lo tanto debía darse prisa para encontrar una casa, pues con el idioma teníamos la primera barrera que salvar.

Nos instalamos en dos cuartos de cuatro camas cada uno. Mi madre dormiría con Helen, Augusta y conmigo y mi padre lo haría con los varones y Julia.

Nos fuimos bañando y cambiando de ropa, después mi madre pidió que nos sirvieran un té con leche y pan y nos acostamos extenuados debido a los tres días de viaje.

Dormí desde aquel atardecer hasta el día siguiente a las diez de la mañana. Mi madre no nos despertó para que descansáramos bien, mientras mi padre y el cochero recorrían las granjas aledañas al pueblo en busca de nuestro nuevo hogar.

Me desperté con la voz de mi padre, que le comentaba a mi madre que había comprado una granja de doscientas hectáreas a una legua del pueblo. Allí había una casa de unos franceses que se trasladarían a Santa Fe y, si bien no era demasiado cómoda, tenía tres habitaciones y un comedor, una galería, una cocina grande donde nos instalaríamos y un cobertizo con las herramientas. La granja la había comprado con algunas vacas, ovejas y cerdos y también con las aves de corral. Había un pequeño carruaje, caballos y también dos perros que vendrían a alegrar mi corazón haciéndome recordar a Tuchi y a Demonio. Pero por sobre todo, aquello me hizo recordar a nuestro primo Rodolf, a quien mi padre prometió devolver el dinero que nos había prestado. Con las cosechas y nuestro trabajo, tal vez podríamos hacerlo rápidamente.

Sentí mi corazón latir de alegría y vi a mi madre abrazar a mi padre con alivio. Nos levantamos todos, pagamos el hotel y el cochero se ofreció a llevarnos a nuestro nuevo hogar (que, para tranquilidad de todos, había sido adquirido por mi padre con todo el mobiliario de la familia francesa). Los muebles eran los imprescindibles para vivir, pero me produjeron una agradable sensación de bienestar. Mi madre había traído lo que correspondía a sábanas y toallas, pero la vajilla era lo que más rápidamente deberíamos comprar.

Los caballos trotaron colina abajo cruzando los médanos y, al traspasarlos, mi padre señaló con la mano una avenida de eucaliptos que llegaban hasta la calle y que daba entrada a la granja. Sentí de nuevo el chasquido del viento en las hojas de los árboles y una sensación de desolación quiso empañar aquel instante, pero pensé en los patos y en sus crías que nadaban en una laguna costera, diluyendo mis pensamientos en la nada.

Lo que más me preocupaba era lo despoblado de aquellas tierras. Sabía que había indios, todavía, que no se habían incorporado a la civilización y de los que habría que defenderse tal vez y tuve miedo. Miedo a lo desconocido. Había escuchado al cochero comentar en alemán que los indios solían venir al poblado a beber. Los efectos de la bebida en los indios eran comunes pero con una violencia extraña, llegando en ciertas ocasiones a llevar a cabo actos de venganza, hiriéndose o matándose mutuamente a la vista de los colonos asustados, sin respeto por nadie y muchas veces amenazándolos.

Los inmigrantes europeos debíamos ser siempre espectadores impasibles, sin auxiliar a nadie (aunque los viéramos matarse entre ellos presos de las borracheras). Mis ojos iban atentos observando el camino, esperando ver algún aborigen a la vera del camino, pero la desolación fue mayor y eso también me dio más miedo.

Cuando llegamos a la entrada de la granja, la puerta estaba cerrada. Mi padre descendió para abrirla, esperó que pasara el coche de caballos, mientras nos decía adiós con la mano. Entonces tuve el presentimiento de que mi padre no se quedaría en aquellas tierras y que aquel adiós que se mecía en la palma de su mano iba a hacerse realidad con más rapidez que la imaginada.

Avanzamos al trote. La casa era larga y de techos planos, unos árboles pequeños y recién plantados parecían no dar sombra todavía. Los techos eran de chapa, elemento útil pero extremadamente caluroso en el verano y demasiado frío en el invierno, por lo cual, lo primero que hizo mi padre al día siguiente fue cubrirlos de paja para que aislara del frío y del calor. La casa estaba pintada, solo la cocina estaba ahumada y oscura. Había que volver a crear nuestro hogar como nos gustaba a nosotros, con sus flores y sus cortinas, con sus tapetes almidonados, con sus suelos limpios y relucientes. Había mucho que hacer y trabajar, pero lo más importante era que ya teníamos un techo bajo el cual cobijarnos y al que convertiríamos con nuestro trabajo en nuestro nuevo hogar.

Aquella mañana comenzamos a acomodar nuestras cosas y era tanto nuestro entusiasmo que al atardecer nos dimos cuenta de que no habíamos almorzado. Mi madre cocinó huevos fritos y, mientras todos nosotros nos acostamos, ella y mi padre siguieron con un candil ordenando lo que faltaba.

Al amanecer siguiente el canto de un gallo sobre mi ventana me despertó. No sabía dónde estaba, hasta que en la penumbra pude distinguir los contornos de un ropero que se insinuaba en medio del cuarto. Me quedé quieta en la cama. De pronto, el relinchar de unos caballos me produjo cierto temor de que fueran los indios que se aproximaban. Escuché golpear las manos y a los perros ladrar. Mi padre se levantó, cogió un arma que tenía al lado de su cama y abriendo una ventana preguntó quién era.

Era un caminante pidiendo pan, carne y agua, como después veríamos llegar de tantos en tantos a la granja. Mi padre no sabía explicarle que no entendía el idioma. El vagabundo, al no comprender, levantó la mano para saludarlo y dando media vuelta abandonó la granja.

Ante este acontecimiento, todo el mundo estuvo de pie en menos que cantara de nuevo el gallo y comenzamos con las faenas de la casa y del campo. En una semana, la casa había pasado a ser igual que nuestra casa de Zhitomir. Sin embargo, la alegría se había mudado de los ojos de mi padre que añoraba con toda intensidad a sus paisanos de Ucrania, a su iglesia, y sobre todo, a su hija primogénita.

Dos meses tardó en llegar una carta de Lidia. En ella nos decía que estaba preocupada por nosotros y nos informaba de que la situación de Rusia se iba volviendo cada día más conflictiva e insegura, sobre todo para los alemanes que allí residían. Era probable que tarde o temprano tuvieran que trasladarse a Siberia, único lugar hacia el cual podían emigrar. Mi padre se sintió conmovido, pues un viaje a Siberia significaba el destierro. La seguridad no estaba garantizada y la vida y la muerte marchaban juntas en aquel clima inhóspito y helado.

Todo convergía para que mi padre no se sintiera a gusto, sobre todo porque habiendo transcurrido los primeros diez días de habernos instalado en tierras extrañas, cinco indios entraron a la granja. Entraron en un atardecer caminando desde la calle que venía del pueblo. Venían a su usanza, con los rostros pintados, de negro unos con lágrimas blancas en las mejillas, de colorado otros con lágrimas negras y párpados blancos, con plumajes y machetes, reservando las lanzas para el que venía detrás de todos. Mi padre salió al patio. Como era verano, apenas venían vestidos (eran paganos y su incultura y barbarie los hacía poco susceptibles a la influencia espiritual de los misioneros). Mi padre, que en ese momento hacía sus plegarias, salió con un crucifijo, sin prever que aquella actitud los predispondría a una sugestión total, ante la vista de aquel objeto extraño. Después de señas y palabras balbuceadas entre mi padre y ellos, mi padre alcanzó a comprender que nos venían a ofrecer cueros de animales, plumas, tejidos y sal, a cambio de algún licor, yerba mate y tabaco. Mi padre solo tenía una botella de vodka y se la ofreció a cambio.

Aquel ofrecimiento fue una verdadera señal de amistad que unió a mi padre con aquel grupo de indios. Emborracharse era para ellos una de sus mayores felicidades y los caciques daban ejemplo. Entre los cinco indios que estaban aquella tarde en la granja, había uno. El cacique siempre bebía en concurrencia con sus indios, compartiendo, como con los cigarros (cuando no había más que uno, todos habían de fumar de él, pasándolo de mano en mano y así también con las bebidas como con los comestibles).

Si los cosacos nos sorprendían en Rusia, los indios nos sorprenderían en las pampas argentinas. Las tribus que desfilaban por aquellos territorios eran los "pampas" o "*pehuelches*". Nosotros ignorábamos que aquellos indios habían jugado el papel principal en la conquista del desierto, por su continua y enérgica resistencia al hombre blanco.

Bajo este nombre se agrupaba una numerosa cantidad de tribus emparentadas todas entre sí por lazos sanguíneos, todas procedentes de la Araucanía ocupando, desde 1670 aproximadamente, la región de llanuras y pampas bonaerenses.

A los indios que nos visitaron aquella tarde se les llamaba "llanistas". Habitaban la parte central de la provincia de Buenos Aires. Físicamente eran de constitución robusta y estatura mediana y vivían en chozas o toldos apuntalados por estacas y cubiertos normalmente con cueros de los animales de la región. De costumbres y vida simples, tenían una civilización muy primitiva. Lo que nosotros ignorábamos era que la familia francesa había decidido trasladarse a Santa Fe por el constante asedio de los indios a la granja. No porque les hicieran daño, sino por la presión constante para comercializar o sacar provecho del hombre blanco que había terminado por cansarlos. Mi padre, ignorándolo, había comprado la granja que se hallaba en el confín de la frontera, lindando su alambrada con los toldos de los indios que aquella tarde nos visitaban.

Mi padre también sintió miedo de vivir al borde de la seguridad. Si algo nos sucedía, ¿quién nos defendería? Tampoco teníamos un depósito de vodka con el cual detener o entretener a los indios, solo una botella, y mi padre acababa de dársela.

El futuro se perfilaba duro, incierto y, sobre todo, inseguro. Creo que eso agitó las ansias de retorno de mi padre hacia tierras más civilizadas...».

XIII

EN LAS PAMPAS ARGENTINAS

Domingo, 30 de marzo de 1980

«Los indios continuaron visitando la granja de mi padre una vez a la semana y algunas veces hasta dos. Eran siempre los mismos y ya conocíamos sus nombres, al igual que ellos los nuestros. *León* le decían a *Leo*, y *Bil* a *Willy*, *Señor* llamaban a mi padre y *Señora* a mi madre, *Luna* a Augusta, *Sol* a Helen, *Lluvia* a Julia y a mí, por llamarme Olga, me habían bautizado, *Alba*. Mis hermanos varones eran los más curiosos y por tanto los que más conversaban con ellos. Nahuel, Painé, Pacheco, Maulín y el cacique Yanquimán se habían transformado en amigos de mi padre y de mis hermanos varones y eso hizo que, muchas veces, ante los asedios de los "malones" al pueblo de Salliqueló y a las granjas aledañas, mi padre, como una bendición de Dios, se librara de tales males.

Hacía más de cuatro meses que habíamos llegado a las pampas argentinas y justo caí en la cuenta de que habíamos cambiado de siglo. Había sido tanto nuestro aturdimiento al cambiar nuestro destino, que habíamos olvidado hasta la fecha en que vivíamos.

Recuerdo un día de invierno de aquel año de 1900 que amaneció oscuro de niebla y en la granja se esperó hasta que se disipara para poder salir a hacer las labores del campo. Alrededor del pueblo de Salliqueló pastaban muchos caballos en granjas vecinas y entre estos estaban los indios dispersos, echados sobre el pescuezo de sus caballos. Esperaban a que las manadas de caballos saliesen a pastar para apoderarse de ellas. Cuando la niebla se disipó un poco, las manadas comenzaron a salir a los campos y los indios comenzaron a avanzar paso a paso, siempre agazapados, hasta mezclarse entre ellas. Solo entonces, con gran sorpresa de los granjeros, aparecieron sobre el lomo de los caballos que parecían sin jinetes, levantaron sus lanzas y los colonos huyeron. Ellos arrearon a toda velocidad las tropillas de caballos.

Cuando una parte de los granjeros pudo montar en los pocos caballos que les habían quedado, los indios habían desaparecido llevándose al resto de los animales. Este hecho demostraba la seguridad, audacia y acierto con que los indios ejecutaban todo ataque sorpresa.

Mi padre se había salvado de aquella incursión, tal vez porque nuestra familia les había caído en gracia y porque, cada vez que entraban a la granja, les ayudábamos con lo que teníamos, fuese poco o mucho.

Los indios habían corrido el día entero a toda velocidad con sus caballos, enterrándose hasta las rodillas en los pantanos o arenas, cayendo o levantándose, pero sin rodar ni darse la vuelta jamás y esto constituía la desesperación de los granjeros o colonos que los seguían y que, al poco de perseguirlos, se quedaban extenuados, pues sus caballos se cansaban, rodaban o se volvían a la carrera al campo de donde habían salido. Por eso mi padre siempre nos decía que era inútil salir en persecución de los indios, sobre todo cuando llevaban algún tiempo de ventaja, porque era como correr tras el viento. Imposibles de rodear.

La ventaja de las tácticas indígenas radicaba en su resistencia y agilidad, en el vigor de sus caballos y sobre todo en el conocimiento perfecto del terreno (geografía desconocida para la mayoría de los extranjeros que residíamos en la región). Con un mapa mental exacto de las características geográficas del lugar, lograban llevar a quienes los perseguían a los pantanos o médanos que ellos podían traspasar, mientras quienes los seguían quedaban empantanados o perdidos en aquellas llanuras solitarias y plagadas de peligros.

Aquella mañana, según le contaron a mi padre unos días después, uno de los caciques de las tolderías, de nombre Calfiao, escapó junto a sus indios en un caballo zaino pangaré llevando en las ancas a su hijo, un muchacho fuerte y agresivo igual que su padre. Se llevaron más de doscientos caballos. El cacique aprovechó la tenue luz de la madrugada y, antes de que lograran acercarse a él, se había perdido en medio de las lomas. Su caballo era acosado por las "boleadoras" que los granjeros le arrojaban y que se le enredaban en las patas, pero esto no parecía detenerlo, pues corría como si fuera un ciervo, con una agilidad que era envidiable. A los saltos, el caballo logró despistar a los colonos que abandonaron su intención de perseguirlo, con sus caballos agotados por la carrera.

Después de aquella incursión, que tuvo en vilo al pueblo entero, los indios Nuahuel, Painé, Pacheco, Maulín y Yanquimán confiaron a mi padre que las incursiones eran planeadas en una especie de reunión o consejo de los principales caciques, donde se establecía el objetivo. Yanquimán había impuesto su voluntad de preservar nuestra granja, dado que mantenía con mi padre una entrañable amistad desde el mismo día en que mi padre le obsequiara con su botella de vodka. Aquella bebida había sido uno de los regalos más importantes que había recibido y selló un pacto de amistad entrañable que nos preservó de asedios, ataques y locuras cometidas por aquellos aborígenes que aún luchaban por no integrarse en la civilización. Sobre todo les encantaba escuchar a mi padre tocar el violín y podían pasarse más de dos horas sentados y sin moverse escuchando las melodías alemanas. "La música amansa a las fieras" me decía Leo al oído conteniendo su risa. Y parecía verdad: aquellos indios salvajes y guerreros se asemejaban a cinco ángeles bajados del cielo escuchando la música de mi padre y sus relatos.

Realmente nos causaba asombro, dada la ferocidad y la agresividad que demostraban en todas sus actitudes para con el resto de la civilización que nos rodeaba. Ante los ataques que los "malones" realizaban generalmente en noches de luna llena, escondían sus armas en los pastizales o médanos, así en caso de ser vistos en las inmediaciones del poblado, al estar desarmados, no inspiraban desconfianza, logrando siempre la sorpresa buscada.

Sus marchas siempre eran nocturnas, previas exploraciones que realizaban los indios denominados "bomberos" (aquellos que espiaban día y noche la actividad de quienes iban a ser sorprendidos y que comunicaban por códigos secretos de señales convenidas realizadas con humo y fuego, y con el revuelo de sus ponchos). Elegían para avanzar las noches de luna llena, de modo que cuando despuntaban los primeros rayos de sol se ocultaban tras los médanos o montes, siempre próximos al objetivo, sorprendiendo a quienes iban a atacar. Tampoco encendían fuego que pudiera delatarlos y solían atacar por algún otro frente para desorientar a los pobladores o granjeros.

La sorpresa era su estrategia y lo que más miedo me causaba. Pensaba siempre que tras alguna loma se nos aparecerían los indios salvajes que nos atacarían, sobre todo sabiendo que nosotros no estábamos bien organizados para defendernos de un ataque. Se largaban con ímpetu con sus lanzas y alaridos, desatándose las cintas con que sujetaban sus cabellos, los cuales se echaban sobre los ojos para asustar aún más a sus enemigos y si eran rechazados se dispersaban a la velocidad del rayo para volver a reunirse y atacar nuevamente, impidiendo toda persecución por el amplio revuelo con que se retiraban.

Habían prometido a mi padre no atacarlo jamás. No obstante, mi padre comenzó a padecer de una inseguridad terrible que demostraba en cada una de sus actitudes. De noche se levantaba a cada hora a revisar ventanas y puertas, para controlar que estuvieran bien cerradas. Luego rezaba y se volvía a acostar. Nosotros presentíamos sus temores (que sin querer nos transmitía) y así toda la familia vivía sobresaltada.

Aquella paz y seguridad, aquella libertad y tranquilidad que, tal vez, cada uno de nosotros había soñado antes de salir de Rusia, se iban esfumando con los meses y, lejos de ir afianzándonos en nuestro nuevo hogar, hacían que mi padre estuviera intranquilo, como si un volcán interno no le dejara paz e hiciera resurgir en él el deseo de huir también de aquel lugar.

Desde que habíamos llegado de Rusia, nadie de nuestra familia asistía a la escuela. El idioma, los peligros, el trabajo extenuante de una granja que teníamos que hacer productiva, impedían que mi padre pudiera llevarnos diariamente hasta la escuela que estaba en el pueblo.

—El próximo año —había sido la promesa.

Esto nos permitiría que afianzáramos el idioma, pusiéramos al día las labores de la granja y conociéramos bien aquel espacio que se había transformado en nuestro nuevo hogar.

Las cartas de Lidia eran lo que más esperábamos. Cada dos meses llegaban a nuestras manos que, nerviosas, trataban de abrirlas lo más rápidamente posible. Lidia seguía en Zhitomir, pero no sabía por cuánto tiempo más. Las noticias no eran alentadoras y los alemanes deberían abandonar las tierras de la Rusia imperial tarde o temprano para refugiarse en Siberia. Ella no manifestaba demasiado, pero yo entreveía el miedo y la tristeza que sus palabras escritas reflejaban.

Mi padre labraba el campo desde el alba hasta el anochecer, mi madre cocinaba y se encargaba de todas las tareas de la casa y cada uno de nosotros, los hermanos, continuábamos con nuestras tareas campesinas ayudando a nuestros padres. Por las tardes mi vista se perdía en el horizonte buscando donde el sol se escondía, pensando que al día siguiente Lidia lo vería antes que yo. Y aquel astro se transformó en el código secreto de nuestra comunicación espiritual. El sol que ella veía, era el mismo que veía yo. El sol era nuestro elemento de unión afectiva.

Yo había cumplido mis once años y Julia quince, nos llevábamos cuatro años de diferencia, pero las dos estábamos muy unidas. A menudo hablábamos de Lidia, pero no podíamos hablar demasiado de ella pues la congoja nos invadía y terminábamos abrazadas llorando y rezando por ella.

Los indios continuaron visitando nuestra casa y enseñaron a mis hermanos a lanzar las "boleadoras". Usadas inicialmente para la caza, se convirtieron luego en una verdadera arma de guerra, hábilmente usada por los indios pampas en las persecuciones. Las bolas de piedras se ataban a un cordel largo que, al hacerlas girar, se enredaban en las patas de los animales que se querían derribar.

Willy y *Leo* aprendieron con precisión a arrojar las "bolas perdidas" que eran parecidas a las "boleadoras" y se usaban también para la caza. Montaban a caballo en pelo (sin montura) y corrían a la velocidad del viento. Habían asimilado las costumbres de los indios y se sentían más gauchos que el propio Martín Fierro. Pero nosotras, las mujeres de la casa, siempre teníamos miedo. El ambiente inseguro en el que vivíamos nos hacía desconfiar de todo y jamás nos alejábamos de la granja. Los días que había que hacer alguna compra y nuestra madre tenía que ir al pueblo, dejábamos la granja sola con mi padre o con los dos varones, pero el resto de nosotras, las mujeres, acompañábamos a mamá en su viaje a Salliqueló en carruaje.

La vida en el campo transcurrió poblada de sobresaltos y aventuras. Mi padre estaba constantemente intranquilo y permanentemente se repetía a sí mismo que había cometido un grave error al haberse adentrado en las pampas argentinas. No se sentía identificado con nada de lo que aquí existía ni con lo que le rodeaba. Y la incertidumbre y la inseguridad comenzaron a ser el pan cotidiano. La tristeza comenzó a tornar nuestros ojos tristes, nuestras bocas calladas e hizo aparecer un temblor imperceptible en nuestros cuerpos que no nos daba paz. Era la misma sensación de estar en un lado de este mundo al que nunca debíamos haber venido. Era la sensación exacta de estar en el lugar equivocado. La familia no se integraba demasiado en nada, apenas visitábamos a las dos familias alemanas que vivían aledañas al pueblo de Salliqueló. Las tareas campesinas eran tantas para poder sobrevivir, que apenas quedaban algunas horas los domingos por la tarde, en los que mi padre nos hacía vestir con nuestras mejores galas, nos sentábamos bajo la galería de chapa de la casa y él, apoyando la Biblia sobre una mesa, nos leía las lecturas dominicales. En algunas ocasiones preparaba el carro donde nos subíamos toda la familia y al trote nos acercábamos hasta la granja de los Hoffmann o los Ródiker. Creo que aquellos fueron los únicos momentos de ocio que disfrutamos en tierras argentinas. Podíamos hablar en alemán, contarnos nuestras aventuras, degustar algún *chucrut* fresco a la usanza de Zhitomir y, cuando el sol comenzaba a ocultarse en el horizonte, nos despedíamos de aquellos paisanos sacrificados y laboriosos que hablaban nuestro mismo idioma para regresar a nuestro hogar. Generalmente llegábamos cuando la noche estaba ya cerrada, entonces mi padre descendía del carro y encendía un candil que dejaba siempre fuera de la casa. Así nos alumbrábamos hasta llegar a nuestros dormitorios.

No obstante, a pesar de aquella amistad que parecía irse forjando entre las tres familias, mi padre se sentía ajeno a todo y, sobre todo, se sentía un solitario desarraigado incapaz de forjarse un futuro en estas tierras a las que consideraba extrañas. Trabajaba de sol a sol con la secreta esperanza de volver a juntar dinero para poder partir, quién sabe dónde, pero lejos de allí.

La ansiedad carcomía el corazón de mi padre. No se sentía feliz y sobre él pesaba la gran responsabilidad de sacar adelante una familia.

Pero lo que más desasosiego despertaba en el alma de mi padre era la carencia de una iglesia. La inseguridad en que vivíamos, la falta de una comunidad que rezara a Dios y la cantidad de indios que a veces nos rodeaban, le daban la sensación de vivir al margen de la civilización y esto le producía un malestar constante. Entonces nos decía: "Si hemos salido de Rusia para estar mejor, ¿por qué debemos estar peor?".

En la granja de los Hoffmann trabajaba un joven suizo de apellido Singg. Su nombre era Santiago. Yo notaba que cada vez que llegábamos, él se acercaba para charlar con nosotras. Y si bien conversábamos entre todos (incluidos mis hermanos y los cuatro hijos de los Hoffmann), Santiago solo tenía ojos para Julia. Comencé a darme cuenta de que la rueda había dado una vuelta completa y que estábamos en igual situación que cuando Lidia nos había confesado que estaba enamorada de Peter Wayman.

Un domingo al volver de la granja de los Hoffmann, después de acostarnos, Julia me despertó para contarme que se había enamorado y que para la Navidad de aquel año de 1900 Santiago Singg pediría su mano a papá. Ella para esa fecha ya habría cumplido los dieciséis años y su enamorado, veinte.

Comencé a temblar de angustia.

—¿Qué sucede, Olga?

—Me estoy muriendo —le respondí entre sollozos.

—¿Porque yo estoy enamorada?

—No, Julia. Porque cuando alguien se enamora, se casa, y cuando se casa es como que se tejen raíces a la tierra donde se ha desposado y ya es difícil marcharse de allí.

—¿Entonces? —me preguntó Julia con curiosidad.

—Entonces, Julia, siento que mi corazón se va a partir en tantas partes como lugares donde mis hermanas vivan. Ya dejé un pedazo de mi alma con Lidia y si nuestro padre, como venimos presintiendo, decidiera también marcharse de aquí, otra parte de mi alma se quedará contigo.

—Y tú, Olga, serás un alma en pena —me dijo Julia sonriendo.

—No. Llevaré por siempre la pena en el alma y ya nada volverá a ser igual. Lo experimento con Lidia y no quisiera experimentarlo contigo.

—No seas tonta. ¿Por qué habríamos de separarnos? De todas maneras, ya verás cuando te enamores. No te importarán las distancias, solo los ojos de aquel a quien amas querrás ver en cada amanecer.

—No estoy tan segura —le respondí, y el sueño invadió mi mente.

Me desperté a la mañana siguiente con la sensación de que todo había sido un sueño, pero las palabras de Julia me volvieron a la realidad.

—No digas nada a nadie de lo que te dije anoche.

—¿Por qué? —le pregunté—. ¿Acaso tienes miedo de que papá no deje que te cases?

—Sí, y será en cuanto llegue la Navidad cuando Santiago le hable a papá.

—Descuida y confía en mí, que no abriré la boca.

—Lo sabía, Olga. Siempre serás mi mejor amiga.

—Ojalá —le respondí, sin saber que aquellas palabras, con los años, se transformarían en un juramento inviolable entre Julia y yo...».

XIV

UN CLIMA DE INCERTIDUMBRE

Domingo, 6 de abril de 1980

«Desde que habíamos llegado a América del Sur, la casa, nuestro hogar, había dejado de ser una fiesta. Mejor dicho, hacía mucho tiempo que en la casa no se respiraba un clima tranquilo y feliz. Las penas atenazaban nuestros corazones y mi destino seguía escrito en las estrellas, cumpliéndose inexorablemente.

Aquel invierno fue seco, demasiado. La primavera se insinuaba con vientos fuertes que un día soplaban del norte y otro día del sur. El poco pasto que había en la granja había sido consumido por los animales y la arena comenzaba a amontonarse al lado de las alambradas hasta llegar a taparlas. También comenzó a acumularse detrás de la casa hasta llegar casi al techo. Por allí trepábamos hasta poder mirar por encima todo el horizonte de la pampa infinita. Parecía que la Tierra había sido cortada por la mitad y nuestra vista se perdía en el horizonte en una circunferencia perfecta sin ninguna interrupción. Los cardos rusos, esas inmensas bolas de espinas y ramas secas que volaban de un lado al otro por los campos y el camino, eran el paisaje cotidiano de aquellos días ventosos, cuando mirábamos en la lejanía a través de los pequeños vidrios de las ventanas. Los eucaliptos sacudían sus hojas mañana y noche y ese silbido del viento, presente en todas las horas del día, aumentaba nuestra angustia.

Las aves de la granja se juntaban al reparo de la casa y nosotros salíamos a hacer las tareas cotidianas cubiertas con pañuelos y cofias que nos resguardaran de aquel clima tan agreste. Los árboles estaban sintiendo la sequía y las hojas secas se arremolinaban en el jardín, mientras nosotras (Julia y yo) sacábamos agua de una bomba manual que recogíamos en un balde para regar nuestra huerta y el jardín.

Gracias al agua de aquella bomba, la huerta nos prodigaba cebollas, lechugas y algunas hierbas para nuestras comidas. Los frutales apenas habían florecido, porque eran pequeños y porque la sequía de aquel año no les dejaba prodigar frutos. A veces salía al patio y cerraba los ojos para imaginarme que seguía en Zhitomir. Entonces me parecía escuchar el rumor de las hojas de los tilos o de los robles mecidos por la suave brisa o el olor de los pinos que se perdían por el camino; pero al abrirlos, mi vista se perdía en una llanura inmensa, despoblada y reseca. Solo que a mi espalda sentía la tibieza del amor de mis padres y, teniendo eso, ya no me importaba nada más.

En casa continuábamos haciendo el pan, los bizcochos, al igual que la matanza del cerdo que servía para tener fiambre o carne seca en cualquier época del año. Solo que aquí, en estas latitudes, por el clima, los jamones, chorizos y demás embutidos debíamos guardarlos en latas o cajones con grasa para que no se resecaran demasiado. Las patatas, harina y azúcar las comprábamos en un almacén al igual que el té y el café, los preferidos de mis padres, que aún no se habían acostumbrado al mate argentino.

Mi padre vendía ovejas en la feria del pueblo, actividad novedosa para nosotros que no conocíamos. Llevaba una manada a la feria del pueblo y allí se vendía al mejor postor. Con aquel dinero podíamos vivir sencillamente, sin grandes lujos, pero siempre dentro de un ambiente prolijo, limpio y en donde nada de lo imprescindible faltaba. Solo sé que faltaba la tranquilidad en el alma de mi padre. Hacía mucho que le había abandonado, aunque él se empeñara en mantenerse sereno. Pero la inseguridad, la disconformidad y la angustia lo torturaban y su tormento no me pasaba desapercibido.

Lo que yo no sabía por aquellos días era en qué situación iba a desembocar aquella angustia escondida.

Yo sentía que el corazón de mi padre iba a estallar en algún momento y tuve miedo por su muerte. ¿Qué hubiera sido de nosotros si mi padre muriera y nos tuviéramos que desenvolver en las tareas del campo, sin conocer bien el idioma ni a la gente que nos rodeaba? Los vecinos eran buenos, pero apenas los veíamos una o dos veces al mes. Había que trabajar mucho y no había tiempo para demasiados entretenimientos.

Los indios continuaban visitando la granja y mi padre sentía que aquellos "salvajes" no serían tan rebeldes si en el pueblo se hubiera levantado una iglesia para evangelizarlos. No obstante, cada vez que iban, después de intercambiar mercancías y palabras en castellano dichas a medias, mi padre les leía la Biblia en alemán y, entre todos, tratábamos de traducírsela.

Los indios sentían por mi padre un gran afecto. Era la única granja donde no entraban con sus "malones" a saquear. Bajando las lomas del oeste se extendían sus tiendas, pero a nosotros jamás nos molestaron. Siempre respetuosos, circunspectos y sin esbozar una sonrisa, hablaban de la conquista y de la barbarie del blanco. Sobre todo del ejército que los iba diezmando. Nosotros no entrábamos dentro de su categoría de enemigos, por el simple hecho de que habíamos llegado recientemente de un país extranjero. No conocíamos la realidad de las pampas argentinas, ni el idioma que allí se hablaba. Ellos lo consideraban como un desconocimiento por nuestra parte, y eso nos salvó siempre de ser víctimas de sus atropellos.

Pero la vida se había vuelto dura de repente. Trabajo, trabajo y trabajo era lo único de lo que se hablaba en casa. Desde el alba hasta el anochecer, cada uno de nosotros estaba ocupado en alguna actividad. El ocio no se conocía, así es que cuando apoyábamos nuestras cabezas en la almohada, el sueño nos vencía de inmediato.

Recuerdo que me impresionaba despertar por las mañanas y ver dibujada sobre la funda de mi almohada el contorno de mi cabeza. Era tanta la sequía de aquellos campos y el viento, que no se detenía ni con las sombras de la noche, que el polvillo se filtraba como la harina por todas las rendijas y se depositaba silencioso sobre cada cosa o sobre cada objeto que se encontrara inmóvil. También nuestras manos estaban resecas, al igual que la piel de nuestras caras. Por las noches, mi madre, después de hacer que nos laváramos con agua tibia, nos untaba con nata de leche de vaca, que suavizaba la aspereza de nuestra piel. Esa costumbre no la perdí jamás. Incluso comprábamos pétalos de rosas secos y nos fabricábamos en casa el agua de rosas. Por aquellos días pensé en decirle a mi padre que comprara un rosal para nuestro jardín, pero la idea se fue diluyendo y terminó por esfumarse en la nada, al verlo preocupado por pensamientos más graves.

Al llegar el mes de octubre comenzaron las lluvias y una alfombra verde se extendió por todo el campo. El aire estaba límpido, los árboles brillaban con los reflejos del sol y los animales comenzaban a pastar recuperando el peso perdido durante los meses de sequía. En el terreno sin cultivar de detrás de la casa se formó una laguna (solo que aquí no se congelaría cuando llegara el invierno para poder patinar sobre ella).

Recuerdo un mediodía en que mi padre había ido al pueblo y regresó a la hora del almuerzo. Todos estábamos esperándolo para servir la comida. Cuando bajó del carro traía una maceta con un rosal rojo. Todos nos sorprendimos, entonces él, llamándome me dijo:

—Esta es tu rosa, Olga. Espero la cuides para que te acompañe por muchos años.

—Gracias, papá. De verdad que has leído mis pensamientos y deseaba esa rosa con toda el alma.

—Lo sabía, hija.

Confieso que aquella acción de mi padre me sorprendió, sobre todo porque tenía la certeza de que mi padre tenía una comunicación mental conmigo como no la tenía con el resto de sus hijos y, a mí, me pasaba lo mismo con él. Por eso sentía miedo. Sabía que la situación en la que nos hallábamos no iba a prolongarse por mucho tiempo y que un cambio se aproximaba.

Llegó la Navidad. Pusimos el árbol realizado con plumas de pájaros que habíamos trasladado desde Rusia con guirnaldas, velas y globos multicolores en la sala de nuestra nueva casa. Yo deseaba que aquella fecha nunca llegara. Pero llegó. Y con ella llegó la pedida de mano de Santiago a mi padre, por Julia.

Mi padre vio con buenos ojos aquel romance y el futuro enlace, ya que Santiago Singg demostraba ser un joven emprendedor que, después de haber trabajado varios años con los Hoffmann, había logrado ahorrar todos sus salarios y había comprado, hacía algunos meses, un almacén a las afueras del pueblo donde, además de comestibles, se vendían bebidas (sobre todo cerveza, que se bebía allí mismo por quienes lo deseaban, incluidos los indios).

Julia se casó en 1901 en el mes de mayo. Yo ya había cumplido mis doce años.

Improvisamos una capilla en la sala de la casa. Habíamos traído flores de calas y hojas verdes para adornar el pequeño altar cubierto con un mantel blanco almidonado. Julia apareció en la sala del brazo de Santiago porque mi padre iba a oficiar de pastor en aquella ceremonia santificando la unión.

Julia le había encargado a una modista del pueblo su vestido de novia. Era de satén blanco y encaje, mangas largas y una cola de dos metros. Un tul blanco le cubría la cara y una coronita de flores silvestres le sostenía el velo. Me emocioné mucho al verla. Ella era una joven menuda, rubia y de ojos grises pero, sobre todo, Julia era la fuerza avasalladora del trabajo. Jamás existía para ella la pereza ni el desgano. Y tal vez por eso pensé que, junto a Santiago, se transformaría en un huracán que nadie podría detener. Imaginé su vida feliz a pesar de los sacrificios y mi alma le expresó esos augurios.

—Que seas siempre muy feliz —le dije al concluir la ceremonia.

Ella me abrazó sonriente y emocionada, pero no me respondió nada. Tal vez la emoción no la dejó balbucear palabra alguna.

Julia y Santiago se instalaron en la casa aledaña al almacén donde trabajaban los dos de la mañana a la noche.

Nosotros seguíamos en el campo. Y yo comencé a extrañarla. Helen y Augusta siempre andaban juntas y yo me sentí más sola que nunca. Al irse Julia de mi lado me había quedado "desolada". Si bien el resto de mis hermanos y mis padres andaban por la casa, con Julia parecía que se me había ido el resto de alegría que aún me quedaba. La veía solo los domingos, cuando cerraban el almacén por las tardes y venían hasta nuestra granja en un carruaje a visitarnos. Entonces nos íbamos las dos bajo los árboles y conversábamos un rato a solas, para después volver y compartir con el resto de la familia las otras conversaciones. Es que Julia era la única persona a la que me unía la sangre doblemente, pues éramos hermanas por parte de padre y de madre y entonces sentía que ella era casi como yo.

Al casarse Julia pasé a ser, después de mi madre, la mayor de las mujeres de la casa.

Mientras tanto, en la granja, las cosas parecían desarticularse. Dos años (aún sin cumplir) en las tierras sureñas no habían bastado para retener a mi padre, que sentía dentro de su pecho la necesidad de partir nuevamente. La ansiedad de marcharse volvió a tornarse en una obsesión, solo que esta vez no sabía qué destino tomar.

Estábamos en un laberinto. Acorralados en un lugar donde mi padre no deseaba estar y anclados por los afectos, porque Julia se había casado y era muy difícil que pudiera acompañarnos en el nuevo peregrinar.

Sin embargo, tenía el presentimiento de que cuando mi padre tomaba una decisión la cumplía por encima de todo. Incluso del dolor. Pensé en la situación que le había llevado a dejar a Lidia en Rusia y no me sorprendí pensando que con Julia podía acontecer del mismo modo.

Entonces comencé a preguntarme si mi padre cortaba los afectos dentro de su alma y de su corazón o si el sufrimiento que padecía lo llevaba calladamente. Tal vez fuera la conjunción de ambos sentimientos que le daban esa dimensión de extraordinaria fortaleza ante las adversidades. Yo lo admiraba, sobre todo porque él hacía cosas que yo nunca me hubiera atrevido a realizar. Ponía el cuerpo y el alma en lo que hacía. No importaba si los vientos soplaban a favor o en contra, él siempre me decía que cualquier persona es capaz de cambiar su propio destino.

Pero yo sabía que el mío estaba escrito y que por más que me esforzara por cambiarlo yo no tomaba, a causa de mi escasa edad, ninguna decisión. Eso me hacía incapaz de influenciar mi futuro y debía acatar, calladamente, todo lo que me ordenaban.

Lo que jamás imaginé era que mi padre me ordenaría quedarme cuando todos habían decidido marcharse. Para que Julia no se quedara sola, yo debía renunciar a todo lo que tenía: mi familia.

Mi padre decidió vender la granja y todos sus animales. Otra vez volvería a guardar en los doce arcones las pocas cosas que en definitiva conformaban nuestro hogar, porque después de tantos viajes, nos habíamos terminado de desprender de todos los recuerdos palpables en objetos materiales que pudieran retenernos. Nada lo ataba a nada, ni siquiera sus propios hijos.

Un día fue al pueblo y volvió con la noticia de que la granja ya no nos pertenecía y que en poco tiempo más volveríamos a desandar el camino a Buenos Aires. Por tal motivo ya había escrito al cochero alemán para que nos volviera a llevar hasta el puerto. Esta vez, con destino a Brasil.

Llegó el domingo y con él, Julia y su esposo. Mi padre nos reunió a todos en la sala y nos manifestó que ya había vendido el campo.

Julia y su esposo le preguntaron la causa.

Mi padre manifestó que no soportaba tanta desolación espiritual y que no se acostumbraba a vivir rodeado de nativos casi en estado salvaje.

No había terminado de concluir aquella frase, cuando Julia se levantó de la silla y abrazándose a mi padre le dijo:

—Yo tampoco habré de quedarme si Olga no se queda conmigo.

—Entonces, Olga se quedará contigo —respondió mi padre.

Mis oídos no podían dar crédito a lo que escuchaban. Mi vista se estaba nublando, mi cuerpo temblaba de pánico y miedo y mis doce años se tambaleaban inseguros en medio de la nada.

Sí, de la nada absoluta. Porque perder los afectos de aquel modo era lo mismo que sumergirme en la nada.

—Yo no me quedaré, papá —respondí reafirmando la poca voz que me quedaba, pues el terror que aquella idea me transfería, me había dejado casi sin habla.

—Lo harás, Olga, porque yo te lo pido. Julia te necesita y tú la ayudarás hasta que seas mayor de edad. Luego, con el tiempo, tú también podrás formar un hogar.

—No lo deseo. Ustedes son mi hogar. Julia y ustedes —respondí apenas con las escasas fuerzas que aún me quedaban.

—Ya verás que todo va a ir bien, hija mía. Al menos sé que juntas podrán acompañarse. Nosotros aún no sabemos dónde iremos.

—Por favor, papá, no me dejes —respondí entre sollozos.

—Es en contra de mi voluntad que lo hago, pero debes aceptarlo. Tampoco me agrada que Julia se quede sola. Al estar una en compañía de la otra, podrán darse consuelo y fuerzas mutuamente.

—Si es en contra de tu voluntad que quieres dejarme y es por la voluntad de Julia que debo quedarme, ¿cuándo podrán escucharme y respetar mi opinión?

—Aún eres demasiado pequeña, Olga, para decidir sobre tu propio destino. Ya lo harás cuando seas mayor. Pero ahora, deberás aceptar lo que he decidido.

—Creí que podías leer mis pensamientos —le respondí con amargura.

—Los leo, Olga. ¿O te olvidas de que te traje el rosal que tanto deseabas?

—Sin embargo, esta tarde y ante esta comunicación tan dolorosa que acabas de darme, creo que ni te has fijado en ellos.

Mi padre guardó silencio y comprendí que el dolor dentro de su pecho era también insoportable. Entonces me abrazó fuerte y esa fue su única respuesta.

Esa tarde abandoné la sala y me acosté en mi cama llorando sin consuelo. Lloré toda la noche, mientras todos dormían, aunque dudo que mi pobre madre lo hiciera, pues se había mostrado inquieta e insistente con mi padre para que no me dejara. Sin embargo, para mi padre era un deber que tenía que cumplir. Julia se quedaría con alguien de su propia sangre, no debía dejarla sola en esas tierras salvajes. Y yo era la elegida para sacrificarme...».

XV

COMO SUMERGIDA EN MEDIO DE LA NADA

Domingo, 13 de abril de 1980

«Me levanté a la mañana siguiente sin haber podido conciliar el sueño durante toda la noche. Mis ojos estaban rojos y mis párpados y mis labios hinchados. Mi estado de ánimo era de una tristeza tremenda. Jamás había imaginado que a mis doce años de edad iba a vivir un tormento semejante.

Como sumergida en medio de la nada deambulé hacia la cocina. Sentía mi cuerpo pesado, pero a la vez tenía la sensación de que flotaba y que no podía dominar mis movimientos. Era como si yo no estuviera dentro de mi cuerpo y me mirara desde afuera sin saber qué hacer ni qué decirme. Por momentos me compadecía de mí misma, en otros trataba de darme fuerzas pero, sobre todo, de lo único que tenía absoluta certeza era de la angustia, confusión y desgana que dominaban cada uno de mis movimientos y de la profunda tristeza y amargura que me habían invadido para no abandonarme.

Mi padre había salido al campo muy temprano y mi madre estaba pelando una gallina para el almuerzo. Mis hermanos varones se encontraban en el cobertizo y Helen y

Augusta, apenas me vieron traspasar el umbral, vinieron a abrazarme, cariñosas. Me aferré a ellas y no pude contener el llanto. Sollozaba en silencio sobre sus rubias cabecitas que se iban empapando con el agua de mis lágrimas.

Las apreté fuerte contra mi pecho porque sabía que pronto dejaría de verlas. Cuando mi madre nos vio, dejó lo que estaba haciendo y vino con urgencia a consolarme.

—Ven, Olga —y se abrazó también a mí como queriendo retenerme a su lado para siempre.

—No permitas que papá me deje, mamá —le rogué casi con el último aliento.

—Lo haré Olga, quédate tranquila. Ahora debes desayunar. Y besándome en la frente se fue hasta la cocina a servirme el desayuno.

Yo miraba temerosa cada cosa y cada actividad de la casa. De pronto me sentí una extraña rodeada de la nada absoluta. Porque hacia ese destino presentía que se dirigía mí vida. Experimentaba la horrible sensación de ser ajena a mi propia familia de sangre, que de pronto parecía haberme excluido y junto a la cual nunca más podría forjar los planes para el futuro. Y si bien el amor hacia mi hermana Julia era inmenso, no justificaba que fuese yo quien debiera sacrificarse, quedándome junto a ella en estas tierras del sur.

Sentí en el centro de mi pecho la soledad del abandono, de tener que aprender a sobrevivir como Dios me ayudara, de convertirme de repente en adulta con apenas doce años en mi haber y tener que comenzar a tomar decisiones que debían tomar mis padres por mi cuenta. Tenía que asumir un destino que me llevaba hacia un futuro incierto donde ya no estaría la voz rectora de mi padre, ni el abrazo tierno de mi madre, ni las risas y juegos de mis hermanos.

Parecía que dentro de mi alma todo se había roto. Como si una fuente de cristal purísimo hubiera estallado en añicos dentro de mi pecho y cada astilla del precioso material se incrustara con fuerza dentro de mi propio cuerpo.

Me senté a la mesa y comencé a tomar el café con leche caliente que me había servido mi madre con una tostada. El primer sorbo se me quedó en la garganta, no podía tragar nada y las lágrimas seguían brotando a borbotones de mis ojos inyectados en sangre.

Me levanté y corrí de nuevo a mi cama. Sentía que aquel lugar era mi único refugio. Me escondí debajo del acolchado de plumas como queriendo olvidarme de todo y así, protegida, me sentí mejor. Pero apenas levantaba la cabeza de la almohada todo comenzaba a darme vueltas y no sabía cómo detenerlo.

Estaba entrando en lo que tantas veces había escuchado pero jamás comprobado, que era vivir en la tristeza. Había escuchado que muchos morían de tristeza y pensé que eso iba a sucederme. Entonces me dejé llevar y me encomendé a Dios para que hiciera de mí lo que quisiera, pues yo no tenía fuerzas para pensar en cómo seguir.

Estuve en cama varios días, tenía fiebre, sudores y escalofríos. Mi padre llamó con urgencia al médico del pueblo que con sus anteojos, barba y un maletín negro y viejo llegó un domingo por la mañana en un carruaje desvencijado. Me revisó el corazón, los pulmones y la garganta, también el estómago, las articulaciones y la vista. Concluyó que estaba sana pero que, por algún motivo, había en mí síntomas de cierta melancolía que debía ser controlada.

Mi padre no articuló ninguna palabra, pues bien sabía, dentro de su corazón, los motivos de mi enfermedad.

A partir de aquel día, mi padre guardó silencio y apenas leía alguna parábola o decía alguna frase entrecortada de la Biblia. Pero aquellas charlas, compartidas durante largas horas en nuestra casa de Zhitomir, nunca más pude volver a tenerlas.

Los tormentos de su corazón y las fuerzas contradictorias de su alma hicieron que mi padre se transformara en un ser taciturno y triste, apenas una sombra del hombre alegre y emprendedor al que yo estaba acostumbrada.

Entonces renegué de mi propia suerte.

Quería morirme, porque yo no era Lidia, ni tampoco Julia. Ellas sí habían podido decidir, pero a mí, no se me había permitido.

Me prometí recordar. Recordar es un acto voluntario para no olvidar.

Nombrando a alguien hacemos que vuelva a existir y recordando una existencia hacemos nuestra una parte de la historia donde nos miramos y reencontramos.

Yo no había llegado a América del Sur persiguiendo la gloria, la fortuna o una visión distinta de la realidad, sino que había llegado arropada por el amor de una familia que ahora pretendía dejarme sola. Mejor dicho, ya lo había decidido.

Lloré durante toda la semana siguiente y en cuanto lugar me encontraba la idea del abandono me laceraba el alma de un modo constante.

Una tarde, cuando el sol se ocultaba detrás del horizonte, yo estaba sentada sola debajo de un monte de membrillos que se encontraba detrás de la casa, mi padre se acercó a mí y se sentó a mi lado.

—Olga, quiero que hablemos —me dijo con la voz cargada de amargura.

—Sí, papá. Hace tiempo que quería escucharte —le respondí con mi voz quebrada por la desesperación.

—Me siento obligado a dejarte y mi corazón se parte en dos, pero no veo remedio cercano a tanta desventura.

—Lo sé, papá, y lo acepto, porque siempre he aceptado lo que tú me has ordenado. Sé que quieres el bien para mí y tal vez esta decisión que hoy me parece desacertada sea el acierto mayor de mi vida. El tiempo será testigo de si te equivocaste o no y, aunque después sea tarde para desandar la senda transitada, quiero que sepas que mi corazón siempre perdonará tus decisiones, por más injustas que me parezcan. Sé que lo haces para salvarme, aunque yo crea que me estás matando.

—No hables así, hija mía.

—¿Y cómo quieres que te hable, papá? Cuando uno decide, elige entre dos caminos el mejor. Y tú has escogido este para mí y lo acepto, porque es tu voluntad.

—Es en contra de mi voluntad, Olga, que lo he decidido. Bien sabes que no hubiese querido separarme de ustedes jamás. Pero también pienso en Julia, en su soledad y sé que entre ambas podrán acompañarse.

—Yo también lo sé, papá, y no quiero que tu corazón se siga torturando. Tú no eres culpable de que las circunstancias nos vayan llevando.

Mi padre me abrazó y los dos lloramos en silencio mientras el último rayo de sol se escurría de la tierra.

Los días siguieron su curso. Me parecía mentira que el mundo siguiera girando como si nada ocurriera cuando dentro de mi corazón se había desatado una tormenta. El desconocimiento de la gente, que sin saber que dentro de mí iba una procesión de pesares, angustias y penas, me hacía sonreír a cuantos llegaban a mi casa a despedir a mis padres.

Poco a poco, por consejo de mi madre fui acomodando mis cosas dentro de un arcón. Puse toda mi ropa de invierno y la de verano, mis zapatos, mis cofias, mis camisas y mis enaguas. Y, entre todas ellas, un cofrecito con un anillo que había pertenecido a mi madre y con el que mi padre me obsequió.

Lo que no debía olvidarme era la maceta con la rosa roja que me había regalado mi padre. La llevaría conmigo y la plantaría en el jardín de Julia.

Los indios desfilaban todos los días por mi casa e insistían a mi padre que no los abandonara. Mi padre por toda respuesta les hacía la señal de la cruz sobre sus frentes y les daba palmadas en la espalda mientras en su cara se dibujaba una sonrisa tristona.

Y fue una de aquellas tardes en que estaba el cacique y los cuatro indios conversando con mi padre, cuando llegó el jefe de correos en un carro, portando una carta que venía de Rusia, con carácter de urgente.

La carta era de Lidia.

"Siberia, 15 de agosto de 1901. Queridos papá, mamá y hermanos". Mi padre comenzó a leer en voz alta, delante de los aborígenes, del jefe de correos y de todos nosotros que nos quedamos como petrificados.

"En las infinitas planicies blancas, bajo la noche eterna del invierno, con la sensación constante del viento golpeándonos la cara, fuimos desterrados a Siberia, Peter y yo. Las deportaciones fueron programadas por el zar Nicolás y tuvimos que cumplir con la ley para no morir fusilados en el umbral de la puerta de nuestra propia casa. Apenas se nos permitió llevar un atado de ropa para cada uno.

Un tren oscuro y desprovisto de todo nos llevó de pie, en aquellos vagones inmundos, hasta llegar a las estepas heladas, inmensas llanuras infinitas y nevadas, completamente despobladas. Cuando después de tres días descendimos del tren, nos transportaron en trineos hasta unas cabañas que se hallaban a quince kilómetros del andén en donde nos habían hecho bajar. Los perros arrastraban con facilidad los trineos, solo cuando iban cuesta abajo. El tiempo estaba empeorando y un constante viento del norte empujaba las nubes grises y densas que se apretaban contra el suelo y ocultaban por completo el horizonte. El trineo avanzaba con dificultad. La temperatura era de treinta grados bajo cero y eso hizo que yo enfermara de neumonía. Aún sigo respirando con dificultad y me cuesta escribirles... Pero quiero que sepan... que los amo... que jamás ha pasado un solo día sin que los bese con mi alma y con mi corazón...".

La carta de Lidia se interrumpía de repente y comenzaba otra carta de Peter. Mi padre tornó más grave su voz y yo me estremecí de miedo.

"... Siberia, 18 de agosto de 1901. Querida familia de Argentina: debo decirles con el dolor más grande del mundo y con mis ojos nublados por el llanto, que el 15 de agosto al atardecer Lidia murió de neumonía entre mis brazos...".

Mi padre cayó al suelo sollozando, mi madre se aferraba a Helen y a Augusta, mientras *Leo* y *Willy* trataban de consolarlos. Los indios se arrodillaron a su lado y lloraban con él. El jefe de correos lo abrazaba y yo me había convertido en una estatua de piedra, inmóvil y traspasada por el dolor infinito que acarrea la muerte de un ser querido.

Mi madre tomó la carta de las manos de mi padre y continuó leyendo.

"... Estábamos solos. La velé durante toda la fría noche en soledad, al día siguiente di aviso a la guardia del Zar que custodiaba nuestra cabaña. Los alemanes que estaban cerca, en las otras viviendas contiguas, vinieron a acompañarme. La enterramos a la tarde siguiente bajo un inmenso abeto cargado de nieve. Su cruz de madera lleva su nombre y las fechas de su nacimiento y de su muerte. Los abrazo en este inmenso dolor que nos embarga. Peter".

Mi padre permaneció rezando y llorando de rodillas, y todos nosotros hicimos lo mismo. Al cabo de una hora se levantó. Los indios y el jefe de correos ya se habían marchado en silencio. Entonces nos abrazó uno por uno y ordenó a *Willy* que ensillara un caballo y fuera hasta el pueblo a avisar a Julia de la tremenda noticia. En menos de media hora, Julia había regresado a casa en el mismo caballo con *Willy*.

Abrazó a mi padre y a mi madre. Luego vino hacia mí y nos abrazamos fuertemente, sin decirnos nada. Lloramos en silencio y rezamos en voz alta por el alma de Lidia, que seguramente estaría al lado de Dios...».

XVI

LA DESPEDIDA

Domingo, 20 de abril de 1980

«La noche nos sorprendió atenazados por el dolor. La muerte de Lidia nos había sumergido en un desasosiego sin fin. Era una soledad que nos devastaba el alma, la mente y el cuerpo. Y todo lo que sucedía a nuestro alrededor había pasado a ocupar un lugar secundario. Saber que Lidia había muerto, que había dejado de ser, me producía la misma sensación que estar desintegrándome viva.

No pude dormir hasta el alba, porque mentalmente y a pesar de que había muerto dos meses atrás, yo la había velado durante toda la noche en soledad, en estas tierras extrañas. Cuando las primeras luces de la mañana se filtraron por el visillo de la ventana, el cansancio me venció. Escuché a mi padre levantarse despacio, tambaleante, destruido, y a mi madre seguirlo por la galería. Juntos se sentaron en unas sillas poltronas y, con la Biblia en la mano, comenzaron a rezar en voz muy baja. Sollozaban y rezaban, rezaban y sollozaban. El sueño me debió vencer porque no recordé nada más.

Cuando abrí los ojos nuevamente estaba todo en penumbra y la vi, a Julia parada junto a mi cama. Nos

191

volvimos a abrazar, pregunté la hora y ya estaba atardeciendo. Había dormido durante todo el día, y ya entrando la noche, había despertado de mis angustias.

Me levanté insegura, como flotando. Entonces le pregunté a Julia:

—¿He soñado o es verdad que Lidia ya no está?

—Es la triste realidad —me respondió mi hermana—. Ella nos estará esperando en las puertas del cielo, pues ha llegado primero. Y rompió a llorar sin consuelo.

Me aferré a su cintura y puse mi cabeza sobre su pecho. Julia me abrazó y las dos lloramos durante un largo rato.

Lloré tanto que parecía que mis lágrimas se habían agotado.

No sé si fue aquel tormento inesperado que nos caía a todos tan de golpe que hizo que mi padre volviera a escribir con urgencia al cochero alemán que nos había traído hasta las pampas, para concretar la partida hacia Brasil, quince días más tarde.

Los días pasaron raudos, imposibles de detener para poder gozar de las últimas horas y de los últimos minutos junto a papá, mamá, Helen, Augusta, *Willy* y *Leo*. Los doce arcones se habían transformado en once, pues uno había quedado para mí. Allí había guardado lo poco que tenía, pero sobre todo quería guardar mis desvelos y angustias futuras, para que no volvieran a enturbiar mis días de infancia.

Si alguien pudiera preguntarme cómo pasé esos quince días entre la noticia de la muerte de Lidia y la partida definitiva de mi familia hacia un destino sin rumbo ni hogar definitivo, le diría que fueron quince días de los que no recuerdo casi nada. Solo me queda la idea vaga de ver llenar los arcones con la ropa, vaciarse la casa de las cosas elementales y, de pronto, el momento que menos deseaba, el de la despedida, se había agazapado interminable en torno a mí. Tenía que tomar ese trago amargo, despedirme en vida y definitivamente, a los doce años de edad, de mi padre, de mi madre y de mis cuatro hermanos.

Cuando quince días más tarde mis padres y mis cuatro hermanos se subieron al carro del alemán, que había venido de Buenos Aires nuevamente a buscarlos, después de habernos abrazado un largo rato con cada uno de mis padres y de mis hermanos, Julia y yo, paradas en la puerta de la granja, les dijimos adiós con nuestras manos, pero ninguna lágrima salió de mis ojos. Parecía que todo dentro de mí se había secado. Vi el rostro de mi padre por última vez, serio y triste, que se iba tras la nada por el camino recto que se perdía entre la polvareda y sus manos diciéndonos adiós. Aquellas manos que tampoco podrían cobijarnos nunca más, darnos palmadas en la espalda, abrazarnos, sostenernos. A mi madre no pude verla, tampoco a mis hermanas que iban dentro del carro. *Willy* y *Leo* fueron en los estribos hasta que los perdimos de vista en el horizonte infinito.

Los indios consiguieron llegar unos minutos antes de la partida y entregaron a mi padre una pipa, una pluma de caburé para que se le cumplieran sus sueños y unas piedras de la pampa en forma de "boleadoras", de recuerdo. Mi padre los abrazó uno a uno, les dio la bendición y les pidió que nunca olvidaran al Dios Creador de los cielos y la tierra. Luego montaron a caballo y, diciéndonos adiós con la mano, partieron al galope.

Tomé la valijita de mano y mi bolsito, mientras el esposo de Julia cargó el arcón y la maceta con el rosal en el carruaje, y detrás del carro de mi familia salimos del campo rumbo a Salliqueló. Los nuevos dueños habían llegado dos horas antes para hacerse cargo del campo y de la casa que ya habían dejado de pertenecernos.

Emprendimos el camino al trote. Yo apreté el brazo de Julia para no desfallecer.

Miré hacia delante y vi sobre el camino una nube de polvo que me ocultó para siempre y definitivamente la última visión de mi familia partiendo para Buenos Aires. Miré hacia atrás y pude ver la casa en la que por más de un año había compartido los últimos días con mis padres y sentí que ya no pertenecía a ningún lado, que solo tenía a Julia para apoyar mi cabeza y llorar sin consuelo.

Cuando llegué a casa de mi hermana, pensé que iba a desmayarme. Julia me dio un cuarto al final de la galería, con dos camas, una mesita de noche, un escritorio y un ropero con un espejo en media luna. Las ventanas no tenían cortinas, así es que cerré los postigos y después de sacar mi camisón de la valija, me acosté a llorar rendida por el cansancio.

Julia me llamó para cenar, pero estaba inapetente.

A la mañana siguiente, el canto del gallo y el ladrido de los perros me despertaron de golpe. No sabía dónde estaba y con las primeras luces del alba, descubrí los contornos de mi nuevo hogar. Escuché al esposo de Julia encender el fuego en la cocina de leña y a Julia bombear agua para regar la huerta. Entonces me levanté. Yo debía ayudar en todo cuanto pudiera, pues debía pagar con mi trabajo la estancia en la casa. El almacén comenzaba a funcionar a las ocho de la mañana y yo tendría que hacerme cargo de la limpieza o de la comida. Julia decidió que nos turnaríamos, pues ella debía atender cuando pudiera, a las personas que iban a tomar cerveza o a comprar mercancías. La casa era vieja, de techos altos, con una galería angosta que atenuaba los rayos del sol. El patio estaba rodeado de un alambre tejido que impedía que entraran los animales, con una huerta y un pequeño jardín repleto de flores de conejitos, escarapelas y alhelíes. Una madreselva trepaba por una de las columnas del tejido y se extendía en torno a la puertecita de entrada a la casa. Tres eucaliptos bordeaban el ala lateral derecha y tres acacias la izquierda. Con el viento, las hojas emitían un sonido sordo y seco que parecía flotar todo el tiempo en nuestros oídos. El almacén estaba en el lado opuesto de la casa, donde había un poste, bajo los árboles, en el que los concurrentes ataban sus caballos, carruajes o carros.

En aquella primera mañana en casa de Julia salí a la huerta. Estaba escardando la tierra para comenzar a sembrar mis lechugas, cuando escuché una voz que me llamaba.

—*Alba*.

Me di la vuelta sobresaltada. Contra la alambrada estaban los indios amigos de mi padre, Nahuel y Painé.

Me acerqué despacio con los ojos nublados por el llanto.

Cuando estuve cerca me saludaron.

—Si el *Alba* está triste, ¿qué será de la noche? —Me consolaron.

—Creo que voy a morirme —les dije con mi voz a punto de quebrarse.

—Eres una mujer fuerte, morirás muy tarde —me dijo Nahuel.

—¿Cómo lo sabes? —pregunté curiosa.

—Nadie cruza medio mundo para vivir poco. Vivirás muchos años, *Alba* — me contestó con su voz grave.

—Ojalá —les respondí.

—Cuenta con nosotros —me dijeron a dúo, y se marcharon diciéndome adiós con las manos.

Yo también los saludé y seguí escardando.

Desde aquella tarde hasta varios años después, los indios amigos de mi padre siguieron rondando la casa de Julia para saber cómo estaba. Debo confesar que me sentía segura de tenerlos como amigos. Siempre respetuosos, habían hecho suyo el compromiso de cuidarme y protegerme. Así lo hicieron, pues a pesar de no estar cerca, yo sabía que podía contar con ellos.

Cuando en 1904 cumplí mis quince abriles, vinieron a visitarme y me trajeron de regalo un collar de malaquita. Y yo les ofrecí un frasco de dulce de uvas que había aprendido a hacer.

La vida en casa de Julia era sacrificada. Trabajábamos desde el alba hasta el anochecer en tareas de la casa y también del campo. Con el tiempo Santiago había comprado una pequeña granja aledaña a la casa. Julia y Santiago tuvieron dos hijas a quienes pusieron de nombre Rosa y Rosalía. Para mí fueron mi tabla de salvación, pues me hacían recordar a Helen y Augusta.

Mis padres, al dejarnos, partieron desde Buenos Aires a Brasil. En sus cartas (que recibíamos cada dos meses), mi padre seguía manifestando el sinsabor del desarraigo por donde quiera que fuese. Brasil le pareció una nación pujante, pero llena de esclavos negros que le hicieron sentir que la libertad no era compartida, que el color de la piel marcaba las diferencias, que las iglesias, al igual que en Argentina, escaseaban, y que el nombre de Dios tardaba en penetrar en estas nuevas tierras. La desilusión iba en aumento y el inconformismo y la tristeza no le dejaban en paz.

Nómada por naturaleza, ningún lugar en la tierra pudo satisfacer sus anhelos de afincarse definitivamente en un determinado terruño.

Rosa y Rosalía eran las dos florecitas de la casa, como sus propios nombres imponían. Julia vivía feliz junto a sus hijas, pero las penas y las tristezas no se hicieron esperar y, cuando Rosalía apenas había cumplido su primer año de vida, comencé a notar que Santiago, el esposo de mi hermana, estaba comportándose con muy poca cordura. Vivía como abstraído y algunos días se dedicaba a tomar cerveza hasta emborracharse. Una tarde desapareció durante varios días de la casa. Julia, que era una mujer fuerte, no toleró esta osadía y cuando regresó después de estar ausente una semana, le plantó las maletas en la entrada.

—Deberás marcharte —le ordenó con su acento alemán, duro y cortante.

—¿Qué harás con nuestras hijas? —le interrogó él.

—Las criaré sola, como lo hice hasta ahora —le respondió ella secamente.

—Si ya lo has decidido, deberé marcharme y como sé que tal vez algún día quieras buscarme, debo decirte que no me encontrarás.

—Ni *vos* a mí —le respondió Julia y dando media vuelta, entró en la casa.

Santiago desde la puerta me saludó con la mano, tomó sus valijas y nunca más volví a verlo.

Supe con los años que volvió una tarde, cuando ya mi hermana Julia, cansada de luchar por criar sola a sus hijas, se había juntado con un criollo de apellido Montes de Oca y de nombre Eliseo, y había formado con el buen hombre un hogar y una familia. Otras dos hijas mujeres habían nacido de aquella unión y a quienes habían puesto por nombre Clara y Saturnina. Dicen que, al volver, Santiago golpeó las manos en la entrada de la casa y salió la pequeña Clara a recibirlo. Desconociendo al hombre que tenía delante, llamó a su madre. Julia acudió rápidamente y allí lo vio parado frente a ella.

Saturnina, la hija más pequeña de Julia, salió también aferrada al vestido de su madre. Entonces Santiago le preguntó:

—¿De dónde salieron "estas"?

A lo que Julia respondió:

—Del mismo lugar que salieron las otras —y aquella frase memorable la recordé siempre, causándome risa de que las desgracias no hicieran mella en su alma.

Con Julia salimos adelante arando el campo y atendiendo el almacén y comprendimos que las dos éramos un huracán de trabajo, fortaleza y unión.

Con el alba nos íbamos al campo a arar con los bueyes y con el crepúsculo volvíamos; y a la luz de las velas bordábamos nuestros manteles, tapetes, cortinas, y planchábamos con almidón aquellas prendas blancas, repletas de calados y puntillas.

Montes de Oca fue un hombre bueno que ayudó mucho a Julia en su ardua tarea de educar y criar a sus hijas. Yo la ayudaba, pero mis manos no eran suficientes. Además, con los años, yo también formaría mi hogar, tendría mis hijos. Por el momento, yo solo pensaba en trabajar.

Mis padres y hermanos estuvieron tan solo cuatro meses en Brasil y partieron nuevamente a Europa, esta vez con destino a Alemania. Mi padre había huido de Rusia por la situación de notable inestabilidad que los Zares nos ofrecían y había vuelto a Alemania sin saber que allí se gestarían dos guerras mundiales que despedazarían a la humanidad.

Cada dos meses llegaban sus cartas y cada dos meses le llegaban también las nuestras.

Me parecía imposible saberme tan lejos. Por las fuerzas del destino se había torcido mi camino y en un recodo de la vida había venido a desembarcar en estas tierras lejanas.

Solo el tiempo podría justificar que yo había hecho bien en quedarme, acatando la voluntad de mi padre...».

XVII

EN BUSCA DE MI IDENTIDAD

Domingo, 27 de abril de 1980

«Desde que nuestros padres se marcharan en 1901, tuvimos sus cartas cada dos meses pero, a pesar de tener sus palabras escritas y el cariño transmitido a través de las letras, mi corazón se había partido en mil pedazos y la soledad dentro de mi alma parecía no dejarme vivir en paz.

La pena más grande era sentirme sola, totalmente sola. Porque aunque yo contaba con Julia, que era mi buena hermana y sangre de mi propia sangre, necesitaba del abrazo de mi padre, de sus palabras rectoras, de su voz, de sus consejos. Necesitaba el amor de mi madre y de mis hermanos para no sentirme abandonada como me sentía.

Mi vida, por momentos, se parecía a un infierno. Solo cuando trabajaba encontraba consuelo y así fueron pasando los días y los años. En Brasil, mi familia solo permaneció cuatro meses. El clima tórrido, la gran cantidad de población negra, el idioma distinto, las pestes tropicales, hicieron que mi padre se volviera a embarcar con mi madre y mis cuatro hermanos rumbo, esta vez, a Alemania.

Y yo cada vez les iba sintiendo más lejos.

Parecía como si mi familia se fuera esfumando a través de la inmensidad de un mundo desconocido que la alejaba cada vez más de mí y que la iba llevando según corrieran los vientos. Entonces, cada noche, cuando se apagaban las luces de la casa y todos parecían dormir, yo lloraba sin consuelo añorando los afectos perdidos. Tenía la horrible sensación de haber sido abandonada. Pero nunca se lo dije a Julia. Esa triste sensación la llevé guardada en mi alma hasta el final de mi vida.

Pero aquella pena, lejos de invadirme para siempre, estaba próxima a desaparecer, aunque yo no lo sabía.

Recuerdo que era el verano del año 1905. Por la mañana temprano había salido a la huerta a recoger las naranjas que aquel año se encontraban por doquier en la casa y en la granja. Las frutas que recolectábamos con Julia las vendíamos en el almacén (pues en aquellos años eran un artículo de lujo, igual que los dulces) y nos dejaban una buena ganancia. Con el negocio nos desenvolvíamos bien, aunque el trabajo era lo que abundaba, pues no solo atendíamos el almacén, sino también a las cuatro niñas, la casa, la granja, sus animales y todos los menesteres. Sobre todo, la limpieza era algo que nos movilizaba a estar trabajando todo el día, para que todo luciera resplandeciente, brillante y almidonado. Era una costumbre que nadie nos podía sacar ya que, aunque el polvillo volara en los meses de invierno, filtrándose por cualquier rendija, nosotras limpiábamos cuantas veces fuera necesario para que todo luciera con pulcritud.

Por la tarde yo había lustrado las naranjas y las había puesto en un canasto sobre el mostrador del almacén, pues era mi turno de atención y estaba en aquel momento limpiando las repisas, de espaldas a la puerta, cuando una voz desconocida me sobresaltó.

—Buenas tardes, señorita. Quisiera comprar una docena de naranjas.

Me di la vuelta como un torbellino. ¿Quién sería aquel joven que en una tarde calurosa de verano quería comprar naranjas en lugar de tomarse una cerveza fresca?

—Con gusto —le respondí—. Son dos pesos la docena.

—Sírvase —Y alcanzándome los dos pesos se quedó por un instante mirándome.

Yo bajé la mirada y continué limpiando y él se despidió diciéndome: "Gracias, hasta mañana". "Adiós", le respondí.

El joven parecía extranjero, aunque el tono de su voz era campechano y sus palabras estaban marcadas por un fuerte acento criollo. Sin embargo, sus ojos azul celeste parecían un cielo transparente y su sonrisa lo presentaba como una persona buena, amable y decidida.

De verdad que aquel encuentro impactó en mi corazón.

Desde aquella tarde, el joven desconocido comenzó a frecuentar el almacén, siempre para comprar naranjas. Yo intuí que le había caído en gracia. Era una persona galante y amable pero apenas cruzábamos unas pocas palabras cada vez que venía a comprar las frutas. Luego las colocaba en una bolsa de lienzo blanco que ataba a la silla de montar de su brioso caballo alazán y partía al trote rumbo al centro del pueblo.

A las dos semanas de conocerlo me preguntó mi nombre.

—Olga. Olga Meissner —le respondí—, ¿y el tuyo?

—Enrique o "Heinrich". Enrique me llaman aquí, en la pampa argentina y Heinrich me llama mi familia. Enrique Scheuber. En alemán, Scheuber significa: "recolectores de trigo".

—Lo sé —respondí seriamente.

Y Enrique, mirándome, me sonrió pues se había dado cuenta, por mi acento al hablar, de que yo era una alemana.

Aquella tarde Enrique me contó que era suizo. Había nacido en Zürich en 1886, el 11 de agosto. Tenía seis hermanos varones y cuatro hermanas mujeres y todos vivían en Tornquist, un lugar pintoresco, rodeado de montañas del plegamiento terciario, cubiertas de pinares y cercano a la Sierra de la Ventana. Aquel paisaje había aglutinado gran cantidad de extranjeros, residiendo allí muchos suizos, alemanes y austriacos que identificaban aquellas montañas, perdidas en medio de la llanura, como algo que los acercaba a los Alpes en su patria natal.

Sus padres Josef Scheuber y Katharina Agner von Büren habían llegado a la República Argentina en 1888, cuando él tenía solo dos años de edad. Habían llegado de Suiza con sus tres hijos pequeños y en Argentina habían nacido sus otros ocho hermanos. Se instalaron en Tornquist porque era un municipio que trataba de atraer a los extranjeros que llegaban para que trabajaran la tierra y la hicieran productiva. Josef había sido un afortunado que no había sabido aprovechar su buena suerte, pues al llegar a esas tierras el alcalde le ofreció que cogiera los campos que quisiera para que comenzara a sembrarlos en provecho propio y, añorando su Suiza natal, solo tomó ochocientas hectáreas de tierra, de las cuales más de la mitad eran montañas de piedras, imposible de hacer productivas. Él había sido el primer agricultor que sembró trigo en esos campos. (Con los años y como un reconocimiento de toda la región a su labor pionera, colocaron una placa de bronce en uno de los monumentos de la plaza del pueblo de Tornquist con su nombre que aún hoy, en 1980, se conserva).

—¿Por qué estás tú aquí, entonces? —le interrogué.

—He venido a la pampa en busca de la suerte y creo que la he encontrado.

—Debes de ser muy afortunado —le respondí sonrojándome.

Le vi sonreírme.

—Desde hace algunas semanas la suerte está de mi lado.

—¿Y vuestros padres? —le pregunté con timidez.

—Vivieron en Tornquist con mis hermanos hasta hace poco tiempo, pero las tierras que tenemos cercanas a Sierra de la Ventana son improductivas y aunque toda la familia se abocó a la producción de cerveza en la región, no alcanzaba para todos, pues somos once hermanos.

—¿Entonces? —le pregunté curiosa.

—Entonces mi padre y mi madre decidieron alquilar un campo de dos mil hectáreas en las inmediaciones de aquí (de Salliqueló), dado que yo, siendo adolescente, me había venido hacia estas tierras de la pampa argentina y vivía en unas tiendas indias. Me hice amigo de un cacique. Y aquí me quedé.

—¿En una toldería? —le pregunté asombrada, y me quedé mirándolo y admirándolo, pues si yo creía que mi vida había sido toda una aventura, Enrique Scheuber me superaba con creces.

—Así es, Olga. En una toldería. Yanquimán se llama su cacique.

—Era amigo de mi padre —le respondí con tristeza y me quedé pensativa.

—Lo sabía —me dijo con amabilidad.

—¿Hablas el idioma alemán? —le pregunté ansiosa.

—Hablo el alemán, también el inglés y el francés, y de todos me acuerdo, mas no los practico porque en estas tierras gauchas solo hablo en criollo. Así lo hice y así lo haré. No me agrada que la gente de campo, sencilla y trabajadora, no comprenda lo que yo hablo, aunque lo haga con paisanos míos. Ellos observan y escuchan, y creo que es una falta de educación y respeto hablar delante de otros una lengua que no se comprende. Sería como decir un secreto ante un tercero y eso me parece de muy mal gusto.

Comprendí entonces que Enrique se había convertido realmente en un "argentino" con todas las letras y que sus decisiones eran firmes. Y me gustó.

Enrique volvió cada tarde y nos quedábamos algunos minutos conversando de nuestras familias y nuestros países de origen, de nuestras angustias y tristezas, de nuestra soledad;

pero a pesar de tantas amarguras, sentíamos que la felicidad nos inundaba el alma cada vez que podíamos compartir esos minutos y mirarnos a los ojos.

Con el tiempo nos hicimos buenos amigos. Siempre llegaba vestido a la usanza criolla: con bombachas de gaucho, botas, camisa y pañuelo al cuello. Y en su cabeza, un sombrero de fieltro negro. Y siempre tenía alguna historia familiar que me deleitaba escuchar.

Los Scheuber descendían del santo de la Paz de Suiza, Nicolás von Flüe, y el apellido se remontaba en el árbol genealógico hasta los bisabuelos de este santo que había nacido en 1417. Una hija de San Nicolás, Dorothea von Flüe, se había desposado con Johannes (Hensli) Scheuber y de allí descendía este árbol gigantesco y eterno. Mi suegra descendía de la familia Agner von Büren, una familia tan antigua como la de mi suegro, pues el origen de los von Büren se remontaba al siglo XII. Enrique me contaba que existe un manuscrito del año 1153, que se conserva en Paderborn (Westfalia) y que se refiere al noble Thietmar von Büren. En 1150 construyó él mismo un castillo, alrededor del cual surgió la ciudad del mismo nombre, situada cerca de la frontera germano-holandesa. Durante la dominación española en los Países Bajos, se distinguieron los von Büren por su lealtad a la corona española. En la ciudad de Lieja existen les escaliers de Büren, una larga calle en forma de escalera, en la que un Büren luchó contra los seguidores del Príncipe de Orange.

Cuando mi hermana Julia conoció a Enrique, le agradó aquel suizo que parecía festejarme y entonces me dio su consentimiento para que pudiera visitarme, tal vez con el tiempo nos hiciéramos novios.

Enseguida escribió a nuestros padres con la noticia. Pero Enrique, a pesar de demostrar cierto interés por mí, aún no me había dicho nada.

Una tarde, estaba yo en el almacén ayudando a mi hermana, cuando lo vi llegar.

Entró decidido y, después de saludarme con una sonrisa, me preguntó:

—Olga, ¿quieres casarte conmigo?

Me pilló tan de sorpresa que yo no supe qué responderle. Me había quedado mirándolo sin poder pronunciar una sola palabra.

—Olga, ¿quieres o no quieres? —volvió a preguntarme.

—Sí, lo deseo con toda mi alma —le respondí, y entonces miré a Julia, que me sonreía desde la otra punta del mostrador, mientras todo el paisanaje se había puesto de pie y observaba en silencio la declaración.

No había terminado de pronunciar aquella frase cuando todos comenzaron a aplaudir y mis mejillas se sonrojaron.

—Entonces, pronto nos casaremos —dijo Enrique.

Y acercándose a mí, me dio un beso en la mejilla. Todos volvieron a aplaudir.

Julia se acercó y nos felicitó muy sonriente. Yo, sin saber qué hacer, envolví mis manos en el delantal y así me quedé, como inmovilizada.

Enrique me convidó con un refresco y yo, sentada junto a él y a Julia, me sentí, por vez primera, muy feliz.

A los pocos días conocí a sus padres. Ellos fueron en un carruaje hasta el pueblo a conocerme en casa de Julia. Josef me pareció de carácter severo y serio y Katharina, su esposa, buena y amable. Aceptaron que Enrique contrajera enlace conmigo, sobre todo porque yo era alemana, pero nunca me demostraron demasiada alegría por tan grato acontecimiento.

Desde aquel memorable día, Enrique me visitaba los jueves y los sábados por la tarde. Siempre en presencia de Julia y sus hijas, nos sentábamos en la sala o en la galería, hiciese frío o calor, y conversábamos una hora de nuestros trabajos y proyectos futuros. Me contaba que deseaba alquilar unas hectáreas de campo para que pudiéramos casarnos. Entonces mi corazón palpitaba de contento y las tristezas parecían marcharse para siempre pero, por el momento sería muy difícil y tendría que seguir trabajando en la estancia que alquilaban sus padres, ayudándolos.

Luego él se marchaba hacia el campo y yo esperaba ansiosa el próximo día de su visita.

Enrique me agradaba mucho. Tenía un carácter fuerte y enérgico, decidido y luchador pero, sobre todo, tenía un corazón noble y bueno y eso me hizo quererlo con toda mi alma.

Yo soñaba con poder formar también mi familia algún día. Y junto a él, pensé que podríamos ser felices, tener hijos, un hogar y trabajar y luchar juntos, abriéndonos camino en estas nuevas tierras.

Los indios de la toldería mostraron su contento cuando les contó que iba a casarse conmigo. Ellos no sonreían, pero en sus palabras se podía sentir la alegría. "*Alba* es una buena chica, trabajadora, sufrida y de un carácter fuerte y seguro. Cuidará de ti como nadie podrá hacerlo. Ya sabes Enrique, podrás contar siempre con nosotros, pues tú has sido uno más de la tribu", le dijeron.

Julia me fue ayudando de a poco a preparar mi ajuar. Bordé mi camisón con punto de cruz e hilos blancos en el canesú, preparé mis enaguas con puntillas, mis camisas de lino blanco y mis faldas largas de color oscuro. Me compré medias de muselina blanca y unos zapatos de cuero blanco para mi traje de novia y la tela del vestido la encargamos por catálogo a una tienda muy importante de Buenos Aires que se llamaba Gatt & Chaves.

Mi gran ilusión era entrar a la iglesia con mi vestido blanco. De verdad que cuando llegó aquel día, me emocioné demasiado. Hubiera querido que mi padre me llevara del brazo hasta el altar donde me esperaba Enrique, pero no pudo ser. Entré del brazo del segundo esposo de Julia (que había oficiado de padrino junto a mi hermana, que había salido de madrina, y los padres de Enrique, que habían sido sus padrinos). Las lágrimas me corrían por las mejillas, mientras yo avanzaba por el camino central de la iglesia con mi vestido de novia, aquel que tantas noches me había quitado el sueño, imaginándomelo.

La modista, conociéndome, se había esmerado para que todo saliera como yo deseaba. El vestido era sencillo, con un cuello cerrado a la base, entallado hasta la cintura y, desde allí, la falda al bies llegaba hasta el piso abriéndose como en suaves gajos que se desplegaban elegantes al avanzar despacio. El velo estaba sujeto con una coronita de madreselvas que me rodeaba la cabeza y en la mano llevaba un ramo de las mismas flores.

Nos casamos por la iglesia en un pueblo que se hallaba cerca de Salliqueló y que se llamaba Caruhé, el 8 de junio de 1907; y por lo civil, el 11 de julio de 1907. Si bien el 8 de junio se realizó el banquete en casa de Julia, con pavos asados, corderos a la brasa, patatas doradas, buena cerveza y una tarta nupcial repleta de frutos secos, Enrique y yo pudimos vivir juntos después de la ceremonia de casamiento por lo civil, que se realizó un mes más tarde. Eso se debía a que el juez de paz no se había hecho cargo de la oficina del registro civil, por lo que tuvimos que esperar todo ese tiempo.

La fiesta fue muy familiar, Julia con su esposo e hijas, mis suegros y todos sus hijos y nosotros, los novios, que después de la fiesta nos despedimos con un beso en la mejilla, esperando con ansiedad que se realizara la ceremonia por lo civil al mes siguiente. Mientras tanto, Enrique aprovechó para preparar la parte de la casa donde viviríamos, en la estancia de sus padres...».

XVIII

MI NUEVA VIDA

Domingo, 4 de mayo de 1980

«La ceremonia por lo civil se celebró un mes más tarde en el pueblo de Caruhé, en la provincia de Buenos Aires (una de las más grandes y fértiles de la República Argentina). Julia me regaló un vestido de color gris claro con un sombrero al tono muy elegante y Enrique vistió un traje negro.

La ceremonia fue sencilla y, al concluir, mi esposo había organizado, en el campo que alquilaban sus padres, un asado de carne de vaca, ensaladas, postres y una tarta con crema inglesa, que nunca olvidaré. Estaba toda nuestra familia y también acudieron sus amigos, entre ellos, los indios.

Pero con el paso de los días, lo que yo creía que iba a ser un lecho de rosas se convirtió en un valle de lágrimas.

No tuvimos luna de miel porque el dinero que teníamos era escaso y no podía desperdiciarse en un viaje "sin sentido". Además, en aquellos años era una experiencia inusual en la gente del campo. Por lo que mi primera semana de casada no se distinguió del resto de los días que comenzaban y terminaban trabajando en los quehaceres de la casa y del campo. Solo se diferenciaban porque tenía un

209

esposo que me amaba y que me hacía sentir querida entre sus brazos.

Mis suegros compartían todo nuestro tiempo y nuestras ocupaciones, trabajos, tareas y ratos libres, impidiéndonos gozar de la intimidad que en los primeros tiempos todos anhelan y que solo nos prodigábamos en la soledad de nuestro cuarto. Durante el día rogaba que llegaran las horas de la noche para poder quedarme a solas con Enrique y mi felicidad habría sido total si los días por venir los hubiera compartido solo con él. Pero nosotros estábamos en casa de mis suegros por un tiempo indeterminado. Y eso me apenaba demasiado.

Josef y Katharina estaban todo el día mandándome a hacer algo, tal vez intuyendo que yo tenía mucho que aprender y ellos mucho que enseñarme.

Por las mañanas al levantarnos al alba, las tareas nos estaban esperando y no había tiempo para el cariño, las caricias o las palabras.

La parte de la casa donde nos habíamos instalado no era demasiado grande, pero era clara y sencilla y daba la sensación, al entrar en ella, de que el tiempo se detenía para dejarnos cada día la paz que necesitábamos al estar solos. Toda la casa estaba pintada de blanco y los techos eran de madera por dentro y chapa colorada por fuera. Las ventanas tenían cortinas blancas que yo almidonaba y planchaba cada mes. Unas macetas con malvones multicolores adornaban la galería, junto a unas sillas poltronas de madera lustrada donde nos sentábamos por las noches a contemplar las estrellas. En todo el frente de la casa había un lindo jardín repleto de flores y las arboledas se abrían desde allí en forma de abanico, sombreando el paisaje y resguardándonos de los vientos de agosto.

Pero a partir de aquellos días de recién casada, que yo me había imaginado como los mejores, mi vida se fue transformando en un constante sufrimiento.

Por las mañanas al levantarme, mi suegro ya se hallaba sentado en la galería o en la cocina, hiciera frío o calor, y comenzaba a darme las órdenes de todo cuanto debía hacer, cocinar o preparar.

Con los meses me fui convirtiendo en la "esclava" de la casa, pues todo el día estaba trabajando, no solo para mí y para mi esposo, sino para mis suegros a quienes debía servirles en todo. Cocinar, limpiar, lavar y planchar, servir el té, preparar la cena. Además del trabajo estaban las amarguras, pues a pesar de todos los sinsabores, lo peor de todo era que mi suegro tenía un carácter hosco y nada de cuanto yo hacía le complacía. Mi suegra no quería competir conmigo dentro de la casa, así es que todas las tareas, desde las más pesadas hasta las más livianas, me concernían a mí.

Mis dieciocho inexpertos años no reaccionaban ante las injusticias. Por las noches y al quedarnos solos, yo le confiaba mis penas y desvelos a mi esposo. Él me consolaba abrazándome y aconsejándome que tuviera paciencia. La paciencia es una de las virtudes más importantes y por aquellos días la puse en práctica tratando de seguir adelante.

Pero el peso de atender a Josef y Katharina no mermaba y, lejos de solucionarse el problema, yo me iba volviendo callada y taciturna debido al cansancio que me agobiaba día tras día.

Después de cinco meses de inocultables sacrificios y atenciones, una mañana mi suegro se disgustó porque el café no estaba lo suficientemente fuerte, como a él le gustaba. Me quedé en silencio, mirándole, sin poder contestarle una palabra a su reproche. Pero cuando a la noche me encontré con Enrique a solas en nuestra habitación, le confié mis penas, el cansancio que me producía atender a dos personas mayores de carácter difícil y le dije que dado que tenían otros hijos que podían atenderlos, yo prefería que en cuanto se dieran las condiciones nos fuéramos a vivir solos.

A la mañana siguiente Enrique les planteó a sus padres la difícil situación en la que yo me encontraba. El tremendo cansancio que me producía atenderlos por muy buena disposición que pusiera y que él creía que yo estaba a punto de enfermar de tanto trabajo. Lo que aún no sabía era que estaba embarazada y no me sentía bien con tanto esfuerzo.

Nos trasladamos a vivir a un campo que tenía una casa humilde y sencilla hecha de adobe y con una galería de chapa, donde solo teníamos una cocina y un cuarto, propiedad de un señor de apellido Discou. Era un colono francés que tenía campo en la región y, dado que sentía un gran aprecio por mi esposo y su capacidad de trabajo, nos ofreció aquel puesto en su campo. Partimos con las pocas cosas que teníamos para luchar e iniciar solos, como correspondía, una nueva vida. Allí vivimos un tiempo y, con los pocos ahorros que juntamos, mi esposo decidió que alquilaría, más adelante, alguna granja pero el dinero aún no nos alcanzaba. Don Discou era un hombre muy bueno y sabiendo que mi esposo hablaba varios idiomas, un día le presentó a un matrimonio inglés, Edward Thomas y su esposa Mary, propietarios de una de las estancias más grandes y lindas de la región. Tal vez si trabajábamos con ellos un tiempo podríamos cumplir nuestros sueños y, algún día no muy lejano, tener nuestra propia tierra.

Fue verdaderamente durante aquellos meses cuando comencé a gozar de la felicidad completa. La casa era pequeña, sencilla y pobre pero mi corazón y mi alma estaban felices y en paz.

Mi esposo seguía atendiendo el campo de don Discou y a partir de allí atendería la estancia de los ingleses ubicada en las inmediaciones de un pueblo de nombre Anchorena.

Cinco mil hectáreas rodeaban a la edificación, de estilo anglosajón, y millares de cabezas de ganado pastaban en ellas creciendo y engordando para ser llevadas a la feria de animales que se realizaba mensualmente en un pueblo que se llamaba Darregueira.

Arboledas centenarias resguardaban la mansión de los vientos y, de vez en cuando y cuando podía, me gustaba acompañar a mi esposo y salir a caminar bajo su sombra. Tenía la sensación de que mi mente (o yo misma) se separaba de mi cuerpo y volaba a millares de kilómetros donde estaban mis padres y mis hermanos. Era una sensación placentera y que me agradaba practicar cuando estaba sola, porque sobre todo me daba paz al corazón.

La sensación que experimentaba era maravillosa. Me abandonaba a la imaginación y me sentía transportada a los lugares que yo deseaba. Con los años aprendí que aquella práctica me hacía más llevaderos los días de soledad y comencé a experimentarla al menos una vez a la semana.

Sentía que mi alma iba donde iban los que yo amaba y entonces comprendí que el tiempo y la distancia solo eran valores implantados por la propia humanidad y que ignorándolos, me permitirían ser libre y trasladarme con mi mente y con mi alma al lugar que yo me propusiera sin que nada ni nadie pudieran impedírmelo.

Se lo confié una tarde a la dueña de aquel maravilloso solar, ya que con el tiempo habíamos llegado a ser amigas. Sobre todo porque yo le había contado lo mucho que me había gustado Inglaterra cuando pasé por sus costas en el viaje a Canadá. Ella y su esposo eran muy amables y, al igual que nosotros, eran los dos extranjeros y eso parecía unirnos más. El encontrarnos todos fuera de nuestro terruño de origen daba cierta complicidad. El matrimonio era mayor y el no tener hijos hizo que nos adoptaran como tal en el trato.

—Señora Mary, ¿ha experimentado alguna vez estar fuera de su cuerpo? —le pregunté una tarde en que caminábamos bajo una añosa alameda.

—¿A qué te refieres, Olga?

—A esa sensación maravillosa de poder estar en dos lados a la vez. En uno con la mente y en otro con el cuerpo.

—Pues debes referirte a la imaginación. Y con la imaginación uno puede hacer lo que desea. Realmente, dentro de nuestra mente somos libres de verdad y no hay nadie que pueda molestar o detener nuestros pensamientos, que vuelan hacia donde uno desea.

—Usted, señora, ha comprendido cabalmente lo que yo quería manifestarle. Esas experiencias son las que me ayudan a seguir adelante cuando la soledad o el dolor se empeñan en hacerme claudicar.

—Es la defensa que tiene el alma, Olga. Y no lo olvides, dentro del pensamiento, solo tú eres la verdadera responsable. Y es él, el que te transforma en una individualidad irrepetible.

Yo sentía por la señora Mary Thomas un gran cariño.

Para mi cumpleaños, ella y su esposo me habían regalado una hermosa jarra de plata inglesa. Fue sin duda uno de los regalos más bellos y caros que recibí por aquellos años y la coloqué orgullosa sobre un aparador suizo de madera encerada que pertenecía a mi esposo Enrique.

Con el tiempo, Mary se convirtió en una madre para mí y decidí acudir a ella cada vez que lo necesitaba.

En la estancia de los ingleses donde trabajaba mi esposo, se recibían muchas visitas. Llegaban diplomáticos de la embajada de Inglaterra en Buenos Aires, australianos o americanos que venían a las pampas argentinas a cazar avestruces, liebres o perdices, a degustar ricos asados o a cabalgar por esos campos que parecían un mar verde y ondulante.

Yo seguía trabajando en el campo en el que trabajábamos de sol a sol pero, cuando podía, acompañaba a mi esposo. En aquel tiempo, Enrique comenzó a sembrar las tierras de los ingleses y otros campos aledaños como contratista. Había logrado comprar caballos, algunas máquinas y, con la ayuda de algunos peones, poco a poco comenzamos a ver incrementados nuestros ingresos. Esto permitió que pudiéramos alquilar la primera granja de doscientas cincuenta hectáreas, la de nuestros sueños, en la colonia Murature y poder empezar a forjar nuestro futuro.

En los atardeceres, cuando ya el sol se estaba ocultando y con todas nuestras tareas cumplidas, caminábamos contemplando las puestas de sol. Otras veces salíamos a caballo o en carro y, cuando llegaba la noche, encendíamos nuestro farol y cenábamos los dos en la cocina la comida que yo preparaba. No pedía más, era lo que deseaba. Esa paz y tranquilidad que no había gozado desde mis días en Rusia había vuelto a encontrarla en estas tierras.

La señora Mary me había enseñado a bordar otros puntos que no eran el de cruz y así fui preparando el ajuar de mi primer vástago. Los meses pasaron y di a luz a una niña a quien pusimos por nombre Amalia. Fue el 15 de agosto de 1908, en el pueblo de Salliqueló, donde vivía Julia, quien me asistió en los primeros días. Mi primera hija llegaba a este mundo y yo comenzaba a tener una familia palpable y verdadera a quien poder querer y cuidar. La niña era sana y regordeta y su nacimiento me hizo muy feliz, porque desde aquel día podía cuidar de alguien que me pertenecía totalmente, sin temor a que tempranamente me abandonara.

Fue por aquellos días cuando recibí la triste noticia, desde Alemania, de que mi madre había fallecido de muerte súbita. Otra vez mi padre volvía a quedar viudo, pero esta vez en compañía de Augusta, Helen, *Leo* y *Willy*, los cuatro hijos nacidos de su segundo matrimonio.

La idea de retornar a Canadá seguía rondando en su cabeza y, al morir mamá, no existían impedimentos que pudieran alterar sus planes.

La noticia entristeció mi alma, pues aunque sabía que a mamá no iba a volver a verla nunca más, ella estaba en este mundo. Me llegaban sus cartas y sus palabras de cariño a través del papel, a las cuales yo les ponía el sonido de su voz y sus gestos al decírmelas, imaginándomela. Pero con la muerte se había marchado definitivamente y la idea de no volver a saber de ella para siempre me acongojaba.

Tuve que guardar mi dolor muy dentro del pecho y seguir siendo fuerte, pues estaba amamantando a Amalia y mis amarguras le afectarían, pero las circunstancias siempre serían idénticas. Jamás volvería a verla, igual que a Lidia.

Con Julia nos seguíamos encontrando semanalmente todos los domingos, ella venía con sus hijas a visitarme o nosotros íbamos hasta su quinta.

El fin de semana de la triste noticia fue muy emotivo. Nos abrazamos y lloramos las dos en silencio. Ella había recibido la carta y me había hecho avisar por un peón de la estancia que había ido a su almacén. Cuando estuvimos juntas me dio la carta que leí con gran atención y dolor en mi corazón. Lo que yo no sabía era que, sobre el final de la misiva, mi padre volvía a mencionar sus ansias de radicar definitivamente en Canadá.

Mi familia, al regresar de Brasil, se había instalado en Münich. Mi padre trabajaba en una empresa ferroviaria y seguía ejerciendo de pastor en una iglesia cercana a la casa que habitaban. La casa, según nos contaban en sus cartas, era del siglo XVIII pero bien conservada, de dos plantas y con buenas comodidades para toda la familia. Pero los aires de guerra que soplaban en el viejo continente no le daban a mi padre la paz que tanto buscaba.

Con los años, nuestra hermana Augusta conoció a un joven que vivía en la casa contigua y se hicieron novios. Y, siguiendo con la tradición, tal vez mi padre le haría desposar antes de volver a iniciar su peregrinar, dejándola en Alemania.

Augusta era, de todas las hermanas, la que más se parecía a mí y yo sentía por ella una especial predilección, tal vez por ser la menor de todos o porque quería protegerla y evitarle dolores idénticos a los míos.

Sin embargo, en la mente de mi padre ya estaba todo programado. Viajaría con *Leo*, Helen y *Willy* al país del norte, Canadá, que los acogería a los cuatro. *Leo* y *Willy* se irían a vivir posteriormente a Estados Unidos hasta sus últimos días, mientras que Helen residiría en Canadá. De todos ellos, esta hermana sería la única que estaría al lado de nuestro padre hasta el último de sus días.

Cuando recibí aquella carta me imaginé a Augusta. A ella le tocaba sufrir lo que nosotras ya habíamos sufrido. Y traté de ponerme en su piel y en su corazón. Entonces el dolor del abandono, del desarraigo y de la soledad me volvieron a invadir, perturbándome el alma.

Sobre finales del año 1913, mi padre asistió con mis otros tres hermanos al enlace de su amada hija Augusta y se embarcó hacia Canadá en un viaje sin retorno, con un futuro incierto, con las penas ocultas de toda una vida sin arraigo y sin volver a ver nunca más a la menor de sus hijas. Como a nosotras.

Para esa fecha ya habían nacido mis otros tres hijos, Francisco (*Pancho*) en 1910, Olga (*Tití*) en 1911 y acababa de nacer nuestro cuarto hijo, Enrique Eduardo, el 11 de noviembre.

Sería el último gran viaje de mi padre, pues ya no volvería a viajar como un trotamundos por el planeta, instalándose definitivamente, hasta el final de sus días, en Calgary, provincia de Alberta, en su anhelado Canadá.

Allí comenzó de la nada, como todos los inmigrantes, trabajando con sus manos para poder sobrevivir. Comenzó a trabajar en la línea del ferrocarril que estaba haciendo el nuevo tendido entre Ontario y Calgary. Trabajo de más duro, sacrificado y sobre todo peligroso, pues tan pronto había que volar con dinamita una montaña como cruzar sobre un río helado o un precipicio o acampar en el bosque varios días, donde los osos hambrientos acechaban el campamento y a sus hombres. Los indios rondaban vigilando desde lejos y había que estar alerta a cualquier movimiento extraño para saber defenderse a tiempo y no pagar con la sangre y la vida una línea de acero.

¿Qué quimeras y qué sueños habitarían su alma para desear algo de una manera tan certera, que hicieron que se olvidara de todo para seguir esa estrella lejana y distante, a la que estaba a punto de alcanzar?

Augusta se casó con su novio alemán en una ceremonia íntima, sencilla y, sobre todo, emotiva y mi padre y sus tres hijos restantes partieron en barco a los pocos meses. Definitivamente. La despedida fue dura, desgarradora. Era como plantar una simiente que cuando se había hecho árbol había que abandonar para no volver a contemplar sus frutos, ni una vez más siquiera. Frutos que perfumarían el aire, pero nunca su aire. El aire de aquel pecho que les había dado la vida pero que, por un loco afán, una quimera o un sueño, los iba abandonando "de uno en dos" y nuevamente de a uno. Esa era la sensación que yo experimentaba y que, sin duda, también habían experimentado mis otras hermanas. Pero nunca se lo confié a nadie. Solo ahora te lo estoy confiando a ti.

Con los años, las cartas de mi padre comenzaron a hacerme sentir miedo porque, cuando llegaban a mis manos trémulas, no sabía qué noticias o qué decisiones venían dentro. Sin embargo, la tenacidad fue siempre lo que más me impresionó de él y por eso toda mi vida lo admiré. La pluma de caburé con la que le habían obsequiado los indios antes de partir de la pampa argentina le había traído la buena suerte de poder cumplir su sueño.

La vida de Augusta tampoco fue un lecho de rosas. Tuvo que sobrevivir en Alemania a dos guerras mundiales, tocándole vivir los horrores de dos guerras injustas en las que, como en todas las guerras, por conseguir la paz, se mató y se aniquiló.

Julia y yo estábamos lejos de ese horror, mas Augusta pagó con sangre, con sangre de su propia sangre, que era la nuestra, los horrores de esos holocaustos.

Las cartas de mi padre y de Augusta llegaron siempre puntualmente mientras mis hijos fueron pequeños. Mi padre nos relataba sus penurias al instalarse en una nueva tierra. La cuarta en su haber, pues al salir de Rusia ya había recorrido y vivido en Argentina, Brasil, Alemania y Canadá, donde llegaba con tres hijos que ya se estaban haciendo hombres y que le pondrían el hombro con su trabajo, porque los años también habían pasado para él.

La tierra nueva era promisoria y, aunque el clima era duro en los inviernos, el paisaje, la gente y la buena paga pronto le dieron la razón. Había escogido la tierra ideal donde enterrar su cuerpo. Lo que no enterraría jamás serían sus sueños.

Iba a cumplirlos, por encima de todo.

Por encima de las personas y de los afectos, de las distancias y de los obstáculos, de las adversidades e ilusiones perdidas, de los dolores del alma y de las angustias del corazón. Iba a ver coronados sus últimos años, alcanzando finalmente lo inalcanzable. Lo que por momentos había creído imposible.

Había vivido para lograrlo y Dios le premiaba cumpliendo sus sueños al pie de la letra, porque él había tratado de cumplir siempre con Él.

Nunca conocí a nadie que tuviera tanta certeza de algo y lo lograra, como mi padre al decidirse a vivir la segunda parte de su vida en Canadá.

Existen muy pocos elegidos que pueden cumplir el gran sueño de su vida. Mi padre fue uno de ellos.

Pero a pesar de todo, a pesar de su lejanía y de su abandono físico (pues me privó de su presencia, mas no de sus consejos y palabras escritas), me sentía orgullosa de su estirpe y de su coraje. Me sentía orgullosa de ser su hija. Su valiente hija, Olga, *Alba*, o como quisieran llamarme, dentro del corazón.

Me sentía orgullosa de esa fuerza imbatible y devastadora que lo llevaba siempre a donde deseaba, con el ímpetu del viento, a traspasar las fronteras de este mundo sin que nada ni nadie (incluso sus propios hijos) pudieran frenarlo o impedírselo.

Me sentía orgullosa también porque dentro de mis venas corría su sangre, que era la mía. Y tenía la certeza de que era ella la que, a pesar de mis amargos y solitarios años de adolescencia, me había sostenido, con la fortaleza de un roble y con la magia perpetua que lleva siempre el caudal de los ancestros que viven dentro de nosotros, para seguir por la vida, pasara lo que pasara...».

XIX

LA PRIMERA GUERRA MUNDIAL

Domingo, 11 de mayo de 1980

«Siete meses después de que naciera mi cuarto hijo, Enrique, se desencadenó en Europa la Primera Guerra Mundial.

Recuerdo que fue el 28 de junio de 1914 y, por las cartas que nos llegaban de Augusta, supe que fue una mañana de sol radiante y resplandeciente cuando el tren real que llevaba a bordo al archiduque Francisco Fernando, heredero del trono de Austria-Hungría y a su esposa, la duquesa Sofía de Hohenburg, entró en la estación de Sarajevo, capital de la provincia austriaca de Bosnia-Herzegovina. A pesar de las serias y múltiples advertencias de los extremistas nacionalistas que tramaban matarlo, el archiduque había insistido en seguir adelante con su visita oficial. Él solo esperaba que, con su llegada, los lazos entre esta provincia y el imperio se fortaleciesen.

Eran las nueve y cuarenta y cinco minutos de aquel domingo cuando la pareja imperial descendió del tren. Su llegada era esperada por el gobernador de la provincia, el general Oskar Potiorek, quien los saludó con deferencia. Seis autos impecables los esperaban para llevarlos hasta el Ayuntamiento, donde se iba a celebrar la recepción de bienvenida. Los archiduques se sentaron en el coche abierto que los llevaría hasta allí, desde donde podían ver y ser vistos por la ciudadanía. Francisco Fernando lucía su uniforme azul y negro de general y su casco con penacho de plumas verdes. La duquesa también iba vistosa, con un vestido de seda blanco, la faja roja y un deslumbrante sombrero blanco. El majestuoso cortejo avanzó por la calle Appel. La calle era estrecha y angosta y se extendía larga y sinuosa. El río Miljacka la bordeaba por un lado y, por el otro, apretadas casas y tiendas mostraban los retratos de Francisco Fernando entre la multitud.

No todo era júbilo en aquella mañana. Una sociedad secreta llamada La Mano Negra, integrada por jóvenes bosnios, pensaba que Austria era una tiranía y consideraba al archiduque Francisco Fernando y a su tío de ochenta y tres años, el emperador Francisco José I, como los despiadados opresores que los sometían al yugo de los Habsburgo en lugar de dejarlos unirse al estado vecino de Serbia, del que Bosnia había formado parte en otros tiempos.

Seis jóvenes integrantes de La Mano Negra, menores todos ellos de veinte años, estaban ocultos entre la multitud, que se alineaba a lo largo del recorrido que debía realizar el cortejo, y portaban pistolas y bombas en sus bolsillos. Poco después de las diez, mientras la comitiva avanzaba sobre el puente de Cumurija, un joven esbelto, de nombre Nedeljko Cabrinovic, se adelantó repentinamente, sacó una bomba de entre su ropa y la arrojó sobre el automóvil de los archiduques.

La bomba dio en el techo replegado y rebotó para ir a caer en la acera, luego rodó bajo las ruedas del automóvil que les seguía y estalló con un estruendo atronador. El día se llenó de humo, polvo y gritos de dolor que desgarraban el aire. El Archiduque ordenó al conductor que se detuviera y mandó a sus dos acompañantes, el general Potiorek y al teniente coronel conde Franz Harrach, a ver quién estaba herido. Dos oficiales que viajaban en el otro vehículo sangraban, uno con una herida en la cabeza, y unas veinte personas habían sido alcanzadas por la metralla esparcida.

Cuando Francisco Fernando observó que todos los heridos eran atendidos, dio la orden de continuar adelante. Su automóvil cogió velocidad a lo largo de la orilla del río; la Duquesa descubrió que una esquirla de la bomba le había rozado la garganta. Cuando la comitiva llegó al Ayuntamiento, el Archiduque mostró su cólera y decidió volver a visitar a uno de sus ayudantes heridos que había sido llevado a un hospital cercano. "Vengo a Sarajevo en una visita amistosa y alguien me arroja una bomba. ¡Es intolerable!", había dicho en tono encolerizado. Su esposa se empeñó en acompañarlo y, de nuevo, se sentó en el automóvil a su lado en la parte trasera del coche. El general Potiorek se sentó en un asiento plegable frente al Archiduque y el conde de Harrach se quedó de pie, en el estribo izquierdo, resguardando al archiduque.

A gran velocidad, todos los vehículos volvieron por la calle Appel pero, al llegar al puente Lateiner, los dos primeros volvieron hacia la catedral. El conductor del automóvil del Archiduque comenzó a doblar por el mismo camino pero el general Potiorek le gritó que no lo hiciera. El chófer se detuvo para dar marcha atrás y, en medio de la confusión, nadie advirtió a un joven de cabellos oscuros que se paseaba por el puente. Era Gavrilo Princip, de diecinueve años, uno de los últimos entre los seis asesinos potenciales aguardaba todavía al Archiduque. Rápidamente sacó una pistola que llevaba entre la ropa. Un policía que se encontraba a corta distancia intentó detener al joven pero otro de los conspiradores le dio un puntapié en la rodilla. Princip se acercó a unos pocos pasos del vehículo que se había detenido y disparó varias veces sobre la parte trasera antes de que la policía lo detuviese. La primera bala alcanzó al Archiduque en la garganta cortándole la yugular, la segunda bala alcanzó a su esposa, perforándole el vientre.

En medio de tanta confusión Sofía no advirtió que estaba herida; solo atinaba a atender a su esposo que despedía sangre por la boca y que el conde Harrach enjugaba con un pañuelo. Unos instantes después desplomó su cabeza sobre el regazo de Francisco Fernando que imploraba: "Sofía, Sofía, no te mueras, vive para nuestros hijos". Luego perdió él también la consciencia. El automóvil se dirigió a gran velocidad a la residencia del Gobernador. Se llamó a los médicos pero ya nadie pudo salvar la vida de la real pareja. A la mañana siguiente, los cuerpos inertes de los Archiduques fueron llevados a la estación de ferrocarril, bajo escolta militar, y desde allí trasladados a Viena.

Solo sesenta y tres minutos habían bastado para matar a la pareja real e iniciar la primera guerra mundial de la historia de la humanidad.

El resto de Europa contenía el aliento, mientras que el Imperio Austro-Húngaro deliberaba cómo castigar a Serbia por haber dado muerte al archiduque Francisco Fernando.

Julia y yo, aquí en Argentina, temblábamos de miedo pensando en Augusta, que había quedado atrapada en Alemania en una encrucijada sin salida. Al menos mi padre y mis otros tres hermanos habían podido salvarse de tan tremendo holocausto.

Las cartas de Augusta eran escalofriantes, pues nos iba informando de cómo el engranaje de la guerra iba inevitablemente poniéndose en marcha sin que nadie ni nada pudiera detenerlo. Los destinos de la humanidad estaban trazados, como los de todos los que habitamos este mundo.

Me fundí con la sombra de Augusta. Caminé con ella, a su lado, en medio de la incertidumbre y con el desasosiego de quien puede palpar lo que va a acontecer. Y no me equivocaba.

El esposo de Augusta tuvo que marchar al frente. Alemania había entrado en guerra contra Rusia, que defendía a los serbios, el 1 de agosto de 1914. Gobernada por el káiser

Guillermo ofrecía su ayuda al Imperio Austro-Húngaro y aquella misma noche, las tropas en las que avanzaba el esposo de mi hermana invadieron Luxemburgo, que era neutral, y tomaron sus ferrocarriles (que necesitaban para invadir Bélgica). Dos días más tarde, Alemania también declaraba la guerra a Francia, alegando que había sido atacada por tropas francesas.

El 4 de agosto las tropas alemanas penetraron en Bélgica. Esto motivó a Gran Bretaña para entrar en el conflicto pues, de acuerdo a un tratado de 1839, estaba obligada a defender la independencia de Bélgica. Entre el 6 y 9 de septiembre de 1914, la alianza franco-británica produjo la primera derrota alemana de la guerra en la batalla del Marne, en el nordeste de Francia. Las fuerzas aliadas hicieron retroceder a los alemanes cuando se hallaban a una distancia lo bastante corta para bombardear París y en aquel enfrentamiento murió el esposo de Augusta. Una bala le atravesó la cabeza. Cuando sus compañeros lo levantaron en la camilla, de su chaqueta asomaba, del lado del corazón, una foto de mi hermana. Ella se quedaba viuda a los dieciocho años, sin hijos y sin familia cercana donde llorar su desdicha.

Augusta se había quedado completamente sola en Alemania. Después de la muerte de su esposo y a consecuencia de la guerra que duraría cuatro años, decidió enrolarse en el ejército como enfermera. Quería ocupar su vida en una tarea humanitaria que la ayudara a aliviar en algo tanto dolor y, de aquel modo, dejar de pensar en la honda tristeza en que la muerte de su joven esposo la había sumido.

La vida para ella no era de color de rosa pero al menos se había salvado; y eso ya era como tocar el cielo con las manos en un mundo donde las personas morían diariamente a miles en los bombardeos. La bendición de estar viva fue para ella suficiente pues, mientras tuviera vida, sabía que podía luchar. Además ella era una rusa hermosa, de ojos grises y cabellos castaños de color chocolate, alta, delgada y sobre todo muy afable en el trato. Pensé que con el tiempo podría volver a casarse.

Mi padre y mis otros tres hermanos seguían residiendo en Calgary. Helen había conocido a un joven canadiense del cual se había enamorado y, si todo iba bien, en un futuro no muy lejano podrían desposarse. Mis hermanos varones trabajaban con mi padre en el tendido de la línea férrea, de sol a sol y aún no se habían enamorado.

Las cartas de Augusta nos desgarraban el alma. La guerra parecía no tener fin y ella asistía a un exterminio que se eternizaba. Los horrores de la guerra se veían reflejados en sus letras, la muerte rondaba en el aire y ella se debatía lavando heridas, consolando a los moribundos, ayudando a amputar brazos, piernas, ojos o a coser los despojos humanos que los médicos trataban de salvar. Había que sacar balas, cambiar vendas, dar de comer, lavar los cuerpos ensangrentados y también enterrar a los muertos. Sus días parecían interminables, sus noches relámpagos y, en medio de tanto trabajo, las sirenas y los bombardeos no daban tregua a su ánimo.

Pero creo que, ante tanto dolor y ante tanta muerte, Augusta se fortaleció y descubrió que ella tenía una misión en este mundo: ayudar a salvar a los heridos y a que los desahuciados tuvieran una muerte digna.

Si hubiera guardado sus cartas, hoy muchos sabrían todo lo que ella hizo por cada uno de los soldados moribundos que ayudó a vivir. Recuerdo que me contaba que, una tarde de 1915, llegó un soldado al que había que amputarle las dos manos. Ella se dedicó a ayudarle a comer, a vestirlo, a consolarlo durante más de tres meses, hasta que su familia pudo buscarlo. Y así, cada carta era una historia de amor hacia el prójimo y dolor contenido por los horrores vividos. Horrores que parecía que nunca cesarían y que la tierra jamás se vería libre de este flagelo que había comenzado con la muerte del archiduque Francisco Fernando.

Estaba yo una tarde en casa de Julia, en la granja. Había ido de visita. Julia araba la tierra con un arado mancera tirado por dos caballos. El sol quemaba con fuerza. Me acerqué a mi hermana a llevarle un jarro de agua fresca, mientras mi hijo Enrique jugaba con sus primas. Julia detuvo el arado y cogiendo el jarro de mis manos, antes de beber me dijo:

—Hoy ha llegado una carta de Augusta. Quiero que la leas personalmente, porque a través de sus letras, nuestra hermana nos transmite el dolor, tan palpable, tan definido, que la piel se te eriza con solo leerla. La encontrarás sobre la mesa de la sala.

Dejé a Julia bebiendo el agua y corrí hacia la casa, temblorosa.

La carta estaba sobre la mesa, encima de un tapete de hilo. Las letras diminutas y azules de Augusta parecían hablarme.

"Queridas mías:

La guerra continúa. Anoche los ingleses bombardearon nuestros refugios y todos murieron a mi alrededor. Solo yo salvé la vida dentro del refugio porque una viga de cemento impidió que cayeran sobre mí los escombros. Salí aterrada, arrastrándome, era una oscuridad sin fin. Afuera, en las calles destruidas, los moribundos gritaban y yo no sabía hacia dónde ir. Todo estaba destruido y no lograba orientarme. Me resguardé en una casa sin techo hasta que amaneció. Entonces volví a casa que, por ventura, seguía en pie. Allí pude cambiarme y me presenté en el hospital a las seis, hora en que tenía guardia. El hospital estaba lleno de heridos por todos lados, los médicos y las enfermeras no daban a basto. No acababa de llegar, cuando me llamaron del quirófano para ayudar a los médicos a amputarle las piernas a un joven, único sobreviviente entre treinta compañeros, todos de un mismo pueblo. Toda una generación ha muerto de golpe. Todavía no sé cómo sigo viva. Agradezco a Dios vivir para contarlo. Y aquí estoy, como siempre, con mi corazón al lado del vuestro y con mis pensamientos en el hemisferio sur. Ojalá que algún día volvamos a vernos. Las abraza fuerte. Augusta".

Dejé la carta donde la había encontrado y un nudo se me subió hasta la garganta. Nuestra hermana menor estaba en peligro de muerte, sola, a la buena de Dios.

Salí de la casa. A lo lejos Julia seguía con su duro trabajo de arar la tierra. Sus hijas y Enrique jugaban silenciosos en la galería. Comencé a caminar por la tierra arada, quería volver con Julia, abrazarla, consolarnos.

Los terrones de tierra arada se me introducían en los zapatos y a cada rato debía detenerme para sacarlos. Le hice señas a Julia desde lejos y me quedé bajo un eucalipto, esperando a que diera la vuelta. Una ráfaga de viento levantó una polvareda y la perdí de vista por un momento. Me apoyé sobre el grueso tronco del árbol pensando que iba a desmayarme. Entonces tomé una hoja de eucalipto y la mastiqué con fuerza. El fuerte sabor de las esencias del árbol me invadió la boca y la garganta, despejando mis sentidos. El viento se iba calmando y divisé a Julia a pocos metros de mí.

—¿Qué me dices, Olga? —me interrogó mi hermana con honda preocupación en su mirada.

Por un momento permanecí en silencio.

—¿Qué puedo decirte? —le respondí—. Creo que no estamos preparadas para tanta desdicha. Que la vida es tan dura como jamás lo imaginé y que las penas van adueñándose de nosotros hasta convertirnos en despojos de lo que fuimos. Y ante eso, no debemos ceder. Debemos ser fuertes, como las rejas de este arado, que rompen la tierra reseca y siguen adelante despejando el camino de nuestros sueños, para que algún día podamos cumplirlos.

Julia asintió con la cabeza.

La tarde se volvió noche de repente y volvimos presurosas a la granja. La vida siguió con su monotonía y sus trabajos, y se fue llevando los sueños de todos. La guerra parecía una máquina de triturar cuerpos, ideas y anhelos. Por supuesto que se llevó las ilusiones de Augusta, las nuestras y las de tantos otros que caminaban por este planeta. Este mundo había dejado de ser un lugar agradable para todos. La ambición y el poder de unos pocos nos habían sumergido en un desasosiego sin fin y la humanidad comenzó a sentir los estragos del flagelo.

Perdimos el contacto con Augusta y la desesperanza nos invadía a medida que pasaban los días. Comenzamos a pensar en lo peor.

Mi esposo y yo continuábamos trabajando en la granja y Julia en la suya, con sus hijas y su segundo esposo, que era un criollo trabajador y compañero. Desde Canadá las noticias nos llegaban espaciadas. Helen era la que más se preocupaba por no perder el contacto. Mi padre, muy de vez en cuando, nos hacía llegar sus consejos y mis dos hermanos varones mandaban sus noticias a través de nuestra hermana.

A pesar de que Argentina no había entrado en la guerra, nuestros corazones estaban destruidos. Cada mañana pensábamos que nos sorprendería con algo y, así, iban pasando los días, sin noticias de Augusta y con el desconcierto de no saber a quién escribir para preguntar por ella.

Entre el 6 y 9 de septiembre de 1914 había tenido lugar la batalla del Marne, donde el esposo de Augusta había perdido la vida. Con esta batalla los aliados habían detenido el avance alemán sobre París y los obligó a retroceder hasta el río Aisne. Siguieron cinco semanas de lucha en que los beligerantes perdieron más de medio millón de hombres y hubo momentos en los que los alemanes estuvieron tan cerca de París, que se privó a la ciudad de autobuses para enviar tropas francesas al frente.

A finales de 1914 se hizo evidente que la guerra se prolongaría. Los ingleses dominaban el mar pero en tierra ningún bando prevalecía sobre el otro. Comenzaron a crearse nuevos frentes en Suez (África) y en el mar Negro, mientras las fuerzas del imperio turco se movilizaban contra Inglaterra, Francia y Rusia. En Europa la contienda proseguía. En el este, los rusos luchaban en Galitzia contra alemanes y austrohúngaros. En el oeste, los grandes ejércitos de Alemania, Inglaterra y Francia emprendían una obstinada guerra de desgaste...».

XX

LA AUSENCIA DE AUGUSTA

Domingo, 18 de mayo de 1980

«Con la ausencia de Augusta, que se prolongaba, mi vida parecía flotar en un mar de incertidumbre y tristeza. Solo me sacaban del estado en el que me encontraba mis cuatro hijos, que estaban creciendo, mi esposo Enrique y el trabajo que nunca faltaba en el campo.

Al finalizar 1915 Enrique dejó de trabajar en la estancia de los ingleses para abocarse a otros campos y a nuestra granja. Me contó que, al darles la noticia, Miss Mary lo sintió de verdad, pues realmente habíamos llegado a convertirnos en dos buenas amigas. Yo también sentí tristeza pues la extrañaría. Extrañaría sus sabios consejos, sus recetas de dulces y pasteles de frutas, las tardes compartidas serenamente junto a ella bajo la sombra fresca de la galería alta, bebiendo una taza de té inglés (té que le llegaba cada dos meses en un paquete postal desde Inglaterra), mientras contemplábamos las alamedas rumorosas mecidas por el viento de la pampa. Aquellos años de amistad realmente calaron hondo dentro de mi corazón, pues aprendí a manejar bien una casa, a cocinar con recetas estudiadas y, sobre todo, aprendí a hacer bien las cosas, facultad que me habilitaría para saber mandar el día que pudiera ordenar o, en caso contrario, hacerlo bien para mí misma y para mi propia satisfacción. La satisfacción del deber cumplido.

La disciplina de Miss Mary se mezcló con mi disciplina prusiana y formó en mí una mujer de una voluntad inquebrantable. Si hasta antes de casarme pude sobreponerme a todos los dolores que la vida me había deparado en mi niñez y adolescencia, los años pasados junto a este matrimonio inglés me sirvieron para afianzarme como persona para estar segura de mí misma, para saber cómo las cosas debían hacerse pero, sobre todo, tuve el estímulo dentro, esa intervención fuerte y auténtica que me motivó para convertirme en una persona decidida a ser fuerte, pasara lo que pasara.

La decisión de mi esposo de alquilar una granja, en la que trabajamos como si fuera nuestra, fue una decisión acertada. Y fue realmente allí donde descubrí, con alegría, lo mucho que teníamos por hacer en los campos de Argentina.

La tierra virgen se extendía más allá del infinito, mientras mi mirada asombrada se perdía en cada atardecer detrás del horizonte, buscando esa línea que simulaba una pincelada derecha y oscura, iluminada por el resplandor dorado de un sol inmenso a punto de esconderse y que dividía el cielo de la tierra. Con mi mirada sentía que lo abarcaba todo. El cielo, las estrellas, el sol, la luna y la tierra firme bajo mis pies.

Era gracias a aquel descubrimiento de la grandiosidad de esta tierra promisoria, por lo que mis manos no se cansaban de trabajar en la huerta, en el jardín y en la casa, para hacer de nuestro hogar un refugio agradable, cálido y lleno de paz.

El cambio surtió en mí un efecto vivificador, pues desde aquel día trabajaríamos por lo que verdaderamente sería nuestro. Los sacrificios bien valdrían la pena, al igual que los callos de las manos y las horas quitadas al sueño, si esto nos permitía levantar un hogar para poder educar a nuestros hijos y para salir adelante.

Mi hija mayor, Amalia, había cumplido siete años y me producía alegría y sonrisas a la vez pensar que ella era, con sus escasos siete años, la mayor de todos. Eso significaba que luego, cuando pasaran los años, el resto de la prole la consultaría ante cualquier situación, le pedirían consejos y obedecerían sus órdenes como a una segunda madre. Pero verla en aquellos albores, vistiendo muñecas de trapo y tratando de enhebrar agujas para coser sus vestidos, me producía una sensación de feliz orgullo. De deber cumplido. Francisco era quien le seguía en edad y había cumplido cinco años. Por esas cosas de la vida se aferró a Amalia y la obedecía ciegamente. Juntos se pasaban largas horas conversando y desarrollando actividades de juegos y entretenimientos. Olga Esther con cuatro años y Enrique con dos, deambulaban por toda la casa en medio del barullo que su media lengua producía. Era una música constante; entre las risas de los mayores y la algarabía de los más pequeños, la tristeza había terminado por abandonarme. De verdad que el tiempo no me alcanzaba, pues los niños demandaban cuidados constantes y la casa debía continuar funcionando, al igual que todas las tareas de la granja. Yo no tenía a nadie que me ayudara con los quehaceres y, por lo tanto, para que todo funcionara a la perfección, como era mi gusto, me levantaba todos los días a las seis de la mañana y cuando volvía a reposar mi cabeza sobre la almohada eran más allá de las diez de la noche.

De no ser por la angustia que me producía no saber nada de mi hermana Augusta, hubiera pensado que la vida me estaba sonriendo, pues se deslizaba feliz y apacible en medio de las pampas argentinas.

"Todos llevamos nuestra cruz", solía decirme mi padre cuando era pequeña y mi cruz, por aquellos días, era Augusta. Sentía los clavos de su silencio, el peso de su carencia, el rigor de la incertidumbre y avanzaban los días torturando una parte de mi corazón. La otra parte la llenaban de risas y cariños mis niños, que nunca me dejaban sola y eran cada vez más demandantes de cuidados y de afectos. También Enrique compartía conmigo las tareas y la estricta educación alemana que le estábamos enseñando a nuestros hijos para que cada uno, según su destino, llegara al mañana siendo hombres y mujeres de provecho.

En aquellos años descubrí que no es lo mismo trabajar para los dueños de la tierra que trabajar para uno mismo, para tu propia familia. El sentido del deber es el mismo, pero el gozo del corazón es tremendamente mayor y las cosas se vuelven más livianas aunque sean demasiado pesadas. El paso se hace más ligero, aunque tengamos que caminar por los campos arados, y la alegría brilla en los ojos, aunque el polvo del viento los empañe, porque estamos forjando nuestro propio destino, y cuánto más felices si este se deja vislumbrar como promisorio.

La ausencia de Augusta en mi vida se hacía sentir con todas sus fuerzas.

Volvía a repetirse en mí esa extraña sensación de estar separada en dos. Con el alma repartida entre mis seres más amados, con los ojos en quienes me rodeaban y con el alma y el corazón en quienes añoraba.

Dicen que el valor de las cosas no está en el tiempo que duran, sino en la intensidad con que suceden. Y los pocos años vividos junto a toda mi familia me habían marcado para siempre. Habían sido de una intensidad profunda y clara. Y estaba añorando sus ausencias, los momentos inolvidables de mi niñez en Rusia, las cosas inexplicables que nos habían sucedido (el no poder adaptarse mi padre a un nuevo destino) y sobre todo, añoraba a las personas incomparables que habían sido.

Siempre viví de ese modo y llegué a acostumbrarme. Siempre tenía algo para añorar. Creo que, en la vida, todas las personas añoramos algo. Sería maravilloso poder atesorar en un arcón los afectos de toda la vida, los buenos consejos, las palabras sabias, las presencias queridas. Sin embargo, en nuestro viaje sideral por este mundo, las ausencias van poblando de recuerdos nuestra alma y hace que siempre añoremos algo: lo perdido, lo no vivido, lo dejado de lado. Por eso también traté por aquellos años, como cuando salí de mi Zhitomir natal, de agudizar mi memoria, guardar los detalles, para que pudiera revivirlos cuando lo deseara. En cualquier momento, como ahora.

Tenía la sensación de que a mi hermana se la había tragado la tierra. Y ese era mi temor. Temía por su muerte, pero sobre todo temía por su vida. Temía que estuviera malherida o dependiendo de otras personas, temía que no pudiera valerse por sí sola para escribirnos una carta y lo peor de todo era que, desde aquí, a tan tremenda distancia, sin medios para poder comunicarnos, con la mitad del mundo en guerra, nada se podía hacer.

Y nada sentía que hacíamos. Eso me desesperaba. El no poder hacer nada cuando realmente se quiere hacer algo. Era una lucha constante dentro de mi interior. Mi espíritu parecía templarse a golpes de timón, del timón de mi destino que me dejaba siempre la sensación de que algo me faltaba.

Tenía una familia, la que yo me había forjado. Una hermosa familia. Sin embargo, mi familia, aquella donde yo había nacido, se había esfumado en la nada. Solo Julia compartía mis alegrías y tristezas, solo a ella podía aferrarme para llorar mis penas.

Entonces me dediqué a rezar. Mi padre siempre me decía, cuando era niña, que la oración borra las distancias, aligera el alma de malos pensamientos, te acerca en un instante a quienes la necesitan y te comunica con los que amas. Entonces pensé que Augusta necesitaba de mis oraciones constantes.

Era una de mis hermanas pequeñas y, por lo tanto, yo me sentía responsable de ella. Esporádicamente también nos llegaban noticias de Helen desde Canadá, que se encontraba junto a mi padre y mis hermanos. Ella tampoco tenía tiempo para el ocio pues era la encargada de sacar adelante el pequeño hogar de Ontario, en la provincia de Alberta en Canadá.

Rodeada de montañas heladas, bosques milenarios, osos, indios e inmigrantes, vivía tan atareada como lo estábamos nosotras. Y tampoco por aquellas latitudes llegaban las noticias de Augusta.

Mientras el mundo continuaba debatiéndose en la Primera Guerra que lo abarcaba todo y que conmocionaba a la humanidad, mi pena continuaba abarcando mi corazón y conmocionaba mi vida entera.

"El destino es lo que uno hace de él", escuchaba la voz de mi padre en mi conciencia. ¿Por qué entonces dejarme abatir sin levantar las alas? Tomar impulso, cambiar el destino. Sin embargo, la pena me atenazaba, poniendo plomo en mis alas e impidiéndome levantar el vuelo. Supe entonces que la tristeza pesa más sobre nosotros que una tonelada de piedras.

Y las penas nunca faltan a la cita de nuestra vida. La Primera Guerra Mundial iba a alterar los ánimos de todos y los conocimientos que sobre las guerras tradicionales tenía la civilización, ofreciendo un cuadro de tanto horror y espanto que la humanidad sensata pensó que aquello no podía volver a repetirse.

Durante 1915 la explosión de alivio y entusiasmo de los primeros momentos de la guerra se tornó gradualmente en un sentimiento de decepción y de tragedia. Hacía más de un año que el mundo se debatía en una lucha sin final y, a medida que la "gran guerra" remontaba su brutal trayectoria, caían una tras otra todas las imágenes tradicionales del triunfo, del heroísmo y de la gloria. A lo largo del frente occidental (en medio de las trincheras, de las alambradas y de las ciénagas abiertas por las bombas, con cadáveres en descomposición), la guerra se convirtió en algo absurdo, disparatado y bestial.

Por primera vez en la historia una guerra sacudía al mundo entero y acababa para siempre con el viejo orden establecido.

Ante aquella situación intenté escribir varias cartas en las cuales se me mezclaban las frases, los sentimientos, los temores. Las enviaba metódicamente cada mes desde el correo de Murature. Y cada mes concurría ansiosa esperando encontrar dentro de mi casilla postal una misiva de mi añorada hermana. Pero jamás me llegaba una respuesta.

Una tarde de sol del mes de octubre de 1915 había terminado de escribir mi acostumbrada carta. A la mañana siguiente Enrique tenía que ir al pueblo y despacharía la misiva. La tarde era apacible, demasiado. Parecía que el tiempo se había detenido pues no se escuchaba el viento mover ni una hoja, ni a los pájaros cantar, ni a los polluelos piar. El campo se hallaba en un silencio extraño, absoluto. Por un instante un mal presagio cruzó por mi mente. Miré hacia el molino que no giraba sus aspas por la inmovilidad de la brisa y percibí la sensación de que el mundo se había detenido. Todo estaba estático, menos mis niños que seguían correteando por el patio. La tarde me pareció extraña, sin brisa y sin nubes. Yo con mis hijos estaba invitada a tomar el té en la estancia vecina, pues era amiga de la dueña. Uno de los peones me preparó el carro, con dos caballos mansos. Yo preparé a los cuatro niños, me puse un vestido azul de seda con flores blancas y, después de atarme un pañuelo a la cabeza, emprendí el camino al trote entre la algarabía de mi prole.

Enrique estaba junto al molino con uno de los peones, cargando un carro con cien bolsas de trigo y diez caballos para tirarlo. Parecían impacientes pues buscaban con sus patas hacer un hoyo en la tierra.

Me detuve unos instantes para saludar a mi esposo, luego tomé nuevamente las riendas del carruaje, di la orden a los caballos para retomar el camino y al irme alejando del molino, les dije adiós con la mano. Recuerdo que Enrique se sacó su sombrero para saludarme mientras me iba alejando y lo que más llamó mi atención fue que la tierra del camino no se levantaba como una nube, sino que permanecía estacionada y quieta sobre la huella.

La estancia vecina estaba cerca, a unos dos mil metros de nuestra casa, por lo que el paseo fue breve y ligero y transcurrió casi sin darnos cuenta.

Llegamos a la alameda que daba entrada al campo a través de un puente con rejas para evitar el paso del ganado y avanzamos al trote. Por momentos el sol pareció nublarse pero luego volvía a aparecer con toda su intensidad. Llegamos a la edificación de la estancia y descendimos sobre la rotonda llena de flores que daba paso a la galería central de la casa donde me esperaba Juanita, mi amiga y vecina. La estancia llevaba su nombre, pues su esposo se la había obsequiado. Los niños de la familia tenían más o menos la misma edad que los nuestros, así es que por cercanía y afinidad compartían una buena amistad.

Juanita había dispuesto el té bajo la galería. La mesa con un mantel blanco almidonado se ofrecía como un placer para los ojos. Un ramillete de lilas adornaban el centro, mientras una profusión de pastelillos y tartas hacían las delicias de los niños y nuestras. Toda la prole tomó sus vasos de leche fría, con galletas y dulce de leche caseros que mi amiga hacía semanalmente con toda la leche que se ordeñaba en la estancia y que resguardaba a la sombra fresca y silenciosa de un aljibe. Mientras los niños se fueron correteando al jardín, nosotras conversamos animadamente. Le confié mis temores sobre Augusta, sobre la guerra, y la tristeza profunda que me producía imaginármela tristemente muerta. Y como un presagio, en ese instante, un rayo atronador, pareció partir el aire de octubre y clavarse en la tierra.

El estruendo fue tan brutal que los niños volvieron todos a refugiarse entre nuestros brazos en medio de los gritos y llantos de miedo. La tarde se había vuelto noche de golpe, y un viento fuerte sacudió las puertas y las ventanas que parecían golpearse sin fin. Todos corrimos a refugiarnos en la sala. Cerramos con las trancas de hierro la puerta que parecía querer abrirse por las fuertes ráfagas de viento. Y al mirar a través de los vidrios hacia nuestra granja, observé una columna de polvo que se elevaba hasta el firmamento de un color gris plomizo. Y tuve miedo. Tuve miedo, porque no se podía ver absolutamente nada más que aquel fenómeno extraordinario que se elevaba hacia el cielo.

El ruido atronador que le acompañaba duró unos quince minutos. Luego volvió la calma, el sol reapareció como si nada hubiera sucedido y el tiempo volvió a detenerse, como en una figura irreal, donde todo adquiría una calma extraña.

Me quedé por espacio de otra hora y, cuando el sol comenzó a descender, emprendí el camino de regreso a casa, con un poco de temor de que aquella tormenta hubiera causado estragos en la granja.

Salimos de la estancia "La Juanita", cruzamos la calle y emprendimos nuevamente el regreso al trote de nuestro carruaje. Mientras íbamos avanzando hacia nuestra casa observé que la tierra estaba como removida, como si por allí hubiera pasado un arado gigantesco, arañando los terrones, arrancando las hierbas. Yo no salía de mi asombro. La casa se veía a lo lejos pero todo estaba como en una extraña quietud. El molino tenía algo extraño que no alcanzaba a distinguir qué era. A Enrique y los peones no se les veía fuera pero desde lejos la casa se divisaba como siempre, al igual que el conjunto de árboles que la rodeaba.

Ya oscurecía y las cosas se iban tornando borrosas a esa hora del crepúsculo. Pero fue al pasar junto al molino, que nos quedamos todos petrificados. Uno de los caballos que había estado atado al carro con las cien bolsas de trigo se hallaba muerto y enredado entre las altas patas de hierro del molino pero el carro y las bolsas habían desaparecido. El corazón me dio un vuelco.

Llegué aterrada a la casa, pensando en mi esposo. Pero Enrique, percibiendo mi ansiedad, salió serenamente de la casa y me tranquilizó. Un tornado había pasado por nuestra granja. La casa estaba intacta, solo había derribado una rinconera sin importancia, pero el carro y el caballo no tuvieron la misma suerte. El viento había levantado al animal y lo había arrojado contra el molino, llevándose para algún lado del infinito universo el carro cargado con las cien bolsas de trigo, que jamás aparecieron. Los otros caballos ya estaban en el campo cuando se desencadenó la tormenta.

A causa de este extraño episodio, mi esposo se hizo conocido en toda la colonia Murature y en otros pueblos vecinos...».

XXI

MIS NUEVOS VÁSTAGOS

Domingo, 25 de mayo de 1980

«Los días, los meses y los años fueron pasando, atados a la rutina y al trabajo de criar a nuestros hijos y sacrificarnos para que nuestra familia no pasara privaciones. Las doscientas cincuenta hectáreas de la granja resultaban escasas, por tal motivo, mi esposo, buscando siempre un mejor destino, decidió que era tiempo de cambiar el lugar de nuestro hogar. Había observado que los campesinos de la región no tenían un sitio donde comprar la carne vacuna para alimentarse, entonces decidió adquirir un campo de trescientas hectáreas e instalar en él una carnicería además de nuestra vivienda. Tendríamos nuestra hacienda, la cual faenaríamos y venderíamos también para nuestro sustento y, con el campo, seguiríamos sembrando y criando vacas y terneros que servirían para abastecer dicho mercado.

Corría el año 1918. La tarde que nos mudamos el viento se había desatado de tal modo que no se veía ni a diez metros. Con los pañuelos atados en nuestras cabezas, Julia y yo embalamos todas las cosas mientras Enrique, con unos peones, iba subiendo todo en los carros. Era la hora de la siesta de un mes de agosto, ventoso y seco. El mes anterior, el 16 de julio, el zar Nicolás II y a quien yo conociera, había sido asesinado junto a su familia por los bolcheviques. Las potencias que habían sido aliadas de la Rusia zarista, temerosas del contagio revolucionario, establecieron lo que se llamó el "cordón sanitario" antibolchevique (es decir, un riguroso bloqueo marítimo) y enviaron armas y pertrechos a los ejércitos blancos (no comunistas) para terminar apoyándolos con tropas.

Abandonamos la casa que nos había cobijado durante tres sacrificados y expectantes años porque el futuro que se vislumbraba ante nosotros parecía mejorar con el paso del tiempo. La granja estaba a pocas leguas de la que dejábamos y esto también significaba un motivo para no extrañar demasiado la tierra donde nos íbamos arraigando. Poco a poco me iba sintiendo cada vez más criolla, sentía la tierra como mía y más ahora, que estaban naciendo en ella nuestros hijos.

De Augusta no habíamos vuelto a tener noticias y Julia y yo nos imaginamos lo peor. Lo más triste para nosotras era que tampoco teníamos a quién recurrir para preguntar por ella. Nuestras cartas partían cada dos meses pero ninguna respuesta llegaba de vuelta. No obstante, seguíamos haciéndolo, pues pensábamos que si Augusta no podía escribir, o ver, alguien (si es que estaba viva) podía leérselas o escribirnos en su nombre.

Llegamos a la nueva granja al atardecer, cuando el sol parecía ocultarse detrás del horizonte. El viento se había calmado pero un polvillo reseco parecía flotar a escasos centímetros de nuestros pies cuando bajamos de los carros. La casa donde viviríamos estaba rodeada de un monte de tamariscos y eucaliptos. Era una casa sencilla de techo a dos aguas de chapa y madera y de ladrillos de adobe revocados. Mi esposo la había hecho blanquear antes de mudarnos y lo que más me agradó es que tenía unos gallineros inmensos para criar toda clase de aves.

Julia se quedó conmigo tres días hasta acomodar lo esencial dentro de la casa y la carnicería comenzó a funcionar a la semana. Mi esposo había dispuesto que un carnicero se hiciera cargo de la atención permanente junto a un ayudante y el dinero que iban cobrando me lo dieran a mí para que yo llevara las cuentas. Fue muy agradable ver la alegría de la gente de los campos vecinos, acostumbrada a comer todo el año carne de oveja o cordero. Tener una carnicería les permitiría de ahora en adelante ampliar la dieta incluyendo la carne vacuna.

Al año siguiente el campo se cubrió de alfalfa que daba de pastar a la hacienda que mes a mes iba aumentando en número y en kilos, y comprobé con satisfacción que había quedado nuevamente encinta, mientras los cuatro mayores iban creciendo sanos y asumiendo nuevas responsabilidades. Este hijo sería el quinto y decidí que se llamaría Roberto, como mi padre que aún vivía en Calgary, Canadá, junto a *Leo*, *Willy* y Helen. Me sentía bien con la nueva granja, y *Enriquito*, como le decíamos al menor de todos, iba a cumplir sus cinco años.

El 11 de noviembre de 1918, cumpleaños número cinco de mi hijo pequeño, como un presagio de buena esperanza, se firmó el armisticio que puso fin a la Primera Guerra Mundial. El número de víctimas militares se estimaba que había excedido los ocho millones.

Ese día también recibimos una carta de Peter, el esposo de Lidia. En ella nos contaba que estaba viviendo en Polonia. Había podido escapar con vida de Siberia, pero esa fue su última carta y nunca más volvimos a saber de él ni de sus hermanas. Los lazos con mi adorada Rusia parecían cortarse de uno en uno, como los hilos de un telar quemado por el sol y por el tiempo. Tampoco mi padre pudo devolverle el dinero a su primo Rodolf, porque cuando volvió a Alemania, intentó dar con él o con su mujer, pero todas las cartas le fueron devueltas. Los lazos con todos aquellos que habían sido mi familia se habían perdido para siempre tras la "cortina de hierro".

Allí experimenté por primera vez la sensación de desarraigo. Los lazos que nos habían mantenido unidos en Rusia, parecía que habían dejado de existir al llegar a Argentina, pero no por cuestiones afectivas sino por cuestiones políticas ajenas a nuestros mejores sentimientos.

Yo trataba de buscar trabajos que me hicieran mantener mi mente ocupada para no pensar en todos aquellos familiares que tanto habíamos querido y que ya jamás volveríamos a ver.

Por lo tanto en el año de 1919 me propuse criar gansos y patos para abastecernos de carne variada y además porque, con sus plumas, yo fabricaba, para cada uno de mis hijos, cobertores de abrigo para las noches heladas del invierno. Notoriamente fue un año en que llovió mucho y el pasto abundaba, además de las semillas, lo cual me facilitaba el trabajo de alimentarlos, puesto que cuando los alimentos escaseaban, había que darles pan con leche para suplir las deficiencias.

Las bandadas de gansos iban creciendo al igual que mi vientre. El quinto vástago se hacía notar por lo movedizo y saludable y yo, a pesar de la tristeza por la ausencia palpable de Augusta, había recuperado la felicidad.

Por las mañanas, en primavera, era una delicia ver a la bandada de patos blancos y gansos grises, que iban a paso marcial a bañarse en la laguna, atravesar el campo que rodeaba la casa. El sol reflejaba en el agua destellos que encandilaban y yo debía hacerme sombra con la mano sobre los ojos para poder observarlos y contabilizar si todos estaban allí. A veces los zorros y las víboras hacían estragos con los animales y había que estar siempre alerta. Recuerdo una mañana de verano que encontré una víbora enroscada en el malvón de una maceta que estaba a la entrada de mi dormitorio; fue tal mi preocupación ante el temor de que aquellas alimañas entraran dentro de las habitaciones donde dormían los niños, que decidimos dejar siempre las puertas cerradas y abrir solo las ventanas que estaban resguardadas con tela mosquitera. Había también unos pájaros llamados halcones, carniceros y carroñeros, que bajaban volando en picado para tomar en sus picos afilados a los débiles polluelos recién nacidos de las gallinas, patas, gansas o pavas. Los animales se reproducían pero había que prodigarles muchos cuidados y atenciones. "El ojo del amo, engorda el ganado", repetía mi esposo y en aquella frase encontré el sentido a mi trabajo. Si yo no cuidaba lo mío, ¿quién iba a hacerlo mejor que yo?

Llegó el verano de 1920 repleto de lluvias, pastos, crías nuevas y una renovada alegría dentro de mi alma. Esperaba con ansia a este nuevo hijo, pues a pesar de ser rígida en la crianza de los niños, me gustaba mecerlos entre mis brazos. Era como cobijar una parte nuestra, que nos pertenecía y que se extendería más allá de nuestras vidas. Era nuestra vida que continuaría a través de otra y otra y así sucesivamente, irían pasando las generaciones. Lamenté profundamente en aquellos días el que Lidia nunca experimentara la maravillosa sensación de tener un hijo. Había muerto tempranamente sin una descendencia y sin poder sus labios pronunciar jamás el nombre de su niño.

Pasó el verano y el primer día de otoño de 1920, el 21 de marzo, comencé a sentir de madrugada que el niño nacería ese día. Mi esposo se vistió deprisa, me ayudó luego con el abrigo y el bolso, y así salimos en un carruaje rumbo a Salliqueló, de donde nos separaban seis leguas. La mañana estaba fresca y el aire helado me golpeaba en la cara, pero los dolores de mi vientre no me hacían pensar más que en el próximo nacimiento. Llegamos al hospital del pueblo estando yo a punto de dar a luz. El enfermero y el médico me ayudaron a descender y me llevaron de inmediato a la sala de partos. Ni me habían casi acostado sobre la camilla, cuando pujé con fuerza, ya que no daba más conteniendo al niño y ya estaba Roberto asomándose a la vida. Llegó con toda felicidad, salud rebosante y berridos fuertes. Era rubio al extremo y sonrosadas sus pequeñas mejillas, sus ojitos color miel y una boquita que pedía de mamar a cada rato.

Mi esposo se sintió feliz de tener un nuevo vástago varón, pues ayudaría cuando fuera mayorcito en las tareas de la granja.

A los tres días de haberse producido el parto, el médico me dio de alta y emprendimos el regreso al campo. La granja se llenó de alborozo y algarabía. En casa, además de mi hija Amalia que ya tenía doce años, estaba Olga, mi segunda hija de nueve años y amiga inseparable de Saturnina, una de las cuatro hijas de mi hermana Julia.

No había acabado de bajar del carruaje cuando Olga (Tití, como la llamábamos) y Saturnina se ofrecieron a cuidar del bebé como si fueran sus propias madres y, para aliviarme, decidieron que ellas me ayudarían a cambiarle los pañales.

Dejé al pequeño sobre la gran cama de mi cuarto y coloqué un pequeño cobertor debajo para que las niñas pudieran asearlo. Estaba yo de espaldas cambiándome el vestido del viaje cuando, de pronto, sentí que el pequeño lloraba y tosía. Ante el temor de que el bebé se estuviera asfixiando por algo desconocido para mí, corrí al borde de la cama y descubrí que mi hija y mi sobrina le habían puesto talco en sus mejillas porque las veían muy sonrosadas. Después del susto y de las consabidas explicaciones, nos dio mucha risa aquella travesura, que por suerte nunca más volvió a repetirse para mi tranquilidad.

Pasaron los meses de otoño, pasó el invierno repleto de heladas por tanta humedad en los campos y una tarde de primavera, estaba yo sentada en la galería amamantando al pequeño Roberto, cuando observé por el camino que entraba a la granja un carruaje que corría a toda velocidad. Cuando llegó al patio de la casa, descendió de él uno de los empleados del correo de Salliqueló. Sentí que la sangre se me helaba, pues nada debía tener tanta urgencia para recorrer seis leguas a todo lo que daban los caballos. Traía entre sus manos una carta de Alemania. El corazón me latía dentro del pecho como si se me fuera a salir o a estallar. Sentí que me iba a caer desvanecida, mientras la mano del empleado de correos iba entregándome el sobre con los sellos del correo alemán.

La carta llegó en el momento menos oportuno, en ella, alguien a quien yo no conocía me escribía diciendo que Augusta había muerto sobre el final de la guerra. La persona que redactaba la misiva había encontrado en la morgue los documentos, direcciones y otros objetos sin demasiado valor que pertenecían a Augusta y había decidido escribirnos para darnos la infausta noticia.

Pedí a mi hija Amalia que sostuviera en sus brazos al niño y me fui tambaleando hasta la cocina, bebí como pude un vaso de agua con azúcar y me senté a repasar con mis ojos lo que mi alma se negaba. Las letras estaban allí, firmes, inconfundibles, donde me volvían a decir una y mil veces que Augusta ya no estaba. No podía comprender la sinrazón de la guerra, la muerte inútil de millones de almas inocentes y de vidas truncadas sin llegar jamás a realizarse como personas en un mundo mejor. Estuve ensimismada y triste, sin pronunciar palabra, hasta que se hizo de noche. No podía hablar con los niños, tenía que contenerme para que no me vieran llorar. Cuando llegó mi esposo le acerqué la carta y él pudo ver en mis ojos que lo peor había acontecido. Nos abrazamos y lloramos en silencio los dos pensando en el destino tan terrible de Augusta, en sus sufrimientos, en sus dolores, sola y sin nadie que pudiera darle una mano de ayuda. Igual que Lidia. ¿Por qué las circunstancias iban llevando a mis hermanas hacia la muerte sin que nadie pudiera evitarlo? Aunque la muerte fuera inevitable.

A la mañana siguiente mi esposo envió un peón a la quinta de Julia con la terrible misiva. El fin de semana nos encontró nuevamente atribuladas y tristes, pensando en el destino marcado que llevábamos sobre nuestras cabezas. Lo peor sería comunicarle a mi padre la noticia. Enrique fue quien lo hizo. Escribió una carta y adjuntó la que había llegado de Alemania. La respuesta de mi padre y hermanos no se hizo esperar. Mi padre nos consolaba con palabras de la Biblia y nos daba ánimos para seguir adelante. Decidí tomar su ejemplo y no desfallecer ante las adversidades, no sin antes pedirle a Dios que me concediera el mayor deseo: morir yo, antes que cualquiera de mis hijos.

La granja seguía dando sus frutos en semillas, hacienda, venta de carnes, y el patrimonio de mi esposo fue creciendo para beneplácito y alegría de toda la familia. No eran tiempos fáciles, mas sí sacrificados, pero el sacrificio volvía en crecimiento económico y alivio para seguir adelante en la crianza de nuestros hijos, en un venturoso porvenir.

En el mes de agosto de 1923 me quedé encinta nuevamente de mi último hijo. Para mi sorpresa, el médico de Salliqueló, en la primera cita que tuve, llamó a mi esposo y le explicó que los niños eran dos. Serían mellizos. Su consejo era que nacieran en Buenos Aires, donde había medios y técnicas más avanzadas, por si el parto resultaba difícil. Me fui haciendo a la idea de que tendría que viajar sola y hospedarme en la casa de una tía de mi esposo que residía allí.

Llegó la primavera y luego el verano, mi huerta estaba repleta de frescas acelgas, resplandecientes lechugas, blancas coliflores y cuanta verdura pudiera uno imaginar. Yo me sentía feliz pues viviendo en el campo todo lo que la huerta brinda es la mayor riqueza. Una mañana al levantarme sentí un chasquido en la ventana. Miré asombrada lo que sucedía y pude ver una langosta que se había estrellado contra la pared. Salí a la galería y comencé a ver, desde donde estaba, cómo en el gallinero las aves corrían alborotadas buscando algo. Salí por la pequeña puerta que daba a los corrales para observar de cerca lo que acontecía y descubrí, con horror, que lo que buscaban las gallinas eran las langostas que caían sobre ellas. Pero cuando el cielo se oscureció por la invasión de aquellos insectos y comenzaron a caer en profusión sobre las cabezas de las aves, estas corrieron a refugiarse dentro de sus gallineros y yo corrí hacia mi huerta. No podía dar crédito a lo que mis ojos veían. En pocas horas las langostas habían devorado todas las verduras y la tierra parecía arrasada por el paso de un ejército gigantesco. Y al agotarse las reservas de mi huerta se estaban comiendo hasta las cortezas de los árboles que por aquel año, húmedo y lluvioso, se habían reblandecido.

Recuerdo que lloré mucho aquella noche y al día siguiente le pedí a Enrique que me ayudara a volver a levantar lo que con tanto esmero yo había logrado y la plaga me había comido. Enrique asintió a mi petición y como por aquellos días un vagabundo de gorra colorada pasaba por el campo ofreciéndose para trabajar en lo que nosotros quisiéramos, mi esposo lo mandó a escardar la huerta. El caminante aquel había estado observando que la granja funcionaba con el trabajo de muchas personas y, por consiguiente, abundaban en ella muchas cosas, además de la comida. Esto lo motivó para pedir a mi esposo otros trabajos, ganarse algún dinero y quedarse varios días, con el propósito de observar nuestros movimientos. Tal vez podría robarnos algo de valor que le sirviera y luego huir sin ser descubierto.

Pero nosotros no sospechábamos nada. Una tarde la cocinera, que se llamaba Tona y a quien yo apreciaba mucho por su fidelidad y bondad (vivía en casa con sus dos hijos mayores, pues el esposo la había abandonado) nos confió que tenía miedo de aquel hombre de gorra colorada porque, después de la cena, cuando todos los peones se retiraban a descansar, él se quedaba sentado, sin pronunciar palabra, observándola. La pobre mujer tenía mucho miedo de que algo malo le sucediera y me confió aquella preocupación. De inmediato yo se la confié a mi esposo. Aquella noche, cuando todos se retiraron a descansar, Enrique volvió a entrar a la cocina y lo vio en silencio, observando a Tona mientras lavaba la vajilla de la cena. Le preguntó qué estaba haciendo pero el vagabundo le respondió que a él nada le importaba y que se quedaba allí porque le gustaba la cocinera. Mi esposo llevaba en la mano un vaso con agua y se lo tiró por la cara diciéndole que se retirara de inmediato pero el vagabundo, cogiendo un cuchillo que tenía sobre la mesa, se levantó y comenzó a perseguir a mi esposo que estaba desarmado. Mi esposo salió y comenzó a correr alrededor de la casa. Ismael, el hijo mayor de la cocinera y ahijado de mi esposo, le alcanzó a toda prisa un machete que estaba en la puerta de la sala, ya que esa tarde había sido usado para podar unas ramas. "Tome padrino", le dijo, y a toda velocidad se lo extendió. Así fue como mi esposo, trabándose en lucha con aquel hombre, lo echó del campo.

Habíamos olvidado el episodio con el transcurso de los días pero cuando llegó el mes de enero de 1924 y hubo que quemar los cardos secos que tapaban los alambrados del campo, uno de los peones observó que bajo las matas de pasto que se apretujaban contra las alambradas había algo que cambiaba el color del fuego y del humo. Se acercó con curiosidad y descubrió un montón de herramientas de nuestra herrería que hacía tiempo que habían desaparecido y nadie las podía encontrar. Aquel vagabundo había ido atesorando bajo los pastos cuanto artículo de utilidad encontrara para algún día poder llevárselos. Lo que no soñaba era que iba a tener que salir huyendo cuando atacó a mi esposo con el cuchillo y, olvidándolos, se marchó lejos. Felizmente mi esposo recuperó lo perdido y el vagabundo fue denunciado y apresado por unos días para recibir un escarmiento.

Con tanto trabajo y aventuras, los meses pasaron raudos.

Sobre los primeros días de mayo de 1924 viajé en tren a Buenos Aires para dar a luz. Puse el ánimo en los consejos y ejemplo de mi padre que no se atribulaba frente a nada, y emprendí el camino para poder dar a luz en un centro más experimentado que los de los pueblos agrarios que nos rodeaban.

Llegaba a Buenos Aires por segunda vez en mi vida. La ciudad había crecido mucho más desde que llegáramos en barco con toda la familia y me resultaba totalmente desconocida. Tuve temor a perderme y no saber a dónde ir. Para mi alegría, la tía de mi esposo, Katharina Felicitas, me estaba esperando en el andén. Me abracé a ella con emoción, pues las circunstancias que me traían a Buenos Aires eran inciertas hasta que no se produjera el alumbramiento.

Viví con ella y con su esposo aproximadamente veinte días. Me apreciaban mucho y me llevaron a conocer y recorrer la gran ciudad que me impresionaba por la cantidad de luces, personas y automóviles que por ella circulaban. Pero por las noches, al quedarme sola y en silencio dentro de mi habitación, pensaba en los niños que habían quedado en el campo junto a mi esposo y me asaltaba el terrible temor de perder la vida en el parto. Sobre todo porque yo había pedido a Dios que me concediera el deseo de morir yo antes que cualquiera de mis hijos.

Era la madrugada del 29 de mayo de 1924. Comencé a sentir la extraña sensación de que me desvanecía de los dolores en el vientre. De inmediato nos trasladamos al hospital. Un hospital señorial, inmenso y lleno de pasillos que me impedían saber hacia dónde tenía que dirigirme con urgencia. La sala de partos estaba al lado de las emergencias, por tal motivo no hubo que andar mucho. Me internaron y, como en todos mis partos, el alumbramiento fue fácil, pero los dolores se habían duplicado porque los niños eran dos y continuaban aún con más intensidad aunque hubiera nacido el primero. Escuché el llanto del recién nacido y me serené, "todo iba bien", pensé interiormente, pero no tuve tiempo para descansar pues, apenas nació el primer niño, el segundo pujaba ya por salir y no había tiempo que perder. El cansancio estaba a punto de desmayarme pero empujé con fuerzas. Sentí que el vientre se me desgarraba pero lo escuché llorar con brío y supe que mi deber estaba cumplido. Cerré los ojos y esperé a que el médico cortara el cordón, extrajera la placenta y me acercara a mis dos nuevos vástagos para poder mirarlos. Así lo hicieron. Al cabo de media hora me trajeron a los niños para que les diera de mamar. Al verlos me emocioné mucho. Luis y Óscar estaban allí y pedí un sacerdote para que los bautizara. Con la ayuda de la enfermera puse a uno en cada pecho, mamaron hasta dormirse y luego se los llevaron a la guardería. En una hora llegó el sacerdote que yo había solicitado y me volvieron a traer a los niños. La tía Katharina Felicitas y su esposo fueron los padrinos en aquella improvisada y sencilla ceremonia de bautismo que se efectuó dentro de la misma sala del hospital. Esa mañana y esa tarde hasta la siesta descansé. Pero cuando a las cuatro horas cumplidas debían traerme nuevamente a mis mellizos para que les volviera a dar el pecho, solo me trajeron a Luis. Pregunté a la enfermera por Óscar y me contestó que estaba en la enfermería pues había nacido con una infección en su ombliguito y que yo no podía verlo. Me levanté como pude pero la hemorragia y el cansancio de haber dado a luz hicieron que me desvaneciera. Cuando recuperé la conciencia estaba el médico a mi lado. Pregunté de nuevo qué sucedía con uno de mis hijos y volvió a contestarme lo que yo ya sabía. Pedí en mi desesperación y soledad hablar con el director del hospital. Al cabo de una hora apareció otro médico en la puerta. Su cara seria y adusta me hizo temer una tragedia.

—Su hijo ha muerto, señora —me dijo sin miramientos.

Lo miré incrédula. Mis oídos no daban crédito a lo que estaba oyendo, pero él volvió a repetírmelo como para que ya no me quedaran dudas.

—Su hijo ha muerto.

Un grito desgarrador se escapó de mi boca.

—¡No, Dios mío! Si hoy le he dado de mi pecho, si estaba rozagante, ¡pobre mi niño bueno! —Y comencé a llorar sin consuelo.

Entre llantos le pedí a quien creí era el director del hospital:

—Quiero tocarlo. Despedirme.

Pero todo fue en vano. Era como si no me escucharan. Imploré, lloré, grité, pero nadie me respondió. Al niño jamás me lo mostraron, nunca más volví a verlo. Ni siquiera muerto.

Solo volvieron a apoyar contra mi pecho al pequeño Luis, regordete y rubio que lloraba a mares y no tenía consuelo. Tal vez intuía que su hermano de viaje en el útero materno lo había abandonado tempranamente.

Lloré desconsolada, sola. No me alcanzaban los pañuelos para enjugar tantas lágrimas. Había perdido a mi primer hijo. Ojalá que la vida escuchara mis ruegos y no sucediera eso nunca más mientras viviera.

Pero en el fondo de mi alma llevé clavado por siempre el estigma de esa desaparición misteriosa. Mi corazón de madre me dijo, durante toda la vida, que aquel niño me lo habían robado, que no había muerto, que estaba vivo. Mas yo nunca lo supe y debo confesar que fue siempre para mí un martirio que llevaré conmigo, calladamente, hasta el día de mi muerte...».

XXII

EL RETORNO

Domingo, 1 de junio de 1980

«A los diez días de haber nacido Luis, Katharina Felicitas y su esposo me acompañaron a la estación de trenes para emprender el regreso. Regresaba cargada de amargura. Mas debía sobreponerme por los seis hijos a quienes yo les debía mi vida entera. No bastaba con dar pasos que me condujeran hacia un destino determinado, cada paso debía ser en sí mismo un destino firme, al mismo tiempo que me hiciera avanzar, ya que solo cuando sabes dónde vas eres capaz de llegar a donde quieres.

Y yo sabía a dónde quería llegar. Quería llegar a mi vejez rodeada de mis seis hijos con sus esposas o esposos y sus hijos, es decir, con mis nietos. Sangre de ese torbellino ancestral que nos llega desde hace milenios hasta perderse en la hondura misteriosa de los tiempos, de un futuro que jamás nadie podrá abarcar.

Me abracé a la querida tía, luego ella besó a mi pequeño Luis y subí al tren que de inmediato hizo sonar la campana y el silbato y emprendió la travesía. Me quedé detrás de la ventanilla diciéndole adiós con la mano hasta que la perdí de vista. Mi niño dormía y yo recosté mi cabeza sobre el asiento

255

y entorné los ojos. De pronto sentí la voz de mi padre al oído: "Quiero que guardes la llave de un secreto que te ayudará a vivir. Un secreto que llevarás por siempre dentro del alma para que te consuele cuando te sientas sola. Escucha bien; Olga, piensa en algo fervientemente y terminarás lográndolo. Solo deberás disponer tu mente y tu alma para lograr el objetivo y lo demás se dará por añadidura".

Volví a pensar fervientemente en aquel deseo de morirme antes que mis hijos y sin dar trabajo a nadie y me quedé dormida. Tal vez, como en los años de mi perdida infancia, volvería a cumplirse mi sueño. Aquella vez había sido visitar San Petersburgo, ahora vivir menos que cualquiera de mis hijos. El tren atravesó, casi en toda su extensión hacia el oeste, la provincia de Buenos Aires y se detuvo en un pueblo de La Pampa llamado Catriló donde me esperaba mi esposo. Había viajado toda la noche y ya estaba amaneciendo. Arropé bien al pequeño, me puse el abrigo, cogí mi maleta con la otra mano y descendí del tren. Enrique vino enseguida en mi ayuda. Me abrazó fuertemente y luego tomando al niño entre sus brazos, lo besó en ambas mejillas y me lo volvió a entregar. Cargó la maleta en el carro y emprendimos el camino a casa. Yo apenas podía balbucear palabras que no salieran junto con mis lágrimas. Durante el trayecto me consoló diciendo que la vida nos sorprende en cada recodo del camino y que hay que estar preparados para todas las circunstancias, fueran dulces o amargas. Sus palabras serenas me hicieron bien. Comprendí entonces que yo era una mujer preparada para las cosas duras, difíciles y sobre todo desafiantes. El tesón de mi voluntad y la fuerza de mi espíritu me los había inculcado mi padre desde pequeña. También lo había hecho con Julia, con Lidia y con Augusta. Fue tal vez por eso que en ese momento sentí un gran alivio dentro de mi corazón. Las personas fuertes luchan más y sienten menos los obstáculos del sendero, ellos son como un acicate en el camino de la vida, un constante desafío que nos hace sentir vivos, sentir que aún podemos.

Llegamos a la granja. Todos mis hijos nos esperaban entre temerosos y tristes, mas al bajar y ver a su nuevo hermano de sus caras brotaron la alegría y las sonrisas. Abracé a uno por uno, los besé y les fui mostrando al más pequeño que había comenzado a sonreír ante tanta algarabía. Cuando acosté a Luis en la cuna, Roberto (*Porotito*, como le decíamos por su pequeña naricita), de cuatro años, se asomó entre los barrotes con ojos de asombro y se quedó mirándolo en silencio durante varios minutos, como tratando de descubrir algo que nadie había advertido. Había descubierto que Luis tenía un chupete (se lo habían dado en el hospital) que ponían en su boca y eso le llamaba mucho la atención.

La granja y la carnicería parecía que fructificaban solas, mas detrás de todo estaba el trabajo tesonero de toda la familia; de mi esposo sobre todo, porque él era el alma de todo lo que se hacía; de mi hijo mayor, Francisco (*Pancho*), que ya había cumplido catorce años y obedecía en todo a su padre; de la ayuda inestimable de Amalia, la mayor de las mujercitas, que ya había cumplido dieciséis años y era la que cosía la ropa de todos en la casa. Desde pequeña jugaba con las muñecas, a vestirlas y desvestirlas, les hacía pantalones de montar, chaquetas y sombreros, vestidos de fiesta y de tarde, delantales para que no se ensuciaran y medias de lana tejidas para los días de invierno. Amalia siempre fue distinta de Olga Esther (*Tití*), pues era serena, paciente, amaba las flores, bordar y estar ocupada en tareas que demandaran cuidado y paciencia. Olga Esther (*Tití*) era un torbellino de alegría. Donde ella estaba siempre había risas, entretenimientos, era todo corazón y trabajo duro. Me ayudaba en la cocina y con sus trece escasos años cocinaba para los veinte o treinta peones que, a veces, trabajaban en los campamentos de la granja ayudando a mi esposo Enrique que por aquellos años era contratista.

Tití trabajaba de la mañana a la noche y para mí fue siempre como el pequeño árbol que creció derecho y en quien yo podía reposar mi frente. Fue como tener en ella un apoyo y un alivio y así lo será hasta el día de mi muerte. Nunca me daba problemas, en cambio, siempre tenía soluciones. Ella solucionaba todo, a pesar de su corta edad. Siempre con una sonrisa, improvisaba comidas exquisitas con unas patatas y unos trozos de cordero o de ovejas recién descuartizados. Parecía un hada dentro de la cocina y así la recuerdo, rubia, regordeta, alegre, bonita y, sobre todo, con un corazón inigualable en bondad y ternura.

Amalia, la mayor, también era extremadamente generosa y sacrificada, con una belleza etérea y suave. Pero, sobre todo, lo que más me impresionaba de ella era su intuición. Recuerdo que cuando cumplió nueve años una mañana me dijo:

—Mamá, tengo que contarte un sueño extraño.

—¿Un sueño extraño? —pregunté yo temerosa.

—Tan extraño que parece mágico.

—Cuéntamelo deprisa, Amalia, que estoy impaciente —le respondí, y me senté en una silla a su lado.

—¿Sabes, mamá?, yo hace varios días perdí el anillito que me regalara la abuela Katharina para mi cumpleaños. Jugando en la herrería se me resbaló del dedo anular y salió rodando sin poder ver dónde fue a dar. Lo estuve buscando más de una hora por temor a la consabida reprimenda tuya, pero todo fue en vano.

—Continúa Amalia, que me tienes intrigada.

—Pues verás lo que me ha sucedido. Anoche soñé que volvía a la herrería a buscar el anillo perdido. Dentro de la herrería, yo elevaba mi mirada sobre una pared donde había una repisa y sobre la cual yo no alcanzaba a ver qué había. Mas extendía el brazo y con la mano cogía un lápiz que alguien había depositado sobre ella. Agarraba el lápiz y al bajar la vista en dirección perpendicular al suelo, descubría una cueva. Algo me decía que yo debía introducir el lápiz en la cueva. Y así lo hice.

—¿Y qué pasó, Amalia? —pregunté preocupada.

—Introduje el lápiz dentro de la cueva con cautela y noté que la punta rozaba algo. Arrastré el lápiz sobre lo que había tocado hacia fuera, y apareció una media. Y, ¿sabes una cosa mamá?, sobre la media que mi lápiz arrastraba, venía el anillo.

—Bueno Amalia, deberás comprender que todo fue un sueño —respondí más aliviada.

—No mamá, no fue un sueño. Hoy al levantarme fui corriendo a la herrería. Busqué con mis ojos la repisa y la encontré, extendí mi brazo y, cuál no sería mi sorpresa, allí estaba el lápiz, bajé la vista y apareció la cueva, introduje el lápiz y rocé algo, empujé hacia fuera y apareció la media, la arrastré con el lápiz y sobre ella apareció mi anillo. Y aquí lo ves, lo tengo de nuevo en mi dedo. Estoy feliz, pues no habrás de retarme.

Me quedé mirándola asombrada, llena de estupor. Amalia había tenido una premonición y tuve miedo. Ese episodio solo se lo comenté a mi esposo, quien no le dio demasiada importancia, mas yo lo guardé dentro de mi corazón para siempre, hasta el día de hoy.

Mi hijo Enrique, con once años, ayudaba a Francisco y a mi esposo en las tareas de la granja. Desde pequeño, al igual que Francisco (*Pancho*), amaba la hacienda, los rodeos, las vacas lecheras y sus terneros. Sobre todo le gustaba ordeñar las vacas que acababan de parir para traer la leche fresca a casa. Con ella cocinábamos postres, hacíamos manteca, extraíamos la nata para hacer tartas y masitas, como en mis años de Rusia. Hacíamos requesón y cuajada fresca con azúcar y canela, postre que era la delicia de todos, en los días calurosos del verano.

En aquel año de 1924 mi esposo compró el primer automóvil que tuvimos, un Ford T con dos velocidades y una marcha atrás. Recuerdo que fue al banco de Salliqueló a sacar el dinero, luego fue hasta un almacén que lo vendía y apareció en el campo, en medio de la polvareda del camino, con el vehículo flamante, color negro. Todos nos quedamos embelesados al verlo, queríamos subirnos a él, dar un paseo. Así fue que mi esposo nos llevó a recorrer el campo en pequeños grupos cada vez, para que todos pudiéramos disfrutarlo. A partir de ahí, la vida nos cambió aún más y siempre para bien, pues los viajes a los pueblos vecinos se hacían con más rapidez y seguridad. Mi esposo le enseñó a Tití a conducir y con sus trece pequeños años nos llevaba y nos traía cuando lo necesitábamos. Si había que ir al banco o a comprar provisiones, al médico o a visitar a Julia, íbamos en el coche, que acortaba tiempos, distancias y nos brindaba esa nueva comodidad de ir sentados en asientos mullidos y sobre cuatro ruedas de goma que impedían sentir con tanta intensidad los baches del camino. Aquel automóvil era el primero que llegaba a la región, pues todos los granjeros viajaban en carros a caballos o carruajes, así es que fue toda una novedad para los vecinos nuestros que llegaban a diario a ver el vehículo y a felicitarnos por su adquisición.

Los meses fueron pasando raudos.

Mis hijos menores, Roberto y Luis, deambulaban por la casa conversando y jugando constantemente. Luis, por ser el menor, era un poco más caprichoso. Roberto era travieso, pero extremadamente obediente a nuestras indicaciones. Jamás contrariaba una orden y siempre aceptaba todo cuanto le decíamos.

Durante los veranos siempre nos visitaban en la granja las hijas de Julia, Saturnina (amiga inseparable de Tití), Clara (amiga de Amalia), al igual que Rosa y Rosalía. Por las tardes se entretenían bordando, cosiendo y cocinando postres. Por las noches recuerdo que a veces, bajo la luz de las lámparas, bordaban tapetes de hilos con extrema prolijidad. Tití y Saturnina pensaban entonces en cómo asustar cada noche a los más pequeños (y por qué no, también a *Pancho* y Enriquito). Recuerdo una noche calurosa de verano. Al mediodía habíamos comido una sandía fresca y dulce, pero la calabaza de la sandía había desaparecido como por arte de magia. Imaginé que se la habían dado a las aves del corral para que la comieran, pero nunca pensé que se trataba de un juego. Lo cierto es que esa noche de luna llena y calor constante, los varones se retiraron a dormir antes que nosotros. Mi esposo y yo seguíamos sentados de sobremesa, conversando sobre las actividades del campo, cuando de repente sentí que Enriquito gritaba.

—¡Papá, aquí hay un fantasma!

Me levanté presurosa de la mesa, antes que mi esposo, y corrí hacia el pasillo que daba a las habitaciones de los chicos.

Cuando vi aquella imagen, en un primer momento me quedé paralizada. Una figura blanca se movía con el viento y de su cabeza irradiaba una luz mortecina. Entre todos nos acercamos. Francisco, Enriquito, Roberto y Amalia, también Clara, Rosa y Rosalía. Sin embargo, a Tití y a Saturnina parecía que se las había tragado la tierra.

Me armé de valor y me acerqué decidida a la figura que me desafiaba intrépida. Con mis manos ágiles di un suave tirón a la sábana que la cubría y que resbaló hasta el suelo, dejando al descubierto una mesita de pie con una sandía ahuecada en forma de calavera y con una vela encendida dentro que daba esa luz mortecina.

Todos nos echamos a reír y, por supuesto, de inmediato aparecieron Tití y Saturnina que estaban escondidas detrás de una puerta.

La vida en la granja no dejaba tiempo para el aburrimiento. Con el trabajo cotidiano y las ocurrencias de los hijos, todo era ameno, entretenido y el tiempo parecía volar junto a nosotros.

En 1925 cuando nuestro hijo menor, Luis, había cumplido un año, Enrique decidió que era nuevamente tiempo de cambiar de lugar de residencia. Los hijos se estaban haciendo mayores y la granja se estaba quedando pequeña para la familia y las aspiraciones y trabajo de mi esposo que, por su férrea voluntad, espíritu emprendedor y trabajo constante, decidió que era hora de comprar un campo más grande.

Enrique había comenzado a trabajar no solo la granja y la carnicería, donde teníamos nuestra casa y vivíamos, sino también la tierra de cuantos colonos y granjeros se lo pedían, ya que muchos carecían de máquinas cosechadoras, sembradoras o de la misma gente que se necesitaba para hacer frente a las faenas rurales en las grandes extensiones de tierra.

En todas las granjas vecinas lo conocían. Mi esposo tenía varias máquinas cosechadoras a caballo, sembradoras, hiladoras, rastras, esquiladoras, etcétera y, sobre todo tenía más de cien caballos que le permitían trabajar sin descanso pero sin cansar a los animales. En épocas de alta cosecha los peones llegaban también al centenar. La política justa de mi esposo, de dar correctamente la paga necesaria por las horas de labor, comida abundante y el tiempo necesario para el descanso y el buen trato (además de la generosidad con que siempre manejó a quienes le respondían bien), le supusieron la amistad de centenares de criollos y extranjeros que habitaban la región. Enrique era conocido y querido por los caminos que pasara, en aquellos pueblos perdidos entre la provincia de La Pampa y la provincia de Buenos Aires. Amigo de ricos y pobres se adaptaba a las circunstancias de una manera natural, espontánea, y eso hacía de él una persona querida y admirable.

Yo me sentía orgullosa de él. Ya que, además de hacerse respetar por todos, era una persona bondadosa y generosa de más (virtud que con los años terminó convirtiéndose en un defecto pues, al ser una persona demasiado pródiga, comencé a tener grandes dificultades a la hora de resguardar nuestros ahorros, que él no dudaba en entregar a vagabundos o amigos desafortunados). Con los años aquella virtud se transformaría en nuestra desgracia.

Mi esposo compró entonces la estancia contigua a la granja que dejábamos. Mil doscientas hectáreas que se extendían fértiles para nuestra hacienda, más otras doscientas que se hallaban separadas y donde pondríamos una vaquería que atendería el hermano de mi esposo, Louis Guillermo, que estaba sin trabajo en Tornquist y a quien mi esposo deseaba ayudar.

El campo nuevo era una delicia. Mi vista se perdía a lo lejos en el horizonte cuando quería contemplar nuestra propiedad. Me invadía de repente la sensación de alegría por el deber cumplido, pues parecía que Dios me estaba diciendo que aquello era el premio a tantos años de esfuerzos y lucha contra las inclemencias del tiempo, la naturaleza y cuantas circunstancias poco gratas me habían acaecido en la vida.

Una hilera interminable de eucaliptos daba entrada a la estancia. La casa era alargada y sencilla pero llena de habitaciones y ventanas, las cuales llenamos de cortinas, macetas y flores. Allí donde fuéramos nos gustaba que todo estuviera en orden, bordeado de plantas y flores. Me daba la sensación de estar rodeada de vida: los pájaros me despertaban al amanecer, los mugidos de las vacas, el canto de los gallos o las aves del corral, el relincho de los caballos y el bullicio de la casa eran constantes. Sentía que la vida se respiraba a mi alrededor y eso me daba más energía cada mañana al levantarme para emprender las tareas cotidianas.

Mis hijos mayores no iban a la escuela del pueblo porque estaba muy lejos, pero mi esposo contrató a un profesor alemán llamado Pablo Hamk que había huido de Alemania en la Primera Guerra Mundial. Don Pablo había estudiado medicina pero, antes de licenciarse como médico, tuvo que huir sin llegar jamás a obtener el título, escapando de la guerra. Llegó a la Argentina y se instaló en la región donde vivíamos nosotros, dando clases durante el día a los hijos de los colonos, caminando de un campo a otro sin pereza y con alegría.

Tití era sin duda la que más le hacía reír y renegar. Una tarde estaba yo sentada en la galería bordando un tapete, y en la sala estaban mis hijos con su profesor, cuando escucho que don Pablo le pregunta a Tití:

—Dime Tití, ¿cuánto es uno más uno?

Tití, siempre pronta a la respuesta, contestó de inmediato:

—Once, don Pablo.

—Pero niña, veo que eres traviesa y no estás atenta —la reprendió el profesor.

Enriquito se sonreía por lo bajo, pero luego todos continuaron realizando las tareas encomendadas de lenguaje y matemáticas.

Don Pablo tenía un hermano ingeniero que se había quedado en Alemania. Y había sido el inventor de las señales eléctricas de los trenes alemanes. Como su hermano, él también había heredado una mente brillante, pero vivió siempre en la extrema pobreza, caminando de una granja a otra para proporcionarse el sustento. Durante algunas temporadas vivía en nuestra estancia, en la "casa de abajo", como le decíamos a la casa de los peones, y comía con ellos. A cambio de todo, daba instrucción a nuestros hijos. Hablaba el alemán a la perfección, y les hubiera podido enseñar a nuestros hijos nuestro idioma materno, pero mi esposo se siguió oponiendo durante toda la vida a que nuestros hijos hablaran otro idioma que no fuera el castellano que se hablaba en estas tierras.

El campo donde nos habíamos instalado era fértil y mi esposo, después de los rodeos que se realizaban una o dos veces por año, llevaba la hacienda a las ferias (donde se vendía al mejor postor). Yo continuaba criando mis aves de corral (gansos, patos, pavos y gallinas) que enviaba en jaulas hasta Catriló donde eran embarcados por ferrocarril a Buenos Aires. Mis hijos mayores eran los encargados de llevar la carga a la estación cada diez o quince días y en los inviernos también llevaban los tambores con la nata que se extraía de la leche y se mandaba igualmente para Buenos Aires.

En este campo fui muy feliz. Mi cuñada Elisa, la esposa de Louis, era una persona muy buena con la cual compartíamos tareas y momentos de ocio. Ellos vivían en las otras doscientas hectáreas que mi esposo había comprado especialmente para ayudarlos. Los dos trabajaban en la vaquería, que se había instalado en ese campo y daba abundante leche que era vendida en la colonia. Era época de mucha pobreza para gran parte de la gente y muchos de los desempleados deambulaban por los campos buscando, a cambio de alguna tarea, un trozo de carne y de pan para poder sobrevivir. Se les llamaba *linyeras* o *crotos*. La "casa de abajo" tenía una sala para beber mate, con una gran chimenea, y allí se reunían en las noches de invierno a tomar mate al lado del fogón peones y *linyeras*. Allí se entretejían las historias más fantásticas y terroríficas de la región. Leyendas de luces malas, viejas sin cabeza, encadenados, "aparecidos", etcétera; rondaban por la imaginación popular que se extendía con argumentos que parecían cada vez más reales, hasta que las personas se hallaban convencidas de que todas aquellas cosas fantasmales existían de verdad en la realidad en que vivían.

A mis hijos les gustaba ir a compartir con los peones un trozo de carne asada o algún mate amargo, pues allí se divertían escuchando historias de aparecidos y de mujeres sin cabeza. La vida no era para nada monótona y, a falta de otras diversiones, el juego de las cartas, la petanca, la taba, los cuentos, los asados, las domas, el marcado del ganado o las carreras de caballos ponían colorido a los días festivos. En la estancia se vivía un clima de total camaradería y respeto.

Las cartas de Canadá se habían ido espaciando. Solo recibimos por aquellos meses una misiva de mi padre donde me contaba que Helen había contraído matrimonio con un canadiense que trabajaba también, al igual que él, en el tendido de la línea férrea a Calgary. Al formar una familia se habían trasladado a vivir al pueblo y Helen iba una vez por semana al campamento a visitar a mi padre y a mis otros dos hermanos. *Leo* y *Willy* estaban en trato con la misma compañía para establecerse con un buen trabajo en los Estados Unidos y por esos días estaban evaluando la oferta. Estaban casi decididos a partir, pero lo que más sentían era dejar solo a nuestro padre que ya se estaba volviendo anciano. Helen cuidaría de él, así se lo había prometido para que viajaran tranquilos en busca de su porvenir. Con el tiempo supe que *Leo* y *Willy* se instalaron en California y Helen quedó al lado de nuestro bien amado padre, en Canadá, su tierra ambicionada.

Estaba yo una tarde de 1927 dando de comer a las aves, cuando observé por el camino un caballo que venía a todo galope. No conocía al jinete que se iba acercando y, por la prisa que traía, un mal presentimiento me cruzó el alma. Pensé en mi padre, tan lejos y anciano y temí por su vida. Cuando el jinete desmontó reconocí al empleado del correo que volvía a traerme una carta con sellos alemanes. Pensé que sería la misma persona que nueve años atrás nos había escrito anunciando la muerte de Augusta pero, esta vez, la letra era distinta; sin embargo, muy familiar. Me tembló la mano cuando el señor me extendió el sobre y, con un "buenos días" muy amable, se despidió diciéndome que, como era de Alemania, yo estaría interesada en leerla con urgencia.

Dejé de inmediato lo que estaba haciendo y, en el apuro por correr a la casa y sentarme a leer aquella carta, dejé las puertas de los gallineros abiertas y se soltaron todas las aves por el campo. Mas eso no importaba, porque algo dentro del alma me decía que la letra de la carta era de mi hermana Augusta. Aquella hermana muerta desde hacía nueve años. Pero la carta llegaba sin remitente.

Entré desesperada y sin aire a la cocina, me senté en el banco largo que rodeaba la mesa y mis manos temblorosas rasgaron el papel. Lo primero que hicieron mis ojos fue mirar quién firmaba la misiva y, a punto de desmayarme, mis ojos alcanzaron a divisar los rasgos familiares de la letra y un nombre que me devolvió el alma: Augusta.

Yo no podía creerlo. Salí a la galería sin leer la carta y comencé a gritar: "Augusta ha escrito, Augusta vive". Mi esposo que estaba con unos peones en la herrería llegó corriendo, se fueron acercando mis hijos, mis sobrinas, los peones, uno a uno me fueron rodeando y yo los miraba sin saber qué decir y me reía, pero aún no había leído la carta.

Cuando todos me rodearon y quedó la tarde paralizada en el silencio de semejante noticia, comencé a leer en voz alta para que todos escucharan:

"Queridas hermanas:

Sé que no podrán creer lo que sucede, que aún estarán incrédulas sin poder dar crédito a mi carta. Pero soy yo, vuestra hermana Augusta, quien les escribe. Sé que habrán imaginado que había muerto hace ya nueve largos años. Lo sé porque la persona que escribió la misiva me lo comentó hace poco y yo me desesperé. Con la guerra tuve que cambiar de identidad. Por mi nacionalidad rusa, temí por mi vida y entonces cambié de nombre, cambié de ciudad, perdí absolutamente todo y tuve que volver a comenzar. A pesar de la tristeza, pude salvar mi vida. Les escribí decenas de cartas después de aquello, pero todas volvían con un letrero que las identificaba con domicilio desconocido. Creo que mis cartas nunca traspasaron las fronteras de Alemania y eran interceptadas. Pasaron los años y yo también presentí lo peor respecto a ustedes, así es que dejé de escribir. Cuando hace poco tiempo, la mujer que había encontrado mis pertenencias en la morgue (donde yo trabajaba como enfermera ayudante de autopsias) me confió que se había tomado el atrevimiento de escribir y enviar mis papeles a ustedes con la noticia de que yo presumiblemente estaba muerta, creí morir de la desesperación. Pero la guerra es así, un verdadero infierno. Busqué entonces entre alguno de mis viejos papeles (que una amiga de esta ciudad de nombre Erna guardó en su altillo cuando me fui) las direcciones que pudieran hacerme llegar hasta ustedes, y aquí estoy. He vuelto hace cuatro años a Münich, me he reencontrado con mi identidad, he vuelto a trabajar de enfermera, me he casado con un militar y he vuelto a ser feliz. Ojalá las encuentre, hermanas queridas. Las abraza fuerte en el corazón. Augusta".

En una posdata estaba escrita su nueva dirección.

Yo lloraba y reía al mismo tiempo y todos comenzaron a aplaudir de contentos que estaban. Mi esposo Enrique dio la orden de que se sirviera cerveza, chorizo y pan casero para todos. Aquella tarde fue una verdadera fiesta.

A la mañana siguiente un peón cabalgó sin parar hasta la granja de Julia con la invaluable misiva y con urgencia envié noticias a Canadá para compartir con el resto de mis hermanos y mi anciano padre la tremenda alegría.

Parecía que la vida me daba y me quitaba. Y esta vez me había tocado recibir...».

XXIII

UNA EXTRAÑA EXPERIENCIA

Domingo, 8 de junio de 1980

«A la mañana siguiente un peón partió raudo a todo galope con la misiva de Augusta para entregársela en las manos a Julia. Mientras esperaba la respuesta de Julia comencé a escribir una carta para mi hermana adorada que había vuelto a nuestras vidas como un milagro de resurrección. Luego despacharía la misiva con urgencia, para que Augusta supiera que nosotras la estábamos esperando y, aunque cada día que pasaba íbamos perdiendo poco a poco las ilusiones de que estuviera viva, siempre mantuvimos, en lo más profundo del alma, la secreta esperanza de que así lo fuera. Su carta milagrosa había devuelto la alegría a nuestras almas (que brotaba en torrentes incontenibles). En mi cara se dibujaba la sonrisa durante todo el día, pensando que Augusta estaba en algún lugar de este mundo, respirando el mismo aire que nosotras. Y eso me hacía inmensamente feliz.

El fin de semana nos reencontró a Julia y a mí con una alegría desbordante. Festejamos con tortitas de levadura, té caliente y dulces caseros. Escribimos una carta entre las dos y, entre risas y lágrimas, le fuimos resumiendo toda nuestra vida contenida en aquellos nueve largos años. Ese lunes, con las primeras luces del alba, mi hija Tití y mi esposo viajaron a Salliqueló. Allí, después de hacer las diligencias en el banco, irían al correo y me despacharían la carta para Augusta. Llené la carta de besos con la dicha de saber que estaba viva y les dije adiós con la mano, parada en la puertecita de entrada a la casa, mientras el automóvil se perdía entre una nube de polvo por el medio del camino.

El día pasó sin darme cuenta, atareada con los quehaceres de la casa, dando de comer a las aves y con los niños más pequeños dando vueltas a mi alrededor. Cuando Enrique no estaba debía ser yo la que daba las órdenes a los peones, ver si encerraban al atardecer las lecheras en la vaquería para la mañana siguiente, si habían desensillado a todos los caballos, si los peones tenían la carne y el pan necesarios para la cena. Todas las tareas parecía que estaban enganchadas por pequeños eslabones que debían respetarse para hacer las cosas correctamente y el trabajo parecía que nunca faltaba. El hermano de mi esposo me ayudaba en aquellos menesteres, pero aquel día su esposa y él habían ido al pueblo de Catriló a despachar dos jaulas de aves por el ferrocarril.

Llegó el atardecer y con él las primeras sombras de la noche. Las estrellas se dibujaban nítidas. Recuerdo que miré la Cruz del Sur y le envié mis buenos deseos a través de los astros a Augusta. Así lo hacía con mi padre y mis hermanos de Canadá. Iba a entrar en la cocina para comenzar a preparar la cena, cuando escuché el motor del vehículo de mi esposo que se acercaba. Me asomé a la galería y las luces inconfundibles del Ford T se reflejaron sobre el camino de entrada a la casa.

Salí más allá del corredor para recibirlos cuando observé que, además de mi hija y de mi esposo, bajaba del coche un señor desconocido. Pensé que sería algún nuevo peón que mi esposo había traído del pueblo para alguna faena del campo. Pero, cuando se acercó más hacia la luz que despedía el farol colgado del techo de la cocina, observé que su ropa y sus botas eran de buena calidad, al igual que su sombrero de fieltro. En la mano derecha traía un portafolios de cuero negro.

Saludé a mi esposo y a mi hija con un beso y fue entonces cuando Enrique me presentó al desconocido.

—El señor se apellida Gutiérrez, es viajante y, como debe seguir mañana camino a La Pampa, me ha pedido que lo acerque hasta aquí para continuar mañana su viaje.

—Me parece bien. Mucho gusto —respondí yo, desconfiando de aquel extraño, pero le alargué la mano y lo saludé como si nada pasara.

Me pareció una persona extraña y extrañas también las circunstancias de que, sin conocer a mi esposo, le pidiera que lo trasladara en el coche y le diera una noche de alojamiento en la estancia.

Mi esposo era demasiado generoso y pensaba siempre que todos eran bondadosos como él. Mas yo era desconfiada y no me agradaba que llegaran a casa desconocidos que pudieran causarnos algún problema.

Muchas veces nuestros puntos de discusión versaban sobre este tema. *Linyeras*, vagabundos, cualquiera encontraba en nuestro campo un plato de comida y un techo donde cobijarse de los rigores del invierno o del calor del estío.

Aquella noche di de cenar primero a todos mis hijos. *Tití* me confirmó al oído que habían despachado la carta para Alemania con carácter de certificada para tener la seguridad de que esta vez llegara a las manos de Augusta. Yo me sentí feliz y olvidé por momentos la mortificación que me producía tener sentado a la mesa de mi casa a un desconocido.

Cuando nuestros hijos se retiraron a sus cuartos, serví la cena para nosotros tres. El desconocido hablaba con mi esposo sobre sus actividades agropecuarias y el manejo de sus depósitos en el banco de Salliqueló. Casualmente se lo había encontrado en el banco aquella mañana, donde mi esposo retiraba trescientos pesos para pagar algunos gastos del campo. Hablaron durante toda la cena de las cosas del campo, semillas, siembras, cosechas, contratos, hacienda y vecindario. Cuando cerca de la medianoche nos retiramos a dormir, el desconocido se dirigió a la casa de los peones.

Me dormí con tanto cansancio por el día intenso y agotador que había tenido que, cuando nos despertamos con Enrique, el sol ya estaba bastante alto. De un salto estuve fuera de la cama, miré por la ventana y contemplé que ya estaban levantados mis hijos mayores. Algo me llamó la atención dentro de la habitación. La puerta de nuestro ropero, con la inmensa medialuna que tenía por espejo, estaba abierta. Algo raro y poco usual, pues tanto mi esposo como yo cerrábamos con llave aquella puerta donde guardábamos en un cajón nuestro dinero. Corrí hacia el ropero, abrí el cajón, y lo encontré vacío. Mi esposo al observarme, se calzó las botas, se puso los pantalones de montar, la camisa y salió camino a la "casa de abajo". Lo noté preocupado y apresurado. Me quedé mirándolo por la ventana, pero volvió rápidamente sobre sus pasos y entonces comprendí la cruda realidad.

—Ese desconocido nos ha robado el dinero —me dijo con la voz cargada de amargura—. Creo que vino con la intención de robarnos y que debe habernos puesto un somnífero en los vasos, ya que no lo escuchamos entrar en nuestra habitación.

Me quedé en silencio mirando sorprendida a Enrique.

—Debemos agradecer que solo se llevara el dinero. Podría habernos matado o llevarse algo de más valor. O tal vez lo ha hecho y aún no nos hemos dado cuenta —le respondí.

—Claro que lo ha hecho —contestó mi esposo, y a mí, se me heló la sangre.

—¿Qué se ha llevado? —pregunté preocupada.

—Mis prismáticos —respondió mi esposo.

—Debes agradecer que no se llevara nuestro automóvil.

—Ya lo creo que lo debo agradecer —respondió mi esposo.

Desayunamos en silencio. Cuando Enrique se fue a dar un paseo a caballo por el campo, encontró los prismáticos como a trescientos metros de la casa en un terreno de avena. (Pero el estuche había desaparecido). No sé si el ladrón por huir los perdió o los arrojó allí con la intención de volver a recogerlos. El hecho fue que se llevó nuestro dinero y que salvamos nuestras vidas de milagro.

Meses después, encendiendo fuego para quemar los cardos, apareció el estuche entre la maleza, todo quemado, y ya no sirvió para guardar los prismáticos.

Vivir en aquellos años en el campo era toda una aventura. Una vez por semana llegaba en su carromato, cargado de las más diversas cosas, don Alejandro, *El Turco* Alejandro le llamaban en la región. Era un sirio que vivía de lo que comerciaba y viajaba por los campos en un gran carro tirado por dos caballos. Vendía peines, peinetas, jabones, perfumes, alfombras y sombreros, también azúcar, harina, aceite, lámparas, alpargatas y cualquier otra cosa que uno pudiera necesitar en el campo. Floreros, fuentes, ollas y sartenes, cucharones, espumaderas, aperos para los caballos, ropa de campo y alguna que otra golosina.

Cuando llegaba a la estancia, todo parecía convertirse en una fiesta. Los niños rodeaban el carro, mientras Tití y Amalia buscaban alguna tela bonita con la cual poder confeccionarse algún vestido. Los más pequeños buscaban algún caramelo de leche y yo, las cosas habituales que se necesitan y que uno se olvidaba de comprar en el pueblo.

Don Alejandro era muy atento. Recuerdo que un día llegó y me dijo que había guardado un tapete inmenso color verde musgo, de un tejido parecido al terciopelo, porque creía que me iba a gustar para la mesa de la sala. Cuando lo vi me quedé maravillada. Enrique me lo regaló y lo puse sobre la mesa, que lució como aquellas de los palacios de San

Petersburgo. Las sillas altas de madera y cuero con tachas tenían un dragón dibujado sobre el respaldo en el mismo tono del cuero y daban a la sala un aspecto señorial. Sobre el centro de la mesa coloqué un frutero de porcelana blanca y lo llené de manzanas. Cerré luego la puerta con la discreta ilusión de tener mi propio salón imperial.

Aquel año de 1927 mi hijo Roberto se había ido a vivir a casa de Julia. Debía asistir a la escuela diariamente y Julia me propuso llevárselo a Salliqueló con ella. El primer día mi hermana le ensilló el caballo, lo subió encima y lo mandó a la escuela. Roberto no conocía a esa edad el edificio hacia donde debía dirigirse, por lo tanto estuvo toda la mañana dando vueltas en su caballo sin poder encontrar la escuela. Cuando llegó el mediodía retornó a la granja de mi hermana sin haber podido asistir al colegio. A la mañana siguiente Julia le acompañó y desde aquella vez no tuvo más problemas. Nuestros dos hijos menores serían los que tendrían que asistir a los colegios lejos de nosotros. Don Pablo había enseñado a los mayores, pero una tarde calurosa del verano de 1926 le habían encontrado muerto sobre unos rastrojos bajo el pleno sol. La verdad es que todos lo lloramos, pues era un alma grande y generosa. Los niños pequeños se quedaron sin el excelente profesor que les iba descubriendo, a través de su sabiduría y enseñanzas, un mundo amplio y nuevo.

Cuando me tuve que separar de mi quinto hijo, lloré a solas, sin que nadie me viera. No quería mortificar a mi hijo que debía ir a estudiar al pueblo como única alternativa. Pero me consolaba saber que iba a casa de mi hermana Julia. No obstante, las pocas leguas que me separaban de él, los primeros meses de separación fueron motivo de mis tristezas. Pensaba en su pequeñez, en si me necesitaría, quería verlo a diario o tenerlo entre mis brazos. Pero, como siempre, tuve que ser fuerte y no demostrar que su ausencia me afectaba, pues era por su bien que debía ir al colegio.

Entre las tareas continuas y la crianza de los niños, la vida parecía escurrirse a la velocidad de un rayo. Los días pasaban sin detenerse, amanecía y cuando quería acordarme, ya estaba anocheciendo. Entonces me preguntaba sobre los misterios del tiempo. Sobre esos instantes constantemente en movimiento hacia un lugar desconocido al que siempre se le ha llamado eternidad. Otra de las palabras perpetuas de mi infancia, como jamás o nunca más. Eternidad. Tal vez, en la eternidad, el tiempo no existiera. Pero mientras estuviera viva, estaba como subida sobre un engranaje del tiempo que no se detendría hasta llegar al final de mi vida. Una cosa traía a la otra, y así sucesivamente. Así pasó 1927 y llegó el año siguiente de 1928.

Una mañana, sobre el mediodía, llegó Enrique a la casa con la noticia de que le habían ofrecido comprar un campo llano y fértil de mil hectáreas: San Francisco.

San Francisco pertenecía a una familia aristocrática de la provincia de Buenos Aires y formaba parte de un grupo de estancias señoriales y famosas entre la provincia de Buenos Aires y La Pampa, todas ellas ubicadas sobre o cerca del meridiano cinco (la línea que divide a ambas provincias), como La Pala, El Parque, San Eduardo, San Juan, El Alazán, Los Pinos... Eran estancias de grandes casonas, rodeadas de galerías, inmensos montes de variados árboles, casas para los peones y, sobre todo, campos de muy buena calidad para nuestro ganado que no dejaba de aumentar.

En aquellos años mi esposo se había transformado en uno de los hombres más ricos de la región. Había acumulado en el banco el esfuerzo de más de diez años de trabajo duro y surgía la oportunidad de invertir el dinero en un campo muy bueno y productivo.

En aquel año también habíamos podido cambiar el Ford T por un Ford A modelo 28 (en esa época era el primer automóvil en Argentina que tenía palanca y caja de cambios).

Al recibir aquella noticia se me llenó de alegría el alma. Nuestro futuro era promisorio y abracé a mi esposo porque lo veía feliz y su felicidad también era la mía. Nuestra economía familiar estaba en franca expansión y aquello era motivo de orgullo y nos provocaba deseos de seguir trabajando arduamente.

En la primavera de 1928, Enrique compró la estancia San Francisco. Fue motivo de algarabía y brindis con nuestra familia, amigos y vecinos. El gerente del banco fue el primero en felicitarlo y ofrecerle cuantos préstamos necesitara de allí en adelante. Mi esposo se había convertido en un potente dueño de una hacienda, cumplidor con sus vencimientos, pagador al extremo de todo cuanto compraba (y eso le hacía un buen cliente del banco, digno de ayudar y resguardar).

La estancia había pertenecido a una familia que había sufrido un desgraciado suceso. La madre de la esposa del dueño se había prendido fuego bajo un añoso árbol de membrillos en aquella vieja estancia y aquel episodio había generado sobre ella leyendas que hablaban de "la mujer sin cabeza" y de apariciones fantasmales.

Cuando mi esposo compró la estancia, la casa hacía tiempo que estaba deshabitada y, después de ver todo lo que había que arreglar para poder vivir en ella, decidió enviar a unos albañiles para que fueran a restaurar el edificio. Cuando las tareas estuvieron concluidas, viajó hasta la estancia con mi hijo mayor, Francisco, y algunos peones para que limpiaran y dejaran todo en perfecto orden para nuestro traslado.

La casa era grande y tenía forma de letra hache (H). Una galería amplia le daba sombra al frente y había otra más angosta en la parte de atrás. Una cocina grande, despensa con sótano, varias habitaciones, sala y baño enormes, con pisos y techos de madera.

La primera noche que pasaron en la estancia, los peones se deleitaron junto al fogón contando historias de "aparecidos". Francisco, que en sus años de adolescente era algo supersticioso, miraba de reojo el monte de frutales donde la madre de la dueña se había quemado viva y quería dejar de pensar, pero un solo pensamiento rondaba su mente y era el temor de que aquella mujer, muerta hacía más de veinte años, volviese a la vida para ahuyentarlos del solar que había sido de su familia.

Tarde en la noche se acostaron y la estancia se quedó en silencio. Habrían pasado alrededor de dos horas cuando, de repente, mi hijo Francisco comenzó a sentir un ruido de cadenas que trepidaban y que parecía brotar de debajo del piso, como si unos pies o manos encadenados las arrastraran pesadamente.

Con el vello erizado del miedo, Francisco despertó a mi esposo, quien se sentó en el catre y esperó, en medio de la noche, a escuchar aquellos misteriosos ruidos. Las cadenas volvieron a arrastrarse con fuerza como si alguien las moviera debajo del piso. Mi esposo se levantó y en, compañía de los peones, a quienes el ruido también había despertado, encendieron las lámparas y comenzaron a revisar la casa. Los ruidos parecían provenir de las profundidades de la tierra y resonaban en todas las habitaciones de la casa vacía. Cuando entraron a la despensa vieron la tapa del sótano cerrada a cal y canto. Había que abrirla y ver qué se ocultaba allí abajo, porque los ruidos continuaban y la incertidumbre los perseguía.

Uno de los peones levantó la tapa y alumbró el interior oscuro y húmedo del sótano al que se bajaba por una escalera de madera. En el fondo unos ojos brillaron en medio de la oscuridad, helándoles la sangre a todos. Sacando coraje, bajó más el farol y soltó una carcajada que sorprendió a todos: el fantasma de las cadenas era una perrita que se había caído al sótano en los días anteriores en que los albañiles estuvieron haciendo los arreglos. Al irse no la habían visto y habían cerrado la tapa, dejándola atrapada. El pobre animal había permanecido allí durante tres días sin comer ni beber y al escuchar que había llegado gente nuevamente a la casa, trataba desesperadamente de advertirles su presencia para que le salvaran la vida. Mi esposo, junto a Francisco y los peones, rieron mucho contándonos aquella aventura.

Durante diez días estuvieron poniendo la casa en orden, las malas hierbas fueron cortadas, los árboles podados, se trasladó la hacienda, la maquinaria y cuando llegó el momento de mudar las cosas de nuestra casa, todo estaba listo y limpio. Solo hacía falta colocar los muebles en cada una de las habitaciones.

Recuerdo que llegamos a la estancia un mediodía primaveral. Hacía una semana que había llovido y la naturaleza brillaba por doquier, en los brotes nuevos, en las hojas verdes, en el monte de pinos. Una suave brisa mecía las ramas de los árboles y unas plantas de flores de escarapelas se abrían bajo el intenso sol. Mi esposo había ordenado que se hiciera un asado de cordero con patatas al rescoldo, para evitar tener que cocinar en plena mudanza. Nunca me pareció tan sabroso y rico un asado como el de aquel día. Una vida nueva y pródiga se dejaba vislumbrar y yo estaba radiante de felicidad. Mis hijos estaban felices de descubrir su nuevo hogar y mi esposo, viendo nuestra alegría, mucho más...».

XXIV

UNA CASA DE LEYENDA

Domingo, 15 de junio de 1980

«Tal vez esté cansándote con el relato de tantos acontecimientos. Ya llevamos casi seis meses de encontrarnos los domingos a la tarde conversando sobre mi vida pero, al hablarte y contarte, vuelvo a revivir todo con tanta claridad y nitidez como si me estuviera aconteciendo nuevamente. Y eso me agrada...».

—Y a mí también, abuela. Quiero que me lo cuentes todo. Tal vez un día tu vida sea una novela —le dije con orgullo.

Mi abuela rió con ganas aquella tarde y continuó con su relato.

«... El caserón de la estancia San Francisco se convirtió de repente en la casa de mis sueños. Era mi tesoro mejor guardado, mi jardín del Edén, mi cofre de piedras preciosas, mi palacio infranqueable, mi recinto amurallado. Era, sencillamente, el crisol donde se fraguaba mi felicidad. Un lugar exclusivo donde yo podía descubrir un universo de dichas y alegrías.

La otra estancia de mil doscientas hectáreas fue vendida para comprar esta. (Años más tarde compraríamos otro campo de ochocientas hectáreas en la provincia de La Pampa,

279

llamado Las Vizcacheras, por estar lleno de cuevas de vizcachas).

Recuerdo que me gustaba caminar por las galerías de la casa observando la lejanía, los molinos dando vueltas y tirando agua a chorros en las bebidas de la hacienda, las vacas pastando en la llanura y los árboles meciéndose suavemente con el viento rumoroso. Me gustaba caminar hasta los campos de avena, centeno o trigo a punto de recogerse e imaginarme que estaba ante un mar dorado que se mecía al compás de la brisa. Me deleitaba ver los amaneceres con las bandadas de palomas saliendo de los palomares y observar el crepúsculo que iba tiñendo todo de color rosado. Los días de tormenta me producían una gran emoción por lo que el agua significaba para el campo y los animales y porque, además, colocábamos bajo la galería y sus canalones soperas de porcelana para recolectar el agua de lluvia con la cual nos lavábamos el cabello, regábamos las macetas y las plantas de la huerta. Pero, sobre todo, porque los días de lluvia o tormenta en el campo eran los días señalados para hacer tortas fritas. Unas masas dulces que se hacían con harina, agua, sal y grasa. Se les daba forma redonda con un agujero en el medio y después de freírlas se rociaban con azúcar. Calentitas con el té, eran las delicias de niños y mayores.

La estancia era amplia y fresca. Tenía altos techos de madera y pisos del mismo material que hacían que los cuartos fueran acogedores. Una gran cocina azulejada de blanco hasta el techo, una sala amplia, una gran despensa con sótano, una habitación de costura, un cuarto para huéspedes, además de nuestros cuartos y un gran baño con una bañera inmensa. Lo que más llamaba mi atención era el grosor de los marcos de madera de puertas y ventanas, pues medían cerca de medio metro y daban a la casa la sensación de ser resistente a los vientos y tormentas.

Mi familia se instaló en la estancia en la misma primavera de 1928 en que compramos el campo. Lo primero que hice

fue escribir a Augusta, a mi hermana Helen y a mi padre a
Canadá, y a mis hermanos varones que se habían trasladado
recientemente a California, comunicándoles la buena noticia
y la nueva dirección. Mi padre, según cartas de Helen, estaba
muy envejecido y ya no trabajaba más en el tendido de la red
ferroviaria de Calgary. Por aquellos días, Helen se lo había
llevado a vivir con ellos.

Llegó el verano y con él la estancia se llenó de voces, risas
y alegría, no solo porque nos volvió a reunir a todos para las
fiestas sino porque en el verano era cuando el trabajo
abundaba. Había que sacar adelante la cosecha, no solo de
nuestra estancia sino de las estancias y granjas vecinas.
Recuerdo que se ataban de ocho a diez caballos a una
máquina de cosechar (o a un arado en los otoños) por la
mañana temprano hasta el mediodía y luego se soltaban y se
ponían otros hasta la caída del sol (el crepúsculo). Cada
granjero tenía sus peones, como nosotros teníamos los
nuestros, aunque en San Francisco llegaban a veces al centenar
en las épocas de más trabajo, pues no solo recolectábamos
nuestro cereal sino también el de los vecinos que no tenían la
maquinaria y animales necesarios para hacerlo. Por este
trabajo mi esposo cobraba una buena paga y eso, más todo lo
que producía el campo, nos hacía llevar una vida en la que el
progreso parecía ser el motor de aquellos años. También en
los pueblos, al lado de la estación de ferrocarril, en las épocas
estivales, era donde más se movía la gente por la gran
cantidad de trabajo que había. Estaban los estibadores de la
estación que eran gente del mismo pueblo (Francisco
Murature era el nombre del pueblo al que pertenecía la
estancia), que se dedicaban a la estiba. Diez, quince o veinte
carros grandes entraban repletos de bolsas que dejaban para
despachar hacia Buenos Aires. En la cosecha se trabajaba con
las máquinas cosechadoras y otros iban a levantar bolsas y a
ponerlas en pilas, otros las cargaban en los carros y las
llevaban al pueblo y había gente en la estación que descargaba

y cargaba los vagones del tren. También en algunas épocas del año se embarcaban ovejas con destino a Buenos Aires. La estación de ferrocarril concentraba la mayor actividad del pueblo.

Los caminos de tierra levantaban nubes de polvo cuando un automóvil o un carro pasaban y en épocas de invierno y lluvia se formaban barrizales pegajosos donde había que colocar cuero de oveja bajo las ruedas de los coches para que no se quedaran empantanados. Los médanos nos esperaban con sus dunas en cualquier recodo del camino y había que ir preparados con palas y cueros para poder pasarlos y no quedar enterrados con las ruedas cubiertas de arena hasta el eje.

Llegó el verano de 1929. Roberto había regresado de Salliqueló a pasar las vacaciones con nosotros. Además de todos mis hijos, se encontraban allí algunos muchachos que ayudaban en los quehaceres de la estancia.

Una noche de aquel verano, mis hijos y sus amigos decidieron que irían a comer fruta verde al monte de los frutales, donde bajo aquel membrillo centenario se había quemado viva la madre de la dueña.

Algunos de los muchachos intentaron disuadir al resto de aquella aventura, ante los lógicos temores de que el alma en pena de la pobre anciana pudiera aparecérseles, en medio de la oscuridad, buscando un consuelo a tanta desventura.

Pero los más traviesos y "valientes" se rieron en voz muy baja y trataron de disipar los miedos de los otros diciendo que eran muchos y que aquello era solo una leyenda que les contaban los mayores para que no pudieran ir al monte de los frutales. La razón fundamental era que entre un grupo de seis u ocho niños que se dedicaran durante una hora a morder la fruta verde y luego a tirarla, estropearían la cosecha de todo el verano, destinada al consumo familiar.

Era una noche calurosa y todas las ventanas estaban abiertas. Los niños se retiraron a dormir entre risas y cuchicheos, pero nada nos hizo sospechar a los mayores de la aventura que se desencadenaría.

Cuando todo estuvo en silencio y los mayores dormidos, Enriquito, Roberto y cuatro muchachos de su misma edad que estaban en casa emprendieron la "travesía" hacia el monte de los frutales. Saltaron por una ventana que daba al monte y, de puntillas y sin hacer el menor ruido, corretearon hasta debajo de los árboles añosos y repletos de frutas aún sin madurar. Un sembrado de avena cubría el piso del monte para evitar que creciera la maleza. La brisa suave de aquella noche de verano mecía la avena y las altas copas de los árboles. La luna llena iluminaba con su baño de plata toda la estancia y dibujaba sombras antojadizas sobre el suelo, las paredes y detrás de los árboles.

Aquellos árboles repletos de frutas se ofrecían a la tentación y a las travesuras. El grupo de niños corrió feliz y en libertad por aquellos senderitos que conducían al "bosque encantado" como lo llamaban y mientras unos se subían a los árboles de peras y comenzaban a arrojar los frutos sin madurar al suelo, para que los que estaban abajo comieran, otros daban vueltas de carnero en medio de la avena suave y seca. Todo era un jolgorio y les hacía pensar que las horas por venir serían cada vez más entretenidas y divertidas, pues el aire era seco y tibio e invitaba a conversar, a comer frutas y a reír.

Solo habían transcurrido veinte minutos desde la llegada al monte y, mientras unos les daban un mordisco a los membrillos y luego los arrojaban lejos por estar demasiados ácidos, otros probaban todas las peras que encontraban para ver si alguna de ellas había madurado mejor que las otras. (La realidad era que a todas las frutas les faltaban entre quince y veinte días de maduración y nadie podía aprovechar nada). Estaban todos sentados conversando y riendo cuando Enriquito, mirando hacia el membrillo (el de la leyenda), pegó un grito.

—¡Ahí viene la vieja sin cabeza!

Todos se pusieron de pie con cierta incredulidad pero, en medio de la avena que se mecía con el viento, una figura blanca se acercaba rápidamente, resoplando por sus narices y haciendo que la luna se reflejara en sus negros y profundos ojos emanando destellos de luz.

Ante este grito, el grupo corrió como una horda, esquivando árboles y arbustos, derecho a entrar en la casa y meterse en las camas tapándose con las sábanas hasta la cabeza. Todos corrían ligeros y a lo que les daban sus pies; solo Roberto, que era el más pequeño del grupo, se había quedado atrás porque sus piernas ya no le daban más para correr. Mientras el grupo corría como diez metros delante, mi pobre niño corría y se revolvía ya que la figura estaba a punto de alcanzarlo. Sentía el aliento caliente de la sombra cerca de sus oídos y el terror quería paralizarlo, pero él seguía adelante a todo lo que le daban los pies, que a esta altura iban descalzos pues había perdido las zapatillas en aquel torbellino de terror y miedo. Sentía que el corazón iba a estallarle dentro del pecho, le faltaba el aire, tenía la boca reseca por correr con ella abierta en una mueca de miedo y, además, en aquella oscuridad, no sabía calcular bien las distancias. Iba ya a desfallecer cuando le dio impulso a su cuerpo para hacer el último esfuerzo antes de que el fantasma de la mujer quemada le agarrara de los pies. Pero, al mirar hacia atrás para saber si aún le llevaba ventaja, no vio el cerco de alambre que rodeaba la casa y se lo llevó por delante. El impacto fuerte y seco lo devolvió hacia atrás para caer sentado a los pies de la figura fantasmal, con toda la cara raspada por la alambrada. El resto del grupo ya había entrado en tropel dentro de la casa y dentro de sus habitaciones y no se animaban a salir nuevamente para saber qué había sucedido con el más pequeño. Aquellos "valientes" temblaban de miedo y rezaban para que a *Porotito* no se lo llevara la "vieja sin cabeza".

Roberto cerró los ojos imaginándose lo peor. El aliento tibio y húmedo de aquella aparición le respiraba cerca de la cara. Se quedó inmóvil, sin mirar, sintiendo aún ese aliento junto a su cara. De repente, decidió abrir un poco uno de sus ojos, para que no lo viera y pensara que estaba desmayado: quien le respiraba encima era un ternero mamón que ellos estaban criando. El pequeño animal, al oír el jolgorio de los niños, se había acercado a ellos buscando su mamadera cotidiana. El susto y el escarmiento de todos fue mayúsculo y, desde aquel día, las frutas maduraron en el monte sin temor a que ninguna mano traviesa volviera a cortarlas.

Ante tanto barullo, recuerdo que mi esposo se levantó y, después de interrogar a los más grandes sobre lo que había acontecido, dio a todo el grupo una penitencia que debería cumplir. Estarían un mes sin postre en el almuerzo y en la cena para que tuvieran su merecido. Recuerdo que Tití servía los postres y pasaba al lado de los aventureros con fuentes y fruteras, todos se relamían pero nadie decía una palabra...».

XXV

CASI UNA DESGRACIA

Domingo, 22 de junio de 1980

«El verano del año 1929 estaba a punto de concluir. La casa había sido durante toda esa estación un constante trajinar. Habíamos tenido durante toda la temporada la visita de vecinos y amigos que llegaban a conocer la estancia. Mi esposo, para agasajarlos y conocernos entre todos, organizó una fiesta para celebrar el inicio de esta nueva vida. Al atardecer llegaron los invitados, todos vestidos muy elegantemente: las mujeres con sombreros y vestidos largos, los hombres de traje oscuro. En las galerías habíamos dispuesto las mesas, cubiertas por manteles blancos, flores de lilas y velas caseras. Teníamos un fonógrafo para escuchar música que alegraba la tarde, mientras todos los vehículos y carruajes iban llegando y aparcándose a la entrada de la casa bajo los árboles. En aquellos árboles, el más pequeño de la casa, Luis, jugaba en las calurosas siestas de verano. Se había construido un refugio con tablas y ramas y allí se subía a jugar y a leer historietas junto a su hermano Roberto.

La mayoría de nuestros vecinos eran extranjeros. Había algunos argentinos de dos o tres generaciones, pero eran los menos. Vecino a nosotros vivía un francés cuya familia había sido la fundadora del pueblo de Pigüé: los Cabanette. Una hermana de don Mauricio, nuestro vecino, había comprado un castillo en la frontera de Francia con Suiza que había pertenecido al príncipe ruso Félix Yussupov. (Aquel que junto con otros nobles rusos se conjuraran para matar a Rasputín, en la Rusia zarista donde yo había nacido, en la noche del 29 al 30 de diciembre de 1916). Yussupov junto al gran duque Dmitri Pavlóvich, sobrino del Zar, y al diputado de ideología ultra-conservadora, Vladimir Purishkiévich, se habían conjurado para matar a Rasputín, con el fin de salvar a Rusia de su influencia (especialmente desastrosa durante la Primera Guerra Mundial). Rasputín fue invitado a la casa del príncipe Yussupov en San Petersburgo (Petrogrado) y envenenaron su vino, pero al ver que no surtía efecto este intento, le dispararon. Rasputín, herido, había logrado salir de la casa, pero fue abatido en el patio. Por último, arrojaron su cuerpo en las aguas heladas del río Neva, donde murió ahogado.

Este famoso príncipe tenía varias propiedades en Europa, una de ellas la había comprado la hermana de don Mauricio Cabanette. Nuestro buen vecino se enorgullecía contando esas historias.

La fiesta de inauguración de nuestro nuevo hogar fue muy hermosa. Servimos jamón casero con ensaladas de patatas al rescoldo y pavos al horno de leña con guarniciones de batatas, salsa de maíz y manzanas. De postre, una gran tarta que había hecho yo con frutas del "monte encantado". Comimos, bailamos, conversamos y reímos hasta las tres de la mañana, hora en que todos comenzaron a despedirse agradecidos por aquel recibimiento. A la hora de los postres, mi esposo sacó una caja de habanos y convidó a los hombres y yo convidé a las mujeres con un licor de naranjas. La cosecha estaba culminando y al día siguiente nos despertaría el canto del gallo de madrugada para seguir con nuestras labores. Nada podía detenerse. Parecía que todo llevaba implícito un reloj interno donde las cosas debían hacerse a tiempo para evitar los problemas. El trigo debía recolectarse en los meses indicados para evitar que el grano desmejorara. Pero el granizo, la lluvia o los incendios podían hacer perder una buena cosecha en pocos minutos y el esfuerzo y el dinero invertidos en hacer producir los campos se podían convertir en un instante en pajas o cenizas.

La vida en el campo era muy sacrificada, pero en esos tiempos había mucha solidaridad y compartíamos mucho de nuestras vidas con los buenos vecinos que nos rodeaban. Mi cuñado Louis y su esposa habían regresado a Tornquist, así es que pocos familiares teníamos cerca (solo a mi hermana Julia). Suplíamos entonces esas ausencias con el afecto y cariño de quienes vivían cerca de nosotros. La camaradería y la amistad reinaban en aquellos años y una palabra dada era como un documento escrito.

Por suerte aquel verano la cosecha fue recogida sin problemas y el cereal vendido a granel en Buenos Aires. Las arcas de la familia parecían acrecentarse y eso nos daba voluntad para seguir trabajando con seguridad y generando una pequeña fortuna que nos permitiría, holgadamente, educar a nuestros hijos y ayudarles a iniciar una nueva vida el día que decidieran casarse.

Por aquellos días en la estancia estaba todavía Saturnina, una de la hijas de Julia y amiga inseparable de mi hija Olga (Tití). Saturnina pasaba siempre con nosotros el verano y partía con los primeros fríos de nuevo hacia su casa.

Una tarde, a la hora de la merienda, Saturnina fue a preparar el té para que lo tomáramos las mujeres de la casa. En la cocina había dos alcuzas, una con gasolina para encender los faroles por las noches y otra con querosene para encender las lámparas. Como la cocina de leña no ardía y el agua no se calentaba, cogió la alcuza para acrecentar el fuego, pero se equivocó, tomando la alcuza que contenía la gasolina, en lugar de la otra, con querosene. Aquel pequeño objeto no hizo más que chorrear el líquido inflamable sobre la débil llama y prender fuego instantáneamente.

Saturnina, al quemarse la mano, en una crisis de pánico arrojó la alcuza (transformada en una bola de fuego) por la puerta de la cocina hacia la galería. Yo traspasaba el umbral en ese preciso instante. Al estrellarse contra las baldosas, la alcuza explotó salpicando con gasolina encendida mis piernas, mis manos y mi cara. Mi ropa se incendió de inmediato.

Yo sentí que el fuego me había hecho su presa pues en apenas un instante todo mi cuerpo parecía arder como en una hoguera, por lo que corrí desesperada y enceguecida atravesando el jardín hacia la bomba de agua que se hallaba entre las calas. Quería poder derramar sobre mis quemaduras el agua fresca y apagar las llamas que mi carrera no había hecho más que aumentar. Mi hija Amalia se adelantó a mis intenciones: corrió detrás de mí y arrojándome una manta sobre la cabeza me hizo caer de bruces por tierra, apagando en un momento la tea ardiente en la que me había transformado. Había podido apagar el fuego, pero yo estaba toda quemada (o me parecía estar toda quemada por los horribles dolores de mi carne, que se había quedado viva y descubierta, sin piel). No podía mover mis piernas ni mis brazos. También mis manos parecían haber sufrido las quemaduras.

No me quedé desfigurada gracias a la lucidez de mi hija que me había cubierto la cabeza con la frazada.

De esta manera mi rostro no sufrió quemaduras graves.

Ante los gritos desesperados de auxilio de Amalia, Saturnina y Tití, mis hijos mayores llegaron corriendo a mi lado y me llevaron en brazos hasta mi habitación. Allí lentamente y con una delicadeza extrema me quitaron la ropa incandescente, entre los gritos de dolor incontenible que yo profería.

Casi inmediatamente llegó mi esposo, que en el momento del accidente estaba en la herrería de la estancia. Él y Tití me transportaron en automóvil hasta el hospital de Salliqueló. Enrique conducía lo más rápido que el motor del Ford A le permitía, debido a la urgencia de la situación. A pesar del cuidado que ponía en evitar los baches, el camino se hizo eterno y cada sacudida de la trazada era como si alguien me clavara puñales en las quemaduras.

Cuando el médico me vio no podía creer lo que me había pasado y se asombró de que me hubiera salvado de morir quemada, repitiendo la historia de la antigua dueña de la estancia. La gasolina era un combustible explosivo y es muy difícil de extinguir cuando comienza a arder. Aquella vez fue Amalia la que me salvó la vida al ahogar con la manta el aire que daba combustión al fuego. Paradójicamente, yo le había dado la vida a mi hija mayor y ella me la había dado nuevamente a mí.

Mis dolores eran horrorosos y aún hoy no puedo recordarlos sin estremecerme. En esa época, la única curación que se hacía a los grandes quemados era cubrir las heridas en carne viva con estearina derretida, tibia. Tenía el aspecto y la textura de la cera de las velas y cuando impregnaban mi carne herida con esa mezcla sentía que por dentro, hacia abajo, las capas de mi epidermis seguían ardiendo y quemándose. Mi mano derecha tenía el dedo meñique encogido y así me dijo el médico que quedaría, pues el fuego había afectado al tendón. Acaba de cumplir mis cuarenta años y lo único que le pedía a Dios era que no me quedaran demasiadas cicatrices. Día y noche le rogaba y Él me escuchó porque cuando al cabo del año de estar postrada, un día me levanté y me miré en el espejo, mi piel estaba casi intacta, como si nada hubiera pasado.

En el hospital estuve internada seis meses. Si la eternidad puede medirse, allí aprendí a hacerlo. El resto de mi convalecencia (es decir, los seis meses restantes) la pasé en cama, en casa de mi hermana Julia.

Mi pequeño Luis tenía cinco años y era el más demandante de cuidados. Roberto estaba conmigo en Salliqueló en casa de Julia cursando su cuarto grado y el resto de los hijos trabajando en la estancia en los quehaceres del campo. Una vez al día, el médico venía a hacerme las curas con la estearina, que entibiaba en un aparato eléctrico y luego me pulverizaba por encima de todas las quemaduras.

Eran tan terribles y dolorosas las curas que volvía a sentir cada día que me estaba quemando de nuevo. Mi pequeño hijo Roberto corría fuera de la casa y se tapaba los oídos para no escuchar mis gritos. Cuando las curas pasaban y yo me quedaba más tranquila se iba acercando despacito y se quedaba apoyado en el marco de la puerta, casi sin respirar, mirándome como para consolarme. Yo lo llamaba: "Ven, *Porotito*", y él se iba acercando en completo silencio para luego acariciarme el cabello con sus manitas dulces.

Aquello para mí era el mejor remedio, pues en un instante hacía que me olvidara de mis sufrimientos y me producía una gran paz. Creo que él fue mi mejor enfermero por aquellos días de angustias y dolor.

Mi hermana Julia me ayudó mucho a sobrellevar el dolor de la postración y la sensación de sentirme inválida. Con amorosa paciencia y dulzura me servía, me lavaba y , cuando al fin pude hacerlo, me bañaba. Yo que siempre he sido enérgica (apenas despuntaba el alba, ya estaba haciendo alguna tarea) no soportaba la lentitud con que pasaba el tiempo, ni los contratiempos que causaba a la familia. Aquel año fue para mí eterno y muy triste. Agregando una tristeza a la otra; por aquellos días también nos llegó a Julia y a mí una carta de nuestra hermana Helen, de Canadá, diciéndonos que papá había muerto. Se había quedado dormido en un sillón-hamaca, sentado en la galería de su casa con una Biblia en la mano. Allí lo buscó serenamente la muerte para llevárselo. Así se marchó, tal vez para seguir tras esa estrella a la que al fin alcanzaría después de tantos derroteros.

Recé por él postrada en mi cama. Lo abracé en la lejanía contra mi pecho y aquella imagen reflejada en mi mente me hizo volver a la infancia. Recordé cuando me llamaba, estando yo en la huerta y él volviendo del campo en Zhitomir, y agradecí a Dios haberme dado un padre tan valiente y luchador que intentó salvarnos de una vida dura y tal vez de la muerte, en una Rusia que se debatía en medio del caos y la desolación.

Cuando él murió en aquel año de 1929 comprendí cuál había sido su sueño: todos sus hijos estaban ahora en países libres, tenían trabajo y un porvenir venturoso. Sin embargo, aún desconocíamos las circunstancias que tendría que atravesar Augusta en Alemania, en los años que seguirían y en los cuales se desencadenaría la Segunda Guerra Mundial.

Helen vivía en Canadá y *Willy* y *Leo* se habían instalado en California. Julia y yo en Argentina. A nadie nos faltaba el pan, ni el techo, ni una buena educación forjada en el sacrificio y en el amor por el trabajo, y todo había sido obra de nuestro padre. Único e irrepetible.

Después de un año, el médico me autorizó a levantarme y a volver al campo. Pude volver a caminar por fuera de la casa, bajo la sombra de las galerías o bajo los árboles. A veces cogía una sombrilla y salía fuera del cerco que bordeaba el jardín de la casa y me iba despacio hasta los abrevaderos de los gallineros para contemplar a mis aves, a las que había dejado de ver durante largos meses. Los patos y los gansos venían corriendo a mi encuentro como dándome la bienvenida con sus graznidos y los pavos y pollos revoloteaban a mi lado, como queriendo expresar con aquel comportamiento que me habían echado de menos. Ni qué decir de los perros, a quienes daba a diario la carne o leche. Muchas veces tuve que pedir a gritos ayuda a mi hija *Tití*, para evitar que me tiraran al suelo saltando sobre mí con alegría. Poco a poco fui cogiendo fuerzas y, al cabo de un tiempo, nada hacía sospechar el infierno que había atravesado.

Retomé la rutina de las actividades como si aquella página de dolor nunca hubiera existido en mi vida y los acontecimientos felices no tardaron en llegar.

Un día nuestros vecinos Cabanette organizaron una fiesta con motivo del marcado del ganado, a donde fui invitada. La recuerdo como si fuera hoy, porque fue mi primera salida social después de mi accidente (aunque debo confesar que durante todo el tiempo de mi postración, tuve la visita y la compañía de las señoras de las estancias vecinas que venían a saludarme y a darme fuerzas con sus cariñosas palabras).

El día de aquella fiesta fue esplendoroso. Un sol cálido y tibio inundaba todas las cosas. Hacía poco que había llovido y el verdor brillante de la naturaleza se sacudía suavemente con la brisa. Toda la región se había dado cita en el campo vecino. Los asados de cordero y de vaca se doraban en los asadores y el pan casero salía del horno, expandiendo su aroma a levadura tibia y perfumada. Los pasteles de dulce de membrillo ya estaban formando torres sobre tres grandes fuentes y la algarabía y el trabajo se manifestaban en todos los rincones. Había que marcar y capar a doscientos terneros, así es que la faena había comenzado muy temprano por la mañana. Yo llegué en el automóvil junto a mis dos hijas. Pasamos un día agradable entre amigos a quienes íbamos a ayudar. Mi esposo Enrique participaba en el marcado de ganado personalmente y también había llevado a cuatro o cinco peones que ataban con lazo a los terneros, los enlazaban y ayudaban a marcar. Nos sorprendió el atardecer volviendo a la casa. Nosotros en coche y mi esposo y los peones a caballo por la trazada del camino.

Las celebraciones por el marcado del ganado eran los mayores festejos en los que se reunía la gente en las estancias. Motivo de reunión, de camaradería, y de trabajo compartido.

No sé por qué, aquella noche me dormí con la certeza de que mi padre había intuido para mí el mejor de los destinos...».

XXVI

UNA VISITA INESPERADA

Domingo, 26 de junio de 1980

«El año de 1929 había pasado como pasa todo en la vida, con dolores y alegrías, aflicciones, preocupaciones y distracciones y, a pesar de que había tenido que estar todo el año postrada, había terminado bien, pues había comenzado a caminar y a hacer mi vida normalmente.

Sin embargo, el mundo se debatía en una crisis inigualable. El cataclismo económico estadounidense de octubre de 1929 sorprendió en total indefensión a la mayor parte de los círculos financieros del país. El jueves 24 de octubre, día que la historia ha calificado de "jueves negro", la Bolsa de Nueva York inició su actividad de modo engañosamente normal. Durante casi una década su boyante mercado había simbolizado la prosperidad sin precedentes de Estados Unidos. Aquel mismo año, Herbert Hoover había sido elevado a la presidencia y en su discurso inaugural manifestó que la pobreza, en cualquiera de sus formas, estaba a punto de ser definitivamente erradicada. Gran parte de la opinión pública estaba persuadida de ello.

Hasta 1925 el desarrollo de ese país había tenido el sólido apoyo de una masiva expansión industrial; el auge se sostuvo espoleado por cientos de miles de grandes y pequeñas inversiones. Los inversores cogían dinero a crédito y pagaban sin vacilar sus intereses (de hasta el 10%), pues no dudaban en multiplicar sus beneficios con la esperanza de un mercado de valores perpetuamente alcista. Pero en esta espléndida fachada de prosperidad se habían manifestado preocupantes indicios de deterioro. La construcción y la producción industrial declinaban; bajaban las ventas de automóviles y se producía una caída de los precios en los artículos de máximo consumo. En septiembre, las cotizaciones de la Bolsa empezaron también a descender.

El día 24 de octubre la actividad bursátil se inició de modo normal, pero a las once de la mañana las órdenes de venta eran mucho más significativas que las de compra. De pronto, la oferta de valores inundó el suelo.

Los precios de los títulos descendían en vertical. Los corredores de bolsa, aterrorizados, se abrían paso a empujones y trataban de desprenderse de papel a cualquier costa. Las líneas de telégrafo y teléfono estaban bloqueadas con órdenes de venta. Un grupo de gente expectante se aglomeraba frente a la Bolsa. Pero en el vértigo de la caída, el indicador de cotizaciones se retraía y los inversores desconocían la magnitud de su descalabro. Los corredores de bolsa exigieron en bloque sus depósitos, que sumían en la bancarrota a millares de inversores. En el resto de aquel país, las bolsas locales cerraron sus puertas en un vano esfuerzo por evitar el derrumbe. Al fin, un grupo de poderosos banqueros reunió sus recursos y compró hábilmente con objeto de restaurar la confianza perdida. Al cierre del "jueves negro", trece millones de acciones (una cifra récord) habían cambiado de mano, pero el mercado se hallaba de nuevo en equilibrio.

La situación se mantuvo así, estacionaria, hasta el viernes 25 de octubre. Hoover pidió calma y aseguró que la prosperidad del país estaba fundada en sólidas bases. Pero a la semana siguiente el mercado se desplomó de nuevo.

Nosotros en el campo estábamos expectantes. Leíamos las noticias en los diarios de Buenos Aires que, aunque llegaban por tren a nuestro pueblo con varios días de retraso, nos mantenían informados. La economía de Argentina y del mundo entero estaba supeditada a los vaivenes de la política norteamericana.

El martes 29 de octubre el índice de la Bolsa descendió cuarenta puntos. Muchos de los que habían comprado a buen precio la semana anterior hubieron de malvender sus acciones. Se liquidaron dieciséis millones de títulos. La baja prosiguió en noviembre y la quiebra se extendió tanto a los pequeños como a los grandes inversores.

Pero las causas de la Gran Depresión no fueron ni el "jueves negro" ni el aún más negro martes. La economía ya atravesaba serias dificultades antes del amanecer de aquellos aciagos días. El pánico de los inversionistas truncó de golpe toda una década de optimismo y abundancia.

Casi de la noche a la mañana la espiral inflacionaria alcanzó su fatídica cifra máxima (la funesta contracción) y dio lugar a la espiral deflacionaria igualmente vertiginosa. El resultado fue el caos económico, que se iniciaría en Estados Unidos y que extendería por todo el mundo la más larga y profunda depresión conocida en la historia del siglo XX.

Faltaban cinco meses para el cumpleaños de mi hijo Roberto y con aquel acontecimiento también llegaría el otoño. Los árboles que rodeaban la casa se vestirían de ocres y bermellones y yo, la verdad, admiraba aquella época esplendorosa del año donde parecía que todo se vestía de dorado y un polvillo brillante se filtraba por entre las copas de los árboles e iluminaba el suelo del monte con brillos inigualables.

Aunque todas las épocas del año me parecían encantadoras, el otoño me daba una sensación de serenidad y de reflexión como no me sucedía con el resto de las estaciones. Me encantaba caminar en silencio observando el horizonte, donde el sol se escondía cada tarde tiñendo de rojos y amarillos todo lo que me rodeaba. Las casas de los vecinos circundadas de árboles se convertían como en pequeños dibujos oscuros recortados en la lejanía y me parecía que yo caminaba por la página de un cuento dibujado sobre la misma Naturaleza.

Con estos pensamientos me fui acercando al monte aquella tarde de octubre, persiguiendo a mis patos y gansos que volvían del campo de la alfalfa. El graznido de las aves se mezclaba con el resto de los maravillosos sonidos de la naturaleza en el atardecer, cuando todos los animales vuelven a sus madrigueras.

Un viento suave mecía las ramas de los árboles y entre aquel murmullo de hojas y graznidos, escuché, casi como brotado del silencio, mi nombre indio: *"Alba". "Alba"*.

Volví la mirada hacia donde provenían las llamadas, pero mi corazón no podía creer lo que mis ojos veían. Allí, parados al lado de la alambrada que bordeaba la casa, me esperaban sonrientes mis antiguos amigos: los indios Painé y Pacheco. La vejez parecía haber hecho estragos en ellos. Aventureros de una vida dura, al margen de todo, bajo los rigores del clima pampeano, con sus crudos inviernos y sus veranos calurosos y secos, me observaban con una sonrisa, mientras sus largos cabellos canos parecían banderas al viento. Vestidos con bombachas de gaucho, botas de potro y unas chaquetas de hilado grueso, parecían salidos de mi cuento (aquel que me estaba imaginando).

Me acerqué rápido, sonriente y sorprendida. La tarde caía, mientras los gallos cantaban sobre los palos de los gallineros, los perros ladraban moviendo sus colas y el automóvil de mi esposo levantaba una polvareda sobre el camino llegando a la estancia. Apresuré mi paso para llegar cuanto antes a estrecharles la mano y poder invitarlos a un trozo de carne y un pedazo de pan fresco para la hora de la comida.

Les estreché las manos con la alegría de quien se reencuentra con sus seres queridos y ellos, al saludarme, me apoyaron una mano en el hombro y me dijeron que la vida me había hecho una mujer fuerte y valiente y que se alegraban de encontrarme.

Habían cabalgado más de cinco horas para llegar a mí para saludarme (o a despedirse en esta vida) y poder contarme las desventuras de los otros tres que no habían venido: el cacique Yanquimán había muerto en una emboscada tendida por la tribu de Cafulcurá. Y Maulín y Nahuel estaban viejos y enfermos. Atacados de reuma apenas podían caminar. Pero todos ellos, incluido Yanquimán, siempre me habían recordado con entrañable cariño y amistad. Yo era la niña rusa-alemana que había cruzado medio mundo para venir a vivir en medio de las pampas argentinas. Eso para ellos era una hazaña suficiente como para igualarme, dentro de sus corazones, con el más heroico de sus guerreros.

Me sentí orgullosa de que aquellos indios valerosos y esquivos me consideraran una más de ellos. Sobre todo, porque aquel comportamiento era una excepción.

Enrique había dejado el coche en el cobertizo de la herrería, había dado las órdenes a los peones para las labranzas de la mañana siguiente y venía subiendo por el caminito que comunicaba el terreno de la estancia donde vivíamos con la "casa de abajo", donde vivían los peones.

Mi esposo estaba acostumbrado a tratar con los indios, pues en su adolescencia había vivido en sus tiendas, pero en la penumbra de aquel atardecer, las viejas siluetas de los aborígenes eran imposibles de identificar. No obstante, venía sonriendo porque me veía a mí hacerlo y por tal motivo pensó que aquel era un feliz encuentro.

Jamás se había imaginado que aquellas personas eran los indios con los cuales había compartido una parte de sus jóvenes años, aquellos con los que recorría los campos, cazaba y había vivido momentos que nunca más olvidaría, como cuando juntos vieron una serpiente negra de cuatro metros de largo y veinte centímetros de diámetro escurrirse por entre los médanos delante de las patas de sus caballos.

—¡Enrique! —pronunciaron al unísono los indios el nombre de mi esposo— ¿Nos reconoces?

Mi esposo entrecerró los párpados como para agudizar la vista y sus ojos color del cielo se encontraron con los ojos negros y centelleantes de Painé, y con los ojos pequeños del indio Pacheco. Al reconocerlos se acercó a ellos y los estrechó en un abrazo.

—La mirada es la mejor carta de identificación de una persona —dijo mi esposo, mientras entre los tres se daban palmadas en la espalda.

Aquella noche, nuestra larga mesa se llenó de júbilo. Painé y Pacheco se sentaron a los lados de Enrique, mis hijos se sentaron rodeándolos y yo en la otra cabecera. Comimos cordero al horno, patatas doradas, manzanas de la huerta y tarta de levadura. La oscuridad de la noche entró sigilosa y desapercibida en medio de la luz de los faroles y la charla amena que se prolongó hasta pasada la medianoche.

Reímos con sus aventuras y lloramos con sus desgracias. La civilización los iba despojando de todo, de sus tierras, de sus animales y los iba llevando a un callejón sin salida que se llamaba exterminación. Enrique y yo no dábamos crédito a lo que escuchábamos, pero era la cruel realidad. Ellos, que habían sido desde todos los siglos los herederos de estas tierras, eran ahora los extraños y de quienes había que defenderse, expulsándolos. La tristeza se dibujaba en sus rostros, curtidos y castigados por los vientos y las guerras continuas que mantenían con el hombre blanco. Pero la conquista del desierto los había doblegado y ahora los amos eran los blancos y ellos sus esclavos. Por suerte, aquella noche, por unas horas, les hicimos olvidar sus sinsabores.

Se quedaron a dormir en la casa de huéspedes. Les dimos mantas, pellones de oveja y pan y yerba para el mate de la mañana siguiente. Fue la última vez que los vi en mi vida. Cuando aquella mañana se despidieron de nosotros, me di cuenta de que sería la última vez que nuestras manos se estrecharan. Al partir, se fueron al trotecito de sus caballos camino abajo y, poco a poco, era como si se los fuera tragando la tierra para siempre. Y en aquel rito de la despedida, misterioso y sorprendente, sentí la identificación exacta del hombre con su tierra, aquella tierra indiscutiblemente india, criolla y ahora también, de nosotros, los emigrantes.

El viento se fue llevando el eco de su trotar. Miré hacía la casa donde Luis y Roberto jugaban bajo la sombra de los viejos tilos y, al volver la vista, habían desaparecido.

Los busqué con la mirada en medio de la nada pero ellos habían pasado a esa dimensión para siempre, mas no en mi retina, donde su imagen aún perdura.

Con los años, aquellas imágenes se han ido esfumando en mi mente, pero a Maulín, Nahuel, Painé, Pacheco y Yanquimán los recuerdo siempre misteriosos y oportunos. Cuando menos los imaginaba, allí aparecían, como por arte de magia y misterio indio, a consolarme en los más duros momentos de mi vida. Yo también me he sentido por momentos india, el bautismo de "*Alba*" me identificaba con aquella tribu valerosa y lejana. Ellos eran así y así siempre los llevaré en mi recuerdo.

Sobre todo porque ellos también se llevaron en sus retinas el recuerdo de mi padre lejanamente muerto. Y que ellos hayan visto y apreciado lo que yo más he querido es, por sí solo, el mejor motivo para no olvidarlos nunca...».

XXVII

LA PARTIDA

Domingo, 6 de julio de 1980

«Aunque habían transcurrido tres décadas de mi vida en las pampas argentinas, conservaba el acento extranjero en mi hablar. Había cierta dureza en la pronunciación de las palabras y en los giros gramaticales, los cuales hacían sentir a mi interlocutor que estaba hablando con una inmigrante. No así mi esposo, que en el hablar era un gaucho en todas sus expresiones y también en el vestir. Solo le delataban sus cabellos rubios y sus ojos celestes.

Sin embargo, yo me sentía hija de este suelo. Mi simiente había dado en ella seis frutos preciosos que irían sembrando, con el devenir de los años, otras simientes de la misma sangre en esta tierra pródiga, generosa y abierta a todos los que quisieran habitarla.

Las fiestas de Navidad del año 1929 llegaron con la algarabía que esparce el verano en el campo. Todo parecía despertar, florecer y fructificar. Los campos de trigo se agitaban con la brisa, asemejando un mar dorado que se perdía en la lejanía. Y todos en la casa andábamos llenos de energía desde el amanecer hasta el anochecer, recolectando la cosecha, fruto del esfuerzo y del trabajo de todo el año y de toda la familia. La cosecha era como el motor que nos impulsaba a sacar fuerzas extraordinarias, porque realmente era una tarea extraordinaria. Mi hija Tití preparaba la comida para todos los peones, mi hija Amalia cosía la ropa para todos en la casa, Pancho y Enriquito ayudaban con la recolección del trigo en el campo y atendían el campamento, que se levantaba en torno a un molino de donde se extraía el agua para beber. Allí se iban levantando las carpas y se estacionaban las casillas que se construían con chapas, sobre unos carros, para que durmieran los peones. Las provisiones para cocinar durante la semana se almacenaban bajo una carpa, impidiendo que se mojaran cuando lloviera o se llenaran de tierra cuando corriera el viento. El corral de los caballos (que se necesitaban para rotar en las cosechadoras) estaba cerca y facilitaba el trabajo del recambio de animales. Una vez cada diez o quince días se traían del pueblo las provisiones y el excedente que no iba directamente al campamento se almacenaba en la despensa de la estancia. De allí se iban sacando las proporciones a medida que se necesitaban, pues era un lugar seco, fresco y oscuro que preservaba los alimentos en muy buen estado. Los quesos los fabricábamos en la casa, al igual que la manteca, el requesón y los dulces caseros (disfrute de los fines de semana en pasteles y cremas).

El verano imprimía una alegría inusual a todos. No solo porque todo estaba verde y frondoso sino porque los frutales prodigaban sus frutos frescos, el campo su abundante cosecha, las aves sus crías que salían alborotadas a comer semillas que abundaban y la casa parecía envuelta en una luminosidad de alegría y bienestar que nos producía a todos mucha felicidad y dinamismo.

Se aproximaba la Navidad de 1929. En la sala, sobre el mantel de terciopelo verde, monté como siempre el árbol que habíamos traído de Rusia (aquel hecho de plumas de pájaros verdes, motitas coloradas en las ramas y candelabros centenarios en las puntas). Le coloqué los adornos y las guirnaldas. La "nieve" estaba hecha con vellones de lana de oveja y las pequeñas velas caseras color "borravino" (color que se obtenía al mezclar la cera con el lacre) me traían la nostalgia de mi infancia en Zhitomir. Recuerdo que también hice un gran centro de mesa con piñas del monte que rodeaba la estancia y en él coloqué unas manzanas y velas caseras que perfumaban la casa con aires navideños. Mi esposo había traído una piña fresca del pueblo y eso, para nosotros, era algo exótico, así es que la coloqué sobre una fuente esperando la Nochebuena. Su perfume se sentía en todas las habitaciones. Entorné las cortinas y dejé todo en penumbra. Estaba por abandonar la sala cuando de repente escuché la voz de Enrique que venía conversando animadamente por la galería que entraba a la casa.

No sabía con quién reía y conversaba, pero parecían visitas importantes.

Salí de la sala a la galería principal en el preciso instante que mi esposo doblaba por la galería en compañía de un matrimonio muy elegantemente vestido. Él de traje oscuro y ella de vestido azul y sombrero al tono, cartera y zapatos de tacos altos en colores pastel y en sus manos traía unos guantes de verano haciendo juego. Al acercarse me sorprendí. Aquella visita inesperada se trataba de la tía Felicitas y su esposo Antonio, que acababan de llegar desde Buenos Aires, en el tren, a la estación de Francisco Murature. El jefe de la estación, al ver que nadie los esperaba (pues nos habían querido dar una sorpresa), les puso un empleado y un carruaje a su disposición para que los llevara hasta nuestra estancia San Francisco.

Felicitas era suiza, hermana de mi suegro, y su esposo peruano. Un matrimonio encantador y exquisito en el trato. Ellos habían sido los que me habían hospedado cuando había ido a dar a luz a mis mellizos en Buenos Aires y me habían atendido de manera cariñosa, igual que si yo fuese su propia hija. Me dio una inmensa alegría tenerlos en casa para poderles retribuir tantas atenciones recibidas. Me sentía realmente feliz de poder compartir aquella Navidad con quienes tanto quería y así, de repente, sorpresivamente.

De inmediato mis hijas les arreglaron la habitación de huéspedes. En las estancias argentinas, siempre había una habitación preparada con prolijidad para los huéspedes que pudieran llegar, así como un rincón de costura y una despensa, además del resto de las comodidades. Esas tres cosas nunca debían faltar para que la casa fuera realmente cómoda y confortable. Esta habitación destinada a las visitas tenía una amplia ventana que daba al jardín, que rodeaba la casa. Por las tardes, al abrir los postigos, el aire del monte la impregnaba de aromas a duraznos y a membrillos maduros. Y las madreselvas que trepaban por la alambrada que resguardaba el jardín matizaban su perfume, identificando aquella sensación con el alegre verano. Las camas tenían cobertores de cretona en colores claros, estampados con grandes rosas rosadas y hojas verdes. Las cortinas estaban hechas del mismo género y una mesita de noche sostenía un velador con pie de mármol y pantalla de opalina. Sobre el lavabo, de madera de cerezo y de idéntico mármol, había un espejo biselado y una palangana y jarra de porcelana blancas con flores rosadas. Una pequeña alfombra de piel de cordero se extendía en el centro de las dos camas, dando al lugar un aspecto acogedor. Un ropero, que hacía juego con la mesita y el lavabo, esperaba con sus perchas y espejo a las nuevas visitas que siempre llegaban a la casa, ya fueran amigos o parientes, para disfrutar de unos días de descanso.

Aunque la estancia con su actividad parecía un panal de abejas, quienes llegaban a ella se distendían, descansaban y se sentían felices colaborando en algunas de sus tareas. Mi esposo y yo tratábamos de que todo el mundo que nos visitara se sintiera cómodo y entonces las cosas, las tareas y la casa se transformaban en distracciones, algarabías y ocurrencias. A las penas poco y nada les prestábamos atención y no tenían cabida, a pesar de que nunca faltaban. Pero la vida fluía de una manera vertiginosa y había que seguir adelante con el mejor ánimo y sin claudicar, pasara lo que pasara.

Mi padre decía que solo debemos cambiar aquello que nos produce dolor y que la vida siempre nos devuelve todo lo que le hemos dado. Y así lo sentía. El dolor que algunas situaciones me producían, lo trataba de apartar de mi mente y procuraba sembrar cosas buenas para que la cosecha de mi ancianidad fuera abundante. Y así ha sido, por lo cual estoy agradecida. Pienso que si todas las personas comprendieran que todo lo que uno brinda o da vuelve acrecentado en la vejez, no cesarían de brindar al prójimo lo mejor de sí.

Para la Navidad apenas quedaba una semana. Los festejos ese año se acrecentarían pues teníamos la grata visita de Felicitas y su esposo. Ella preparó panes dulces con levadura para la Nochebuena, él preparó unas canciones peruanas para alegrarnos el alma.

Festejamos con gran algarabía. Pavos asados, corderos asados, ensaladas de frutas con la piña fresca, turrones de almendras y mazapán y panes dulces dieron a esta Navidad el sentido de una fiesta inolvidable. Parecía que estuviéramos despidiéndonos.

Enero llegó también repleto de trabajo y alegrías. La cosecha de aquel año había sido una de las mejores de los últimos años y los carros no cesaban de trasladar las bolsas de trigo hasta la estación de trenes que las llevaban hasta el puerto de Buenos Aires para ser exportadas a Europa, donde el trigo escaseaba.

Una tarde de enero, estando sentadas Felicitas y yo bajo los árboles del jardín, viendo jugar a Roberto y a Luis, la tía me dijo algo que me congeló el alma.

—Olga, quería pedirte a tu hijo Roberto para que nos lo dejes llevar a Buenos Aires.

—¿Cómo dices tía querida? —pregunté como aturdida.

—Queremos llevarnos a Robertito para que pueda asistir a un buen colegio en Buenos Aires. Nosotros lo llevaríamos y lo cuidaríamos como al hijo que nunca tuvimos. También aliviarías a Julia por un año a tener que cuidarlo en Salliqueló.

Me quedé en silencio, sin saber qué responder. Roberto y Luis seguían jugando y riendo, ajenos a aquella conversación que me desgarraba el alma.

Por la noche, cuando todos se hubieron acostado, le confesé a Enrique la solicitud de la tía. Mi esposo no puso reparos y yo me di por entendida que era bien recibida de su parte aquella petición. Si nuestro hijo se quedaba en el campo, tal vez no iba a poder avanzar de grado aquel año. Así fue que decidí concederle el permiso, aunque el alma se me rompiera en mil pedazos y mi pequeño hijo, que iba a cumplir los diez años, no supiera nada.

Por las noches me despertada atormentada por la angustia de saber que seiscientos kilómetros me iban a separar de mi penúltimo hijo. Extrañaría su voz y su risa, sus pasos apresurados por la galería, sus idas y venidas a caballo por el campo, su amorosa solicitud ante cualquier pedido. Entonces lloraba en silencio, ahogando el llanto entre las sábanas y la almohada para que nadie pudiera oírme.

Una mañana me levanté decidida a preguntarle a mi hijo si él estaría contento de viajar a Buenos Aires. Así es que cuando hubo desayunado, y mientras le preparaba una tostada con manteca y dulce, me acerqué sonriendo y le interrogué.

—¿Te gustaría, hijo mío, viajar a Buenos Aires y vivir un año con los tíos, asistiendo al colegio en esa gran ciudad?

—¿De verdad madre que iré al colegio tan lejos de ti?

—Así es hijo, conocerás esa gran ciudad y aprenderás nuevas cosas.

—Así lo haré mamá, si es que tú y papá lo han dispuesto, y estoy seguro de que me encantará —me respondió de inmediato.

—Pues si es de tu agrado, podrás ir un año a acompañar a tía Felicitas y a tío Antonio, pero deberás ser un buen niño, obedecer siempre y estudiar mucho.

—Sí mamá, haré todo lo que tú me digas —me contestó con una sonrisa.

Lo miré con ternura y lo besé en la frente. Él salió corriendo y yo me quedé mirando cómo se alejaba..

Los días pasaron y el de la despedida llegó inexorablemente.

Los tíos estaban muy agradecidos y contentos de poder llevar a aquel niño rubio, dócil y bueno, consigo. Sin duda les alegraría los días a la vez que iría al colegio en la gran ciudad.

El día de la partida me abracé a Roberto tratando de contener las lágrimas. En verdad tenía miedo, pues era pequeño y la ciudad inmensa. Lo abracé fuerte contra mi pecho y lo besé en las dos mejillas. Luego me abracé a los tíos y les recomendé, como el tesoro más preciado, la vida de mi hijo.

Subieron al automóvil y partieron. Yo me quedé de pie en la galería mirando cómo el coche se perdía detrás de la polvareda del camino, diciendo adiós con la mano y con los ojos nublados por el llanto. Mi esposo los llevó a los tres hasta la estación de trenes del pueblo de Murature. Yo lo esperé llorando, tirada sobre la cama.

La partida de Roberto me dejó un vacío en el corazón y en la casa. Todo se tornó silencioso. Y Luis, el más pequeño, jugaba sin hacer ruido y esto entristecía aún más mi corazón.

Habían partido hacía apenas una semana en tren a Buenos Aires. La tía antes de irse nos había ofrecido su hogar para que nuestros hijos estudiaran en Buenos Aires en un buen colegio. Pero de todos nuestros vástagos, Roberto era el único que estaba en condiciones de asistir. Los mayores ayudaban en el campo y Luis apenas tenía cinco años.

Aquel año volví a llorar casi todos los días después de la partida. Sobre todo porque la distancia era cada vez más grande y estaría casi un año sin poder verlo. Me preocupaba que me necesitara o extrañara demasiado, ¡y nosotros tan lejos de él! Pero me consolaba pensando que aquella tía era un encanto de mujer y besos y mimos no le faltarían. No obstante, el separarse de un hijo es una tristeza desgarradora, devastadora, sobre todo los primeros meses de ausencias. Luego el corazón se va acostumbrando y, sabiendo que él está bien y es feliz, dentro de nosotros todo vuelve a encauzarse.

Yo siempre he sido una fiel defensora de pensar que la vida sigue y hay que continuarla con firmeza, energía y entereza. Nunca me dejé abatir ante nada y, en aquellas circunstancias, tomé la bandera de la fortaleza y continué mis tareas con la misma intensidad que siempre, solo mi mente y mi corazón se dividían para viajar a cientos y a miles de kilómetros, para estar como siempre, junto a mis seres queridos...».

XXVIII

MIS MIEDOS Y ALEGRÍAS

Domingo. 13 de julio de 1980

«La muerte es un tema que puede llenar hojas enteras. Desde el miedo natural que todo ser humano tiene a la pérdida de sus seres queridos, hasta la propia muerte, pues nadie tiene la que espera, solo unos pocos elegidos. Pero mi padre siempre sabía decirme que nadie muere cuando hay alguien sobre esta tierra que te recuerde dentro de su corazón.

De eso estoy completamente segura. Dentro de mi corazón he llevado conmigo, reviviéndolos en mi recuerdo constante, a mi madre, a mi padre y a mi hermana mayor.

"Siempre se vive en el recuerdo de quienes te han amado", me parecía escuchar la voz de mi padre resonando en mis oídos. Y nada tan verdadero como aquel pensamiento ya que Lidia siempre vivía en mí, al igual que mi padre y también mi segunda madre, pues a la amorosa mujer que me había dado la vida y que había sido mi verdadera madre de sangre, apenas la recordaba entre una niebla cada vez más intensa que me iba borrando sus rasgos, y por más que me esforzara por volver más nítidos sus ojos, su boca, sus mejillas..., se iban volviendo cada vez más confusos.

Cuando era niña le confié a mi padre aquella sensación de búsqueda constante por recordar lo irremediablemente perdido. ¿Por qué todo se llenaba de niebla, invadiéndome los recuerdos, y yo iba con mi imaginación por aquellos senderos sin rumbo buscando la cara de mamá?

—Tu madre murió una mañana de invierno envuelta en nieblas —me respondió con tristeza mi padre.

Entonces comprendí que aquella sensación estaba ligada a su muerte, a lo desconocido y temido de la desaparición eterna en la que había partido quien me diera la vida.

Aún hoy, cuando quiero recordarla, la niebla la vuelve a envolver; entonces comprendo que yo era muy pequeña y los recuerdos, a medida que retrocedemos en el tiempo, nunca llegan hasta el día de tu nacimiento, sino que comienzan a aflorar a los dos o tres años, según las circunstancias. Afloran como cuadros estáticos en donde miro desde afuera y, pasados los años, me veo aún niña y me sonrío.

Los recuerdos son tan nítidos a partir de los dos o tres años que es como si al retroceder en la memoria volviera a revivir lo vivido. Como si la vida nos ofreciera el placer de volver a vivirla dentro de nuestra mente. Entonces recorro la casa de Zhitomir, camino entre los canteros de menta, miro los perros ladrando desde la galería alta y a mis hermanos haciendo las parvas de heno en medio del campo...

Ahora que han pasado los años lo veo todo con total nitidez... Pero siento pena dentro de mi corazón, pues los recuerdos que llevo de mis seres queridos solo fueron realidad durante los primeros doce años de mi vida y el resto traté de imaginármelos...

Mis hermanos me siguieron escribiendo desde California. Allí trabajaban *Leo* y *Willy*. Helen continuaba viviendo en Canadá y ya había tenido su primera hija. Augusta nos escribía desde Alemania y nosotras, Julia y yo, lo hacíamos desde Argentina. A veces miraba el globo terráqueo y con mi mente abarcaba todos los lugares del mundo donde había transcurrido mi vida y me parecía una inmensidad casi imposible de abarcar. No tenía la exacta dimensión de los miles de kilómetros que mis escasos años de infancia habían recorrido.

Uno de mis entretenimientos favoritos, cuando me embargaba la nostalgia, era marcar con pétalos de flores de distintos colores los sitios donde se encontraba mi familia y por donde yo había pasado alguna vez, quizá por última vez en mi vida. En el planisferio se dibujaba un triángulo perfecto entre las dos Américas y Europa, y un ramillete de pétalos llegaba salpicando desde Rusia hasta Polonia (donde se encontraban los primos de mi padre), de Polonia a Londres (en nuestra escala hacia América), de Londres a Canadá, de Canadá a América del Norte, de allí a Centro América luego a América del Sur y la pampa argentina donde me había detenido para siempre.

Entonces, la idea de eternidad se hacía palpable en mí. Eternidad que ya estaba entre nosotros transitando sus primeros tramos, pues ya nunca más volvería a saber de aquellos familiares que quedaron en San Petersburgo, Varsovia y algunos otros pueblos que ya no recuerdo. ¡La eternidad de la sangre! Qué misterios insondables traen consigo las generaciones unas tras otras, llevando nuestra misma sangre por caminos que jamás nuestros pies volverán a transitar.

Por aquellos días recordaba los lugares por donde había transcurrido el derrotero de mi niñez, las aldeas de la Rusia imperial, la casa, el campo, el viaje en barco, los puertos donde descendíamos y que jamás nuestros ojos volverían a contemplar pero, sobre todo, me rondaba la mente el tema de la muerte. Una de aquellas palabras perpetuas y majestuosas que no llegaba a comprender en mi niñez y a la que aún hoy, siendo una mujer anciana, me sigue costando otorgarle un significado valedero. La muerte... la muerte... Tal vez yo estaba en ese tiempo demasiado sensible, pues extrañaba mucho a mi hijo mellizo, aquel niño al que nunca más mis brazos volverían a mecer. También extrañaba a mi penúltimo hijo, Roberto, que asistía aquel año al colegio en Buenos Aires.

De vez en cuando la tía Felicitas le hacía escribir al pequeño, de su puño y letra, una carta que me llegaba como un sol de primavera. Sus renglones prolijos y su letra grande dibujaban las palabras que yo más quería: "Querida mamá...", comenzaba siempre diciéndome, y yo me devoraba las letras hasta el final. Estaba contento, aprendiendo y conociendo nuevas cosas. Asombrado con los automóviles nuevos y brillantes que circulaban por las calles de Buenos Aires, y con las señoras y señores elegantes que paseaban por el paseo de la costa, bajo los faroles y entre fuentes de Lola Mora y otros escultores. Los tíos eran cariñosos, siempre le tenían un puñado de caramelos para ir al colegio y lo cuidaban y atendían con total devoción. Sin embargo, sobre el final de las cartas, nunca dejaba de agregar: "... te extraño mucho...". Y yo, a esa altura de la lectura, no podía contener las lágrimas.

Mi hijo menor, Luis, me demandaba bastante tiempo y eso me mantenía entretenida. Iba a cumplir seis años y con el tiempo tendría que ir también con mi hermana Julia a comenzar su primer grado en el pueblo. Mis otros hijos ya no estudiaban. Todo lo que habían aprendido había sido de la mano de aquel maestro alemán, don Pablo, y fue lo que les sirvió para el resto de sus vidas.

Mi esposo continuaba acrecentando su trabajo y patrimonio, pero seguía siendo pródigo con todos aquellos que llegaban mendigando a la estancia, con amigos caídos en la mala suerte, con vecinos en circunstancias difíciles y con quienes le vinieran a pedir dinero para que les ayudase a iniciar algún nuevo trabajo o empresa rural. Este fue siempre el punto antagónico en que nos encontrábamos con pensamientos opuestos. Él decía que todo lo que tenía debía servir para compartir con los que menos tenían. Yo pensaba que nuestra familia era numerosa y que la caridad comenzaba primero por casa. Cada uno de nosotros pensaba que tenía la razón y no había términos medios con los cuales llegar a un acuerdo.

Y no hay nada más difícil en la vida que creerse dueño de la verdad. Esta actitud es enemiga de la amistad entre dos personas y entonces surgen enconos, distanciamientos y diferencias. Enrique tenía un buen carácter pero muy fuerte y decidido, igual que yo. Pero con el dinero de la familia parecía que no podíamos salvar las diferencias.

Cuando me decía que había prestado dinero, o regalado un caballo con todos sus aperos (así lo hizo con el caballo y todos los aperos y emprendados que eran de mi hijo Roberto, regalándoselos a un *linyera*) o cuando prestaba algún elemento de trabajo, era yo la que estaba recordándole que debía recuperarlos. Esto lo ponía de muy mal humor. Me di cuenta entonces de que aquello era un obstáculo grande y demasiado grave que se había instalado dentro de nuestro matrimonio.

Por supuesto que luego llegaban los días de trajinar con las máquinas cosechadoras, de tener todo listo para cuando llegaban los peones a comer o en los inviernos cuando había que quemar las plantas de cardo ruso para que no taparan las alambradas (pues eran unos arbustos secos, espinosos, y redondos, de un metro de diámetro aproximadamente que rodaban con el viento por el campo cual si fuesen balones gigantescos). Se cruzaban en los caminos y había que frenar para no trabar las ruedas del automóvil. Cuando llegaban esos días, olvidábamos todo, pero cuando había que sacar las cuentas, depositar dinero en el banco, pagar a los peones y faltaba una suma importante de dinero, entonces nuestras discusiones volvían a resurgir. Siempre tenía la esperanza de que las cosas no pasaran a mayores. Alhergué esta esperanza durante muchos años pero, como tal, siempre fue una esperanza que finalmente no pudo hacerse realidad.

Sobre todo porque mi esposo era un hombre bueno en tiempos malos. La crisis mundial sacudía a todo el mundo y había que resguardar lo que se tenía, porque no se sabía a dónde podía conducirnos. El colapso económico sacudía a los Estados Unidos y por consiguiente a todos los países de Latinoamérica. La oleada de la depresión norteamericana sacudía a todo el mundo. Japón perdió el lucrativo mercado estadounidense para sus exportaciones de seda, que habían supuesto vitales ingresos para los agricultores y trabajadores de la industria textil, debido a la retirada de los préstamos norteamericanos; muchos gobiernos latinoamericanos tuvieron que abandonar numerosos proyectos.

"Cada uno es heredero de sí mismo", escribía Rabelais. Y esa es la verdadera libertad. Venimos solos a este mundo y tenemos siempre que optar, tenemos que buscar nuestra identidad a través de un camino lleno de opciones. Si elegimos uno de los caminos, dejamos otros atrás donde las opciones hubieran sido diferentes, tal vez mejores, o tal vez peores, tal vez hubiésemos sido un poco más felices, pero siempre tendríamos que ser nosotros mismos. Tal vez el misterio de nuestra felicidad está dentro de nosotros, en nuestro interior. Con los años y la experiencia comprendí que la felicidad no depende de lo que pasa a nuestro lado sino de lo que pasa dentro de nuestro corazón. Que la felicidad se mide con la templanza con que nos enfrentamos a los problemas de la vida y que siempre será una situación de valentía, pues es más fácil estar triste y deprimido. Pero la felicidad verdadera (la que nos invade el alma y la mente) es un estado y como tal debemos optar libremente por ella, no haciendo lo que siempre queremos sino queriendo siempre lo que hacemos.

Cuando llegamos al mundo, nadie nos da la receta de la felicidad. Hay millones de recetas de comidas, de postres, de perfumes, de remedios, pero de la felicidad no existe ni existirá nunca una fórmula mágica que, aplicada a todos por igual, nos dé un resultado exacto. Cada ser humano la cultiva dentro de su alma con la fuerza y valentía necesarias. Con la dosis exacta para cada ser, que variará según las personas.

Algunos necesitarán más gramos de valor, otros de templanza, tal vez algunos de serenidad, otros de más amor, alegría para condimentar con bondad mezcladas de una vez. La receta solo existe para cada uno de nosotros y no podemos aplicarla a todos por igual.

La felicidad no es un paraje al que hay que llegar, una meta, un horizonte. La felicidad es una forma de andar por la vida. Si la perseguimos parece que nunca la alcanzaremos, es como nuestra propia sombra, que huye cuando vamos tras ella, pero cuando llega, llega sin que nos demos cuenta y cuando menos la esperamos.

Cuando menos lo esperábamos concluyó el año 1930. Mi hija mayor, Amalia, se había casado el 15 de noviembre de ese año y vivía en Salliqueló con su esposo Juan. Mi hijo mayor Francisco (*Pancho*) estaba enamorado de Luisa, una joven buena y de familia muy trabajadora que nos hacía presentir que se casarían en cuanto pudieran (y así lo hicieron el 24 de noviembre de 1936). Solo que Francisco debería tener una casa y un trabajo en el campo. Mi esposo se abocó a este proyecto y al deseo de ayudar a nuestros hijos que ya se iban convirtiendo en hombres y mujeres de provecho, buscando como todos los de su edad, un futuro y formar una familia.

Amalia se había casado con total discreción y sencillez. Un lindo vestido diseñado por ella y una fiesta a la que asistieron todos los vecinos de la estancia San Francisco. Enrique hizo descuartizar varias vacas que se hicieron asadas con la piel, corderos y pavos. En la casa se hicieron las confituras y todo transcurrió de un modo agradable y ameno. Juan, el esposo de Amalia era un hombre apuesto y tuve la intuición de que aquel motivo de felicidad para mi hija mayor terminaría siendo para ella su verdadero calvario. La belleza a veces enajena a las personas y las hace creer que son superiores. La belleza da poder sobre otros y el saberla ejercer con astucia puede estropear cualquier corazón y herir demasiado a quienes nos rodean. La belleza, para que sea perfecta, debe ir acompañada siempre de la bondad; solo así, esta conjunción resultará encantadora y agradable para cuantos nos rodean. De otro modo puede ser como un estigma que no nos deje vivir en paz.

La década de los treinta se iniciaba y con ella, después de varios meses de ausencia y con su segundo grado aprobado en una escuela de Buenos Aires, había vuelto a casa, en los días previos al casamiento de Amalia, nuestro hijo Roberto. El colegio en aquellos años se comenzaba a los ocho años de edad. Los tíos lo enviaron de regreso en tren, a cargo del guarda que le hizo bajar con cuidado las escaleras al llegar a la estación de Francisco Murature, una tarde de noviembre.

El año había pasado alternativamente con periodos de mucha calma y lentitud, cuando más extrañaba a mi hijo, o con una vertiginosidad sin pausa, cuando las actividades y tareas se iban alineando en mi mente y debía cumplir con todas ellas. No obstante, había comenzando a aprender cómo ser feliz. Y ahora me sentía así, en plenitud, con mi hija mayor desposada, mi hijo Francisco tratando (con ayuda de mi esposo) de empezar a sacar adelante una granja y mis cuatro hijos menores, todos en casa, rodeándome como los pollitos a la gallina.

Con Enrique nuestra vida continuaba bien, aunque con las consabidas discusiones de siempre sobre el manejo de nuestro patrimonio familiar.

Mi hija Tití ya tenía diecinueve años y seguía ocupándose de la cocina (una de las actividades más importantes de la casa). Siempre había destacado en ella y, cuando entraba a preparar las comidas del día, todo se tornaba en algarabía y exquisiteces por donde ella pasaba, dejando siempre la estela de sus sonrisas, palabras cariñosas y recuerdos sobre alguna situación risueña. Robertito había llegado muy contento de su experiencia con los tíos-abuelos en Buenos Aires y Luis continuaba en casa, siendo el benjamín de la familia, con algunos caprichos que aún hoy al recordarlos me hacen reír.

Las lluvias aquel año habían sido abundantes y la hacienda estaba llena de pasto a lo largo y a lo ancho de nuestras mil hectáreas de campo. Enrique seguía con su trabajo de contratista ayudando a arar, sembrar y cosechar a todos los granjeros vecinos que no contaban con las máquinas suficientes. Nuestra cuenta bancaria había engrosado y el gerente del banco venía a menudo por la estancia para conversar durante algunas horas y comer algún asado bajo los árboles del jardín, con mi esposo, que según sus comentarios, era uno de los mejores clientes de la institución.

Con las ganancias de tanto trabajo y esfuerzo, mi esposo decidió que era hora de invertir en la compra de otro campo, tal vez no tan grande como San Francisco, pero que permitiera ir forjándonos un patrimonio para que heredaran nuestros hijos...».

XXIX

LOS SUEÑOS POR TIERRA

Domingo, 20 de julio de 1980

«El bienestar de los felices años de la década de los veinte iba finalizando en todo el mundo. Incluso en las pampas argentinas. La Gran Depresión había puesto fin a toda una época de prosperidad deslumbrante y nosotros también comenzábamos a sentirla. Sobre todo porque mi esposo Enrique aún no había terminado de pagar la estancia San Francisco. El dinero ganado con el sudor de nuestra frente iba a las arcas del banco o a comprar máquinas y caballos para seguir con nuestro trabajo y, aunque nuestra cuenta bancaria iba en aumento, para poder pagar el campo todavía nos faltaba un poco más de esfuerzo. El propietario nos había entregado el campo con la condición de que en dos años le saldáramos la deuda, pero toda junta. Así había sido el negocio y así lo prefería él, pues de ese modo recibiría el dinero todo junto para invertirlo en otras zonas de la pampa húmeda. Enrique pretendía en aquel año terminar de reunir el dinero para saldar la deuda según lo convenido.

Había muchos de sus amigos que conocían esta situación y también el dinero que mi esposo iba acumulando en el banco para pagar a finales de año lo que debía. Sin embargo, no todo parecía sonreírnos (a veces la vida nos tiende una mano, pero nos hace tropezar para caer con más dolor y dureza sobre una realidad que jamás esperábamos).

Por aquellos días el nuevo presidente de los Estados Unidos era Herbert Hoover. Era uno de los hombres más admirados de los Estados Unidos cuando llegó a la Casa Blanca en 1929: cuatro años más tarde salió de ella sumido en un infortunio que, en gran parte, no había merecido. La mayoría de los norteamericanos le habían considerado el hombre ideal para dirigir a la nación en medio de cualquier crisis. Pero el colapso económico que sacudió al país, tan solo siete meses después de su toma de posesión, asestó un duro golpe a la confianza de la población en la fortaleza de sus instituciones. El 11 de diciembre de 1930, en la ciudad de Nueva York, el poderoso Banco de Estados Unidos se derrumbó y destruyó los depósitos de medio millón de ahorristas. Solo en 1931 se desplomaron unos dos mil trescientos bancos. Innumerables fabricantes con exceso de existencias cerraron sus fábricas para reducir pérdidas. Entre 1930 y 1933 un promedio de sesenta y cuatro mil trabajadores por semana pasaron a engrosar la multitud de desempleados. En 1933, unos trece millones de norteamericanos estaban sin empleo y quienes lo conservaron vieron reducidos sus salarios. La producción industrial descendió hasta los niveles de 1916.

Estas cifras, a pesar de su crudeza, quizá no susciten debidamente en la imaginación los sufrimientos que la depresión creó. Antiguas virtudes, como el ahorro, la tenacidad y el trabajo parecían exentas de significado. Ejércitos de trabajadores sin empleo ignoraban si ellos y sus familias lograrían subsistir. La muerte por inanición amenazaba a millares de personas. Cientos de miles de hombres y muchachos sin trabajo recorrían los campos, se hacinaban en los trenes de mercancías y engrosaban las dolientes y sobrecogedoras muchedumbres de vagabundos.

La crisis no tardó en llegar a Argentina, pues la oleada de la depresión económica norteamericana sacudió a todo el mundo. En Europa, la quiebra del Creditanstalt, el mayor de los bancos austriacos, en mayo de 1931, repercutió en muchos otros que se vieron obligados a cerrar, incapaces de satisfacer sus obligaciones. Los esfuerzos internacionales por ayudar al Creditanstalt solo lograron agotar las necesarias reservas de otros bancos.

Mi hermana Augusta me escribía desde Alemania donde la situación se iba volviendo cada día más difícil. La mitad de los hombres en edades comprendidas entre los dieciséis y treinta años estaban sin trabajo.

En Australia, el desempleo ascendió de menos del 10 % en 1929 a más del 30% en 1932. En el mundo, el número de desempleados se elevaba a treinta millones. El aguijón del hambre impulsaba a infinidad de hombres y mujeres a buscar alimento en los cubos de basura de las grandes ciudades. Mientras tanto, miles de hectáreas de grano se pudrían en los campos porque su recolección y transporte no resultaban económicos. En Brasil se quemaron, por la misma causa, miles de toneladas de café.

El esplendor y la buena vida de los estancieros argentinos todavía no habían sentido los estigmas de la crisis mundial pero estos, sin embargo, no tardaron en llegar. Uno de estos hombres ricos era amigo de mi esposo. Había tenido una vida fácil, heredada de su padre. Usufructuaba de una existencia rodeada de lujos y servidumbre, vehículos nuevos y guardarropa inglés. Recuerdo que su hijo encendía los cigarros con un billete de cincuenta pesos que luego arrojaba a los ceniceros, ante la vista atónita de sus peones. Pero la grandeza embriaga y a esa familia le había sucedido eso. Ya no se conformaban con lo que tenían, sino que siempre ambicionaban más. El último modelo de automóvil, el último sillón Chesterfield, los nuevos palos para jugar al polo y todos los lujos deben pagarse caro. Sus arcas habían comenzado a empobrecerse y, conociendo a mi esposo y lo pródigo que era, no dudaron en solicitarle que les saliera en garantía por un préstamo que habían pedido al banco de Salliqueló. Aquel préstamo les permitiría seguir con el nivel de vida ficticio y rodeado de lujos que no podían sustentar. Mi esposo aceptó sin miramientos y como al pasar, una mañana en la hora del desayuno, me comentó que saldría en garantía de esta familia. La garantía equivalía a trescientos cincuenta mil pesos. Yo me quedé paralizada. Como pude terminé mi taza de café y salí a la galería a tomar un poco de aire fresco, pues estaba a punto de desmayarme.

Luego me dirigí hacia el dormitorio y estaba terminando de guardar la ropa planchada, cuando Enrique entró y volvió a decirme, sin mayor énfasis, que sus amigos le habían pedido que él les saliera en garantía con un préstamo. Dejé la ropa sobre la cama y lo miré a los ojos.

—No seas ingenuo —le dije con dureza—, sabes muy bien que nunca van a devolverte ese dinero. ¿Y sabes por qué? Porque la riqueza que aparentan no es verdadera.

—¿Qué sabes tú de su patrimonio? —me respondió airado.

—No tienen respaldo económico para afrontar semejante gasto de dinero y por lo tanto, jamás te lo devolverán.

—Tú no sabes nada de negocios —me contestó secamente mi esposo, y salió de la habitación. Caminó por la galería, cogió su sombrero de fieltro negro del perchero y se subió al coche.

Le vi alejarse por el camino que llevaba a la calle y me imaginé que iría hasta la estancia a darles su aceptación.

Y no me equivoqué. Aunque hubiera deseado hacerlo. La certeza se me clavó en el pecho con un dolor intenso. Entré a mi habitación, me arrojé sobre nuestra cama y lloré sin poder contenerme.

La relación entre nosotros, a partir de aquel día, se fue volviendo cada vez más distante. Distante, porque yo sentía que había dejado de contar en sus planes y en sus proyectos futuros. Planes y proyectos que por otro lado también eran los de nuestros hijos.

Y aquella situación nos fue llevando a un callejón sin salida. Distante, porque era como haber perdido la confianza el uno en el otro. Distante, porque ya nuestra complicidad no existía y los dos nos mirábamos con desconfianza, pensando en qué palabra decirnos para herirnos un poco más y enarbolar nuestro orgullo como bandera vencedora de una batalla donde los únicos perdedores éramos él y yo. Y nuestros hijos.

Lo que más me dolía era que todos nuestros ahorros, ganados con el esfuerzo de nuestro trabajo, ya no los tendríamos como respaldo de nuestra vejez, sino que serían para saldar deudas de quienes no trabajaban y vivían de fiesta en fiesta. Mientras yo seguía levantándome al alba, criando gansos y patos para poder almacenarlos, después de asarlos, en tarros con grasa en el sótano de la despensa, descuartizando cerdos y haciendo jamones y chorizos. Mis hijos ordeñaban y juntos elaborábamos los quesos. También en cada temporada en que las vacas parían, marcábamos al ganado y luego llevábamos a los novillos a la feria. Y cuando la lluvia no caía, todos sufríamos por la huerta reseca que debíamos regar a mano y también por el trigo recién sembrado. Y si la lluvia escaseaba durante demasiados meses y aparecían los incendios, todos íbamos al campo a apagar el fuego con bolsas y con agua, con arados y horquillas. Pero no solo yo y mis hijos trabajábamos desde el alba hasta el anochecer, también lo hacía mi esposo que continuaba arando y sembrando en nuestro campo y los campos vecinos de sol a sol. Manejando más de un centenar de caballos y dando órdenes a más de un centenar de peones.

327

Pero de repente, por el afán desmedido de riquezas de alguien que decía ser nuestro "amigo", íbamos a comenzar a transitar por un camino difícil, donde nuestros sueños, aquellos que acariciamos con nuestro trabajo y esfuerzo iban a ser tirados por tierra, pisoteados y tal vez nunca más valorados.

Mi padre me decía que el dinero que se posee ganado con el trabajo y el sacrificio es un instrumento de nuestra libertad, mientras que el que se persigue para pagar deudas o cobrar es un instrumento de nuestra servidumbre.

Y que si se trata de cobrar el dinero prestado a un amigo, se perderá a ambos, al amigo y al dinero. Y de eso, yo no tenía dudas.

—Si quieres saber cuánto vale nuestro dinero, lo sabrás muy pronto, pues nada te costará tanto como intentar saldar el préstamo de tus amigos —le dije fastidiada aquella noche a mi esposo antes de que apagara el candelabro de su mesita de noche.

Enrique guardó silencio pues sabía muy bien que, con aquellas personas, nada era seguro. Y mucho menos cobrarles una deuda.

Mas yo dentro de mi alma tenía la certeza de que esa sería nuestra mayor desgracia, pues era difícil que una persona rica o que se creyera rica fuera modesta. Y esos "amigos" no lo eran.

Nada me resultaba tan humillante como ver a estas personas obtener lo que deseaban: nuestro dinero y hundirnos en el fracaso de nuestro porvenir. Pero me resultaba más desalentador que aquel yerro de mi esposo impidiese que se arrepintiera y rectificara el rumbo, es decir, volver atrás sobre la palabra ya empeñada. Esa actitud era grave, lo sabía: el no cumplir con la palabra era por aquellos años un pecado grave, aunque esa palabra no cumplida salvase a mi familia de la ruina. Pero perseverar en ese error u obstinación, empecinarse en él, me daba la misma sensación de que estaba renunciando a su propia libertad.

—Estás cerrando la puerta sobre este gran error —le dije a la mañana siguiente— y cuando uno cierra la puerta de su entendimiento, no hay dudas de que la verdad se quedará afuera.

—Creo que si mi error, como tú lo llamas, es sincero, merece una consideración respetuosa —me respondió.

Entonces supe que su decisión estaba tomada.

El tiempo me dio la razón. Pasó un año desde aquel diálogo y el banco comenzó a enviar cartas-documentos a mi esposo para que pagara la deuda no solventada por sus "amigos" y también la nuestra, la de la estancia San Francisco.

Realmente estábamos en un callejón sin salida, porque tenía la amarga desesperanza que si pagábamos San Francisco, y no la garantía del crédito de sus "amigos", igualmente nos quedaríamos sin nuestro campo, pues el banco sacaría a remate nuestra posesión para pagar lo que otros debían.

Trescientos cincuenta mil pesos se fueron de nuestras arcas en el banco para cubrir una deuda que no habíamos contraído y las riquezas de las que otros habían gozado y nosotros jamás conocido.

Trescientos cincuenta mil pesos que no pudieron pagar nuestro bienestar ni nuestro patrimonio, mas debieron pagar el bienestar de otros.

La adversidad hace que muchas personas se desesperen, pero mi esposo no era de esa clase. Parecía que la adversidad hacía que se superara. Primero trató de persuadir a sus "amigos" para que pagaran lo debido, pero pasó el tiempo y la presión bancaria llegó a tal extremo que lo amenazaron con sacar a remate nuestra estancia. El dinero que teníamos para pagar nuestro campo fue sacado del banco para saldar la deuda contraída por quienes nos habían erigido en garantía de su quiebra.

Todos nuestros sueños cayeron por tierra y, tras un año de tratos y trámites, finalmente todo lo ganado en nuestra vida se fue del mismo modo que se va el agua entre las manos. De la noche a la mañana la estancia San Francisco tuvo que ser entregada al banco y el dinero que habíamos ahorrado saldó el impago de nuestro "amigo".

La situación para nosotros se tornó desesperante. Enrique sin embargo, con aplomo, volvió a alquilarle al banco lo que una vez había sido nuestro, hasta ver qué hacer con toda nuestra hacienda, maquinaria y demás enseres.

Habíamos dejado de tener una casa propia y un campo propio, y deberíamos vender nuestra hacienda, nuestra maquinaria y, tal vez, nuestro automóvil. Volví a sentirme nuevamente la extranjera que había llegado sin nada, que había sembrado sueños en el viento y que continuaba sin tener nada. Lo único que valoraba con toda mi alma eran mis seis hijos. Ellos eran y serían durante toda mi vida mi mayor riqueza.

Con el tiempo, el 21 de noviembre de 1935, mi hija Olga Esther (Tití) se casó con Roberto, un joven apuesto y muy trabajador que había sido propietario de la estancia La Pala, una de aquellas estancias señoriales, con amplias galerías, parque y montes de frutales, acacias y médanos, palomares, cobertizos, establos y grandes rebaños de ovejas y tropillas de vacas pastando en los campos naturales. La estancia La Pala estaba frente a la nuestra (o la que había pretendido ser nuestra) pero habían tenido que venderla al morir su padre y él hacerse cargo de su madre y sus hermanas. Tenía tan solo catorce años cuando debió afrontar aquella dolorosa situación, pero aquel golpe de la vida le dio un temple y un sentido del deber que hicieron de él mi mejor yerno, y también un hijo. Por suerte mi hija no se había ido lejos, estaba enfrente y solo había que cruzar el camino que llevaba al pueblo de Francisco de Murature. Por aquellos días, cuando me sentía muy apenada, daba la orden de que me prepararan el carruaje y, con un bolso de mano, cruzaba el camino para estar con ella.

Mi hijo mayor, Francisco, se casó con Luisa, una muchacha muy buena y trabajadora, en 1936 y se instalaron en uno de los puestos colindantes al casco de la estancia San Francisco...».

XXX

MIS DÍAS EN SOLEDAD

Domingo, 27 de julio de 1980

«**N**o salgas fiador más allá de tus posibilidades. Si saliste fiador prepárate a pagar, reza una frase del Libro Eclesiástico (30.14-16).

Y así fue. Enrique tuvo que afrontar la gran deuda que nos sumió en la incertidumbre y en el desasosiego. Pero sobre todo tuvo que asumir la enemistad con sus amigos y el alejamiento progresivo entre nosotros. No pocas cosas para un corazón que no estaba preparado para afrontar dolores tan intensos. Perder una esposa, los mejores amigos y todo el patrimonio, pueden volver sombría la vida de cualquier persona.

En aquella década de 1930 a 1940 tan solo penas y amarguras me quedaron del valle de la vida. Como un sueño habían pasado mis años de infancia pura, de adolescencia en soledad y de juventud florida. Me enfrentaba a la madurez de la vida con seis hijos que me querían "hasta el cielo" y un esposo que me daba la espalda cada vez que podía, evitando compartir conmigo cualquier sentimiento o actividad. Nos volvimos de pronto dos extraños. Apenas nos saludábamos por las mañanas y cada uno iniciaba sus trabajos sin consultar o sin reparar en el otro.

Las noches se hicieron largas y solitarias y mi corazón intuyó que Enrique compartía sus horas con algún otro corazón que le brindara oídos y comprensión a sus desdichas. Era un hombre apasionado, que todo lo hacía con impetuosidad, y su corazón no era para estar solo. Mucho menos en aquellos difíciles momentos.

Nunca pude comprobar nada pero a veces el corazón tiene certezas aunque los ojos no hayan podido atestiguarlas.

El tiempo suaviza las heridas y los dolores y la fe nueva regresa ante la fe perdida. Supe siempre qué debe hacerse en cada momento: lo que en cada caso es necesario. No se debe perder el precioso instante intentando lo que de antemano se sabe perdido. Postergar no es resolver, sobre todo cuando profundos rencores y anhelantes memorias no nos permitirán una nueva tregua.

Me aferré a mis hijos, a mis trabajos cotidianos y a mi nueva vida de mujer sola (a pesar de que Enrique iba y venía por la estancia que ya no nos pertenecía, pero donde aún conservábamos todas nuestras pertenencias. Y los recuerdos).

Mis días de sosiego los alternaba con visitas a mi hermana Julia. Mi hijo Roberto con doce años ya estaba terminando el quinto grado (último curso al que asistiría) pero ya manejaba nuestro automóvil y entendía de mecánica, así es que él sabía llevarme a pasar unos días al pueblo con mi hermana mayor. Allí solíamos bordar y coser, mientras compartíamos las horas alternando la elaboración de dulces caseros con la tarea de hacer manteca, quesos o alguna recolección de frutas para dejar envasadas y poder comerlas cuando lo deseáramos. En casa de Julia, como en casa, no había tiempo para el ocio.

En mis visitas a Salliqueló también iba a ver a mi hija Amalia que trabajaba de modista para ayudar a Juan, su esposo. Ella había perdido a su primer hijo, veinte días después de nacer (pues había nacido con problemas en su corazoncito) y necesitaba de mi compañía más que nunca. Yo la comprendía con toda mi alma, porque semejante dolor ya lo había experimentado. Mi consuelo y mis palabras fueron para ella su apoyo en tan difíciles momentos.

Otros fines de semana ensillábamos el carruaje y cruzábamos, por las tardes, el camino que llevaba al pueblo de Murature rumbo a la estancia La Pala, donde vivía mi hija Tití. Allí tenía una habitación preparada exclusivamente para mí, para cuando deseara y por el tiempo que quisiera. Realmente era un placer llegar allá. El monte de frutales se desbordaba de frutas en los veranos. Membrillos, peras, damascos y duraznos colgaban de las ramas esparciendo sus aromas dulces y sabrosos. El agua del tanque permanecía inmóvil, limpia y fresca, en medio de la huerta y del jardín donde nos refrescábamos en las tardes de estío. Y en los atardeceres, al final del jardín, bajo los pinos, desde donde se veía recortado sobre el horizonte el palomar, se encendía la leña para hacer algún cordero a la brasa.

Las tardes de lluvia hacíamos tortas fritas, jugábamos a las cartas o compartíamos alguna charla amena con la visita de algunos vecinos. Y si las tormentas eran demasiado intensas, todos nos quedábamos bajo las galerías contemplando el diluvio caer sobre el campo. Cuanto más intenso, más se borraba la visión de las cosas. Las "casas de abajo" se desdibujaban y el campo perdía su color y nitidez pero cuando el sol volvía a asomar todo recuperaba su esplendor y brillo. Parecía como si las cosas estuvieran recién estrenadas, relucientes y de un color más intenso que antes, cuando aún estaban cubiertas por el polvo que el viento deposita sobre todo lo que existe en este mundo.

Las tormentas de verano eran intensas, de grandes relámpagos y truenos que parecían hacer vibrar toda la tierra. A veces caía granizo en seco y eso era lo peor para las cosechas, pues los destrozos eran seguros. Otras veces caían con agua y también lamentábamos cómo se destrozaban las cosechas, plantas, frutas y flores. Todo quedaba como si una horda de bárbaros hubiera pisado la estancia. Y se volvía a rastrillar, ordenar, sembrar, imponiendo nuestra voluntad sobre la de la naturaleza, que en la mayoría de los años fue benévola.

Mi yerno tenía una hermosa tropilla de caballos criollos que hacían las delicias de las visitas, pues eran mansos para ensillar y se podía cabalgar hasta los médanos y montes de acacias a los cuales llamábamos "monte de los chimangos" y "monte de los chivos" respectivamente, por abundar en ellos esa clase de pájaros y animales. Las horas pasaban plácidamente y se detenían en cada atardecer en las conversaciones, sin tiempo y sin apuros. Pero al comenzar la semana todos debíamos volver a nuestras tareas, nuestras prisas y obligaciones.

Mi hijo Enriquito tenía diecinueve años y con Francisco, el mayor, trabajaban en la estancia San Francisco junto con mi esposo. Mis hijos menores, Roberto y Luis, seguían estudiando en Salliqueló y Villa Maza (otro pueblo algo más grande que Murature), que tenían colegio, respectivamente. Roberto dejó sus estudios en 1932 y ya se quedó en casa permanentemente trabajando en las tareas del campo, cocinando en los campamentos de los peones, que mi esposo tenía para arar y cosechar las granjas vecinas y ayudando a reparar las máquinas en todo cuanto su entendimiento de niño le ayudara. Era muy inteligente y sabía a la perfección donde encajaba cada pieza, cada tuerca o rodamiento dentro de esas máquinas gigantescas y complicadas de más. Luis estaba en casa de una familia amiga nuestra, en Villa Maza, yendo al colegio primario y regresaba los fines de semana para estar con nosotros.

Mi esposo Enrique no se amilanó ante el golpe del infortunio y alquiló, por aquellos años, ochocientas hectáreas en la provincia de La Pampa. El campo estaba ubicado en una colonia de rusos-alemanes y se llamaba Las Vizcacheras. Su nombre había sido impuesto en "honor" a las madrigueras de vizcachas que salpicaban el campo y que dificultaban la siembra y el andar sereno a caballo, pues nunca faltaba la accidentada cabalgata en la que el caballo introducía la pata en una madriguera y el jinete rodaba por el suelo.

Tenía una casa sencilla y acorde con el lugar, pues era un campo rodeado por las casas de otros colonos. Una cocina grande con techo de madera y dos ventanas que daban al jardín, una galería y sobre el final de la misma el dormitorio principal. A lo ancho de la galería se abría una puerta que daba entrada a la sala, con otra puerta enfrente que daba paso a la galería trasera, donde se comunicaban otros dos dormitorios y el baño. Luego estaba el cobertizo, los corrales, un palomar precario y un estanque en medio del campo, a pleno sol, que daba de beber a los animales y refrescaba nuestros cuerpos en el estío. Visité pocas veces Las Vizcacheras y, las veces que fui, lo hice acompañada de alguno de mis hijos, pues la amabilidad entre mi esposo y yo estaba ausente y solo palabras de cortesía fingidas salían de nuestras bocas. En las pocas ocasiones en que estábamos solos, los laboriosos rencores que nunca descansaban, afloraban. Queríamos herirnos, tal vez para que ninguno de nosotros se olvidara del otro en ningún momento del día, y la daga cortante de nuestras palabras iba haciendo mella sobre el afecto que aún nos teníamos pero que se iba haciendo débil como un hilo, que tal vez terminara cortándose.

Recuerdo que la casa de Las Vizcacheras estaba rodeada por campos de manzanilla, una plantita aromática de flores blancas y centros amarillos que sirve para elaborar té de un aroma y un sabor incomparables. Me gustaba pararme en la galería que daba al este de la casa y observar el sol salir y alumbrar esos prados cubiertos de florecillas, mientras los caballos relinchaban en el corral esperando a ser ensillados para salir a recorrer los campos. Era zona de animales salvajes:

pumas, jabalíes y víboras venenosas. Sobre un árbol añejo que había en el jardín se asentaban los loros barranqueros dando gritos hasta que se cansaban para volar luego hacia otros montes. Los teruterus pasaban volando bajito, cantando; entonces los peones decían que llegarían visitas. La clave de aquel saludo era que jamás se equivocaban y la visita llegaba seguro por la tarde a la hora del té y ya se quedaba hasta la noche, a cenar y a jugar a los naipes (entretenimientos comunes en los campos argentinos de aquellos años).

En este campo el personal era más escaso. Don Acarino era el encargado de hachar la leña, recoger los huevos y atender los corrales de las aves y el jardín. *Chon* era un muchachito rubio y de ojos azules, criado de mi esposo, que era su mano derecha. Para todo iba *Chon* a cumplir con las órdenes de mi esposo y su padre era el encargado de cocinar. En una casa donde solo había hombres era muy difícil para cualquier mujer emplearse en las tareas domésticas, por lo que Las Vizcacheras era tierra de hombres y la prolijidad estaba bastante ausente de la casa, por más que don Acarino y don Natali (el padre de *Chon*) se encargaran de la limpieza. Otros dos peones se encargaban de ordeñar y recorrer el campo ante la mirada de supervisión de mi esposo.

Pocas veces visité esta granja pero me sentía muy a gusto en ella.

Mientras tanto, yo seguía viviendo en San Francisco con mis cuatro hijos varones. En 1933, el 28 de abril, nació mi primera nieta, hija de Amalia, y a quien pusieron mi mismo nombre: Olga. Enrique compró una casa en Salliqueló para que Luis asistiera a la escuela. Y yo fui quien lo acompañó en aquel periodo. Cada quince días volvíamos al campo a supervisar, sobre todo cuando mi esposo permanecía durante varios meses dentro de su campo de La Pampa, sin dar casi señales de vida. Aprendí a manejar la estancia con mucha solvencia y, aunque ya no era nuestra, la seguía sintiendo mía. Mis órdenes se cumplían y las cosas funcionaban bien. Poco a poco fui logrando tener de nuevo algunos ahorros y eso me permitió sentirme aliviada de no tener que recurrir a las finanzas empobrecidas de mi esposo ausente y lejano para poder resolver situaciones de menor envergadura.

Sin embargo, las sombras que oscurecían mi hogar a principios de 1933 no podían compararse con las que comenzaban a surgir en el mundo, oscureciéndolo también, pero de un modo siniestro.

Había recibido carta de Augusta y un presentimiento sombrío sacudió mis pensamientos. La noche del 27 de febrero de 1933, cuando faltaba menos de una semana para que el pueblo alemán acudiera a las urnas, el edificio del *Reichstag* berlinés, sede de la asamblea legislativa de la nación, fue incendiado y sufrió deterioros. Adolf Hitler, quien tan solo un mes antes había sido ascendido a canciller, acudió al mismo tiempo que los bomberos para observar el desenlace. Antes de que la policía hubiera concluido sus interrogatorios, Hitler proclamó a los cuatro vientos que el incendio significaba el despertar de la hidra comunista y que se disponía a actuar inmediatamente contra la amenaza. Antes del amanecer del 28 de febrero, la policía arrestó a más de cuatro mil adversarios del nazismo. Ese mismo día Hitler asumió poderes excepcionales "para la protección del pueblo y del estado", que ya no abandonaría hasta su muerte. Sin dilaciones comenzó la disolución de los partidos.

Cuando leí aquella carta, mis manos temblaban. Pensé en la lejanía de Augusta, de su esposo y del futuro niño que estaban esperando y los sentí totalmente desamparados. Me hubiera gustado disponer de dinero suficiente para pagarles un pasaje en algún vapor que viniera hacia América, pero nuestra situación financiera estaba quebrada y me impedía ayudarlos. Creo que de eso me arrepentiré toda la vida.

Las cartas de Augusta llegaban con mucha frecuencia manteniéndome informada de cuanto movimiento se iba gestando en la Alemania de aquella década.

En los meses que precedieron al incendio mencionado, el electorado alemán había otorgado al Partido Nacional Socialista (Nazi) de Hitler, apoyo suficiente para ponerlo a la cabeza de un gobierno de coalición. Pero Hitler pretendía la mayoría absoluta y, en consecuencia, convocó nuevas elecciones para el 5 de marzo. Durante la campaña electoral, los nazis habían utilizado el poder para combatir a la oposición; el incendio del *Reichstag* les brindó una excusa para suprimirla. Aunque se acusó con frecuencia a los nazis de provocar el incendio, solo últimamente ha podido ser probada la validez de aquella afirmación. Las llamas del *Reichstag* auguraban el holocausto futuro.

Adolf Hitler había nacido en Braunau (Austria), cerca de la frontera alemana, en 1889, el mismo año que yo. Desde 1907 hasta 1913 vivió en Viena, donde trató de ingresar en la Academia de Bellas Artes y en la política. Al parecer, el joven Hitler sufrió grandes privaciones en sus años de Viena, pero salió adelante gracias a su pensión de huérfano (su padre había sido funcionario de aduanas), al reducido patrimonio que heredó de sus progenitores y a sus trabajos ocasionales ilustrando postales y anuncios. Por aquellos años, Viena era un semillero de antisemitismo, la vieja hostilidad hacia los judíos que tan gran número de víctimas propiciatorias había deparado a Europa a lo largo de los siglos. Hitler pronto adoptó esa doctrina en forma radical: "Me desagrada el conglomerado de razas existente en Viena, me desagrada la mezcla de checos, polacos, húngaros, rutenos, serbios y croatas...". El futuro dictador ya ansiaba realizar el sueño de una Alemania que dominara al continente, la vieja aspiración del Káiser. Cuando en 1913 salió de Viena camino de Münich, imaginaba que se urdía una conspiración mundial de judíos y razas inferiores con objeto de destruir Alemania. Sus ideas políticas y económicas eran difusas y contradictorias, pero el bolchevismo y la democracia suscitaban temor y odio.

Durante la Primera Guerra Mundial, el joven austriaco sirvió como voluntario en un regimiento de infantería de la zona bávara próxima a Münich. Fue condecorado cinco veces y ascendido a cabo por su valerosa actuación como enlace en algunos de los más duros combates registrados en el frente occidental. Permaneció en el ejército hasta abril de 1920, primero como vigilante de los prisioneros de guerra, luego como oficial instructor de las tropas desmovilizadas y finalmente como funcionario militar en el distrito de Münich. Por entonces, la capital de Baviera era escenario de reyertas tumultuarias entre los *Freikorps* y los comunistas. Hitler pudo observar directamente las fuerzas y las debilidades de ambos grupos.

Yo me preguntaba por este misterioso cabo austriaco que parecía mover los hilos futuros de Alemania y temí por la seguridad de mi hermana Augusta y de su familia...».

XXXI

LA TRAGEDIA DE AUGUSTA

Domingo, 3 de agosto de 1980

«Mis noches de insomnio en soledad las medía mirando pasar las estrellas a través de mi ventana. Las Tres Marías caían perpendicularmente sobre los barrotes de las rejas hasta que desaparecían en el horizonte. Entonces comprendía la inconmensurable dimensión del tiempo, que nada lo detiene y avanza indestructible sobre civilizaciones y civilizaciones.

El 30 de enero de 1933, Hitler había sido nombrado canciller y en la semana escasa que medió entre el incendio del *Reichstag* y las elecciones de marzo, se transformó en el virtual dictador de Alemania. Mediante decreto presidencial, aceptado por todo el gabinete, se suspendieron "hasta nuevo aviso" las libertades de expresión, de prensa y de reunión; la inviolabilidad del domicilio, del correo y del teléfono; se confiscaba a discreción del gobierno la propiedad privada y se introducía la pena de muerte para una amplia serie de crímenes... "... Tengo mucho miedo, hermanas mías... —nos escribía Augusta— ... porque no sé en qué habrán de terminar nuestras vidas... ".

Me tembló la carta de Augusta entre las manos al terminar de leer los detalles de cómo se iban precipitando los acontecimientos. Su embarazo avanzaba hacia feliz término, pero yo temí por ella y por el niño.

El niño nació en septiembre de 1933 y le pusieron por nombre: August. Al recibir la noticia, besé tres veces la carta y tarareé dentro de mi mente aquella canción alemana: "Mi querido Agustín, Agustín, Agustín..." (canción que siempre repetí cuando estaba alegre o triste, en memoria de aquel sobrinito que jamás pude conocer).

La tarde que recibí la noticia pensé mucho en mi hermana y su familia y por la noche, mientras contemplaba las estrellas, que se iban sumergiendo en el horizonte detrás de las rejas de mi ventana, me dormí con el pensamiento de que Augusta había tenido "un ángel" que la acompañaría toda la vida.

Sin embargo, ella comenzó a vivir en el desasosiego a partir de aquella fecha, temiendo por su familia. En 1936 volvió a quedarse embarazada. Lamentablemente el mundo ya había "entrado en guerra".

La guerra civil española azotaba la península ibérica (había comenzado en 1936 con una sublevación encabezada por Franco contra el gobierno de la Segunda República y, tras una sangrienta guerra civil de aproximadamente tres años de duración, asumiría en 1939 el poder absoluto de España).

Los fascistas derrocaron al gobierno español, legalmente constituido, siendo este el trágico preludio de la Segunda Guerra Mundial. La suerte de España quedó ligada a las ambiciones y al destino de un hombre, autócrata, contradictorio y enigmático: el generalísimo Franco.

El segundo hijo de Augusta se llamaba Paul y nació en la primavera de 1937, cuando el ejército alemán invadía Austria sin encontrar resistencia, anexionádola oficialmente a Alemania.

Se había apoderado de Austria y luego, en octubre, con la llegada del otoño se apoderaría del país de los Sudetes checos (Checoslovaquia), sin disparar un solo tiro. Luego a instancias de Alemania, Polonia y Hungría se adjudicaron zonas checas con minorías polacas y magiares. Los primeros meses de vida de Paul fueron extremadamente peligrosos, como un presagio de lo que significaría su propia vida y la vida de mi hermana, de su otro hijo August y de su esposo, enrolado en el ejército.

El 15 de marzo de 1939, las tropas alemanas entraban a la capital checa (y allí se marchaba el esposo de Augusta). Hitler aquel día anunció al mundo: "Checoslovaquia ha dejado de existir". Y el mundo se dio cuenta de que las vidas que estaban en juego eran millares.

El inevitable trance hacia la Segunda Guerra Mundial ya estaba en marcha. Y cuando el "proceso de la muerte se inicia", nadie ni nada puede detenerlo.

La vida de Augusta desde aquel día se transformó en un verdadero infierno y seguiría siéndolo, dentro de su alma, hasta el mismo día de su muerte.

Ella tuvo que trabajar durante toda la guerra de enfermera. A su esposo no lo volvió a ver nunca más desde la invasión a Praga y se quedó sola con sus dos hijos a los que debía alimentar, criar y cuidar.

Al iniciarse la Segunda Guerra Mundial, August tenía seis años y Paul dos años.

Se aferró a ellos como la única tabla de salvación que puede sostener a un ser humano en los fragores de la guerra. Corría de un lado al otro para tratar de conseguirles la leche y el pan diario y continuó amamantándolos a los dos, como un modo de seguir dándoles más alimento en un mundo que se debatía entre la miseria y la destrucción.

Pero nada de los horrores vividos se comparaba con lo que tendría que vivir aún. En el fragor de la guerra se combatía en las playas, en los lugares de desembarco, en los campos y en las calles, en las colinas y en los montes. Parecía como que nadie nunca iba a rendirse y el mundo seguiría en una guerra perpetua. Ese era el sentimiento de cansancio, desgaste y dolor que embargaba el corazón de todos.

Durante los primeros meses de la Segunda Guerra Mundial el Tercer *Reich*, al mando de Hitler, conquistó Polonia y gran parte de Europa occidental, a través de un sistema de combate radical totalmente nuevo.

El 1 de septiembre de 1939, los ejércitos del Tercer *Reich* invadían Polonia, dos días después, Inglaterra y Francia le declaraban la guerra a Alemania.

Por segunda vez, en veintiún años, Europa entera se alzaba en armas. Pero esta vez no se congregaron jubilosas multitudes para despedir a las tropas que se dirigían a combate, como sucediera en agosto de l914. En Berlín, un significativo silencio recibió las palabras de Adolf Hitler anunciando el comienzo de las hostilidades contra Polonia. En Londres el primer ministro Chamberlain, cuya política exterior se había orientado siempre al mantenimiento de la paz a cualquier precio, se dirigió en estos términos a la abatida Cámara de los Comunes: "Hoy es un día triste para todos nosotros. Todo aquello por lo que he trabajado, en lo que he creído, se ha derrumbado por completo".

Jamás pudo suponer el *Führer* (hasta que las pruebas le demostraron lo contrario) que Inglaterra y Francia entrarían en guerra por causa de Polonia.

Durante cinco años Hitler alcanzaría sus objetivos siguiendo con las hostilidades. Había utilizado la debilidad militar de los aliados y de los distintos intereses de ambos países, de la inseguridad a la que estaban sometidos, de sus mutuas sospechas, que no les dejaban lograr una alianza indestructible y sobre todo, del terrible miedo a la guerra. Pero Francia e Inglaterra no aceptaron los argumentos de Hitler, de que solo agarraría para Alemania lo que le pertenecía por derecho. La invasión a Checoslovaquia en 1938 lo atestiguaba y, cuando Alemania ocupó las provincias checas de Bohemia y Moravia, Francia e Inglaterra se dieron cuenta de que tenían que prepararse para una guerra y comenzaron el rearme.

Luego Hitler puso los ojos en Polonia y exigió la devolución de la ciudad libre de Danzig, derechos de paso a la Prusia oriental a través del corredor polaco y ciertas atenciones para la minoría alemana que vivía allí. Francia e Inglaterra le comunicaron que apoyarían a Polonia si Alemania forzaba la situación.

Por aquellos días llegaron cartas de Estados Unidos de mis hermanos *Leo* y *Willy* y también de Canadá de mi hermana Helen, que ya tenía también dos hijos. *Leo* y *Willy* se habían casado con dos estadounidenses, pero nunca tuvieron descendencia. Los tres me demostraban su preocupación por la situación de Augusta.

A los pocos días de haber recibido las cartas de mis hermanos que estaban en la América del Norte, llegó una nueva carta de Augusta, con una foto. Aún hoy me parece verla con un abrigo negro casi hasta el suelo, su hijo Paul en brazos y su hijo mayor, August, caminando a su lado y agarrado de su abrigo con su manita derecha. A Augusta se la veía preocupada, mientras que el niño menor que llevaba en brazos miraba hacia delante con el rostro triste y August miraba hacia mí, o hacia el infinito, no lo sé, con un rostro indiferente y serio.

No puedo avanzar en mi relato... es muy fuerte lo que voy a decirte... Tal vez a ti también te afecte hasta llegar a las lágrimas, porque el instante que fijó aquella foto fue quizá el último de su vida en el que Augusta tuvo a su hijo menor de dos años en brazos. Los soldados nazis se lo arrancaron de su pecho.

Entre la población alemana también hubo víctimas de los nazis. A los niños alemanes de madre y padre de sangre pura se los elegía selectivamente para luego, cuando estuvieran en la edad adecuada, poder educarlos de forma metódica, mental y físicamente apta para defender el país o prepararlos para morir en suelo extranjero. Hitler quería formar una raza perfecta. Y este proceso se iniciaba puntualmente a los diez años de edad, aunque desde muy niños los iban ambientando en toda esa estructura gigantesca que se movía con un solo fin: dominar el mundo. La *Jungvolk* era la organización que preparaba a los niños de diez a catorce años para convertirlos en miembros de las Juventudes Hitlerianas. Los folletos que hablaban de la *Jungvolk* decían: "Para nosotros una orden y un mandato son las obligaciones más sagradas. Porque toda orden viene del personaje responsable y en ese personaje confiamos: el *Führer*... Así nos presentamos ante vosotros, padre alemán, madre alemana, que preparamos y educamos a vuestro hijo y lo modelamos para convertirlo en un joven de acción, en un vencedor. Él ha ingresado ahora en una escuela dura, para que sus puños se hagan de acero, su coraje se fortalezca y para que reciba una fe, una fe en Alemania".

Por eso quisieron llevarse a los hijos de Augusta. Pero era tanta la fuerza con la que ella luchó para evitar que le quitaran a sus pequeños que temió por sus vidas. Los nazis finalmente le dijeron que con ellos estarían a salvo, que ellos querían preservarlos. Por eso se los llevaban.

Intentaron por la fuerza arrebatarle también a August pero ella gritaba y daba empujones, daba golpes con sus puños y arañando el rostro del verdugo alcanzó a zafarlo de sus manos. El soldado le dio un empujón a Augusta y volvió a sacarle al niño. Sin embargo, al agarrarlo por la fuerza entre sus brazos, el soldado notó que el niño tenía una cicatriz sobre el párpado izquierdo; entonces dándole un empujón lo tiró a los pies de su madre que se arrojó a auxiliarlo, llorando desconsolada. La cicatriz aquella había salvado a August de un infierno. Pero al pequeño Paul nada pudo salvarlo.

Corrió desesperada detrás de los soldados, de la mano de su hijo mayor, cayéndose y levantándose, mientras el más pequeño gritaba "mamá, mamá" y le extendía los brazos sobre los hombros del soldado que se alejaba raudo hacia un camión del ejército que estaba en marcha. Allí lo esperaba un grupo de soldados con un grupo de niños rubios como el sol. Como su hijo Paul.

Llegó corriendo con su hijo mayor en el instante preciso en que el camión se marchaba a toda velocidad. Uno de los soldados que iba parado en la parte trasera le apuntó con un arma y le gritó.

—Si vienes detrás de nosotros será porque quieres que te violemos —y largó una carcajada que borró el llanto desesperado de los niños.

El camión partió raudo en medio de la muchedumbre. Fue la última imagen que tuvo de su hijo. Y la guardó para siempre en su retina. Mientras tanto ella corría llevando en sus brazos a su hijo August detrás del camión que se perdía por una calle que bajaba hacia el norte. Gritaba tanto que la gente la rodeó de inmediato ofreciéndole su escasa ayuda. Ella a punto de desvanecerse comenzó a vomitar de la descompostura que aquel drama le producía y solo atinó a dar la dirección de su mejor amiga pidiendo que la llevaran a refugiarse en su casa.

Aferrada a lo único que le quedaba en este mundo, a su hijo mayor de seis años, Augusta llegó a la casa de Erna, su mejor amiga. La acompañaba el grupo de personas que la habían auxiliado.

Augusta vivió un mes postrada. Solo la mantenía viva el único "ángel" que le había quedado. Su hijo mayor.

Un mes más tarde, una mañana, llamaron a la puerta de la casa de Erna que atendió sin saber quién estaba haciendo sonar el timbre. Un joven se encontraba frente a la puerta con un sobre en la mano y preguntaba por la señora madre del pequeño niño rubio de seis años que un mes antes había pedido ser llevada a esa casa. Erna temía por Augusta y el pequeño y contestó que ya se había marchado; entonces el joven le acercó el sobre que contenía dos fotos de Augusta y de sus hijos. Le explicó que aquella fatídica mañana había estado sacando varias fotos y no pudo evitar hacerlo cuando pasaban Augusta y sus hijos junto a él. Por la ternura que aquella madre y sus dos niños inspiraban al verlos pasar, ensimismados en la dura realidad que los rodeaba. El joven era un fotógrafo de un periódico alemán y, al presenciar el rapto del hijo menor de Augusta por los nazis, no dudó en acercarle, cuando pudo, unas copias de aquella foto que, sin duda, valoraría como un tesoro, pues guardaría para siempre la última imagen del pequeño Paul. Y dado que él fue uno de los que la acompañó hasta la casa de Erna, allí estaba de nuevo, un mes más tarde, con el instante eternizado del último minuto del pequeño.

Augusta nos contaba todo eso en su triste carta; por tal motivo nosotras, Julia y yo, habíamos podido recibir aquella foto y conocer, por única y última vez, el rostro de aquel sobrino del cual jamás Augusta volvió a tener noticias mientras vivió en este mundo.

Yo no podía dejar de mirar aquella foto y no podía dejar de llorar. La tinta de la carta se había corrido y las letras comenzaban a borrarse. Lloré hasta quedarme sin lágrimas, como queriendo acompañar a mi hermana en aquel eterno duelo del que ya no se recuperaría jamás.

Con Julia y mis hijos nos abrazábamos y nos consolábamos. Juntos derramamos muchas lágrimas y le escribimos una carta tras otra, para darle fuerzas, pues aún debía seguir viviendo por el hijo que le quedaba en un país que se estaba debatiendo en medio de la guerra.

Mi esposo Enrique seguía viviendo por aquellos años en el campo de Alpachiri, Las Vizcacheras, y yo tuve que afrontar aquel trago amargo con verdadera entereza...».

XXXII

EL ÚLTIMO TRAMO

Domingo, 10 de agosto de 1980

«Siento que estoy llegando al final del largo camino de mi historia...

He cumplido noventa y un años y no sé hasta qué edad llegaré. Solo Dios lo sabe, para mi serenidad y alegría y la de cualquier ser humano que viva en este mundo. Es mejor no saber nunca cuándo será el día final. Yo ya estoy en el último tramo.

Pero la vida, ese don misterioso y divino que nos hace ser irrepetibles y únicos, se me fue volando...

Cuando cumplí los doce años y me quedé sola con mi hermana Julia en Argentina, el tiempo era una carga demasiado pesada para mí (aunque nunca imposible de sobrellevar). Recuerdo que me sentaba bajo los árboles del huerto y pedía a Dios que pasara rápido, pues había concluido que tiene una sola y gran virtud: aliviar las penas, suavizar los dolores y ayudar al olvido. Tiene también un único y gran defecto: envejecerlo todo, donde nada, nunca, es para siempre.

Comprendí que aquel verdugo hacía volar mis horas felices y se detenía en mis días de desdicha, transformándolos en eternidad. Su juego era un juego injusto. Descubrí que yo podía alterarlo si me aferraba a la fortaleza, al buen ánimo, al sentido del humor y a la risa, pues todas esas cualidades me

353

ayudaban a alegrar el alma. Y así, "vestida" con esta armadura invencible, él no podría conmigo...

... Después de que terminara la Segunda Guerra Mundial, tuvimos noticias de que Augusta se había salvado junto al único hijo que le había quedado. Ambos vivían juntos en Alemania, pero hace veinte años, aproximadamente, que he perdido el contacto y no sé nada de ella.

Helen continuó su vida en Canadá junto a su familia; y mis hermanos varones, Leo y su esposa Lidia y Willy junto a Dorothy, residen en California. Después de sesenta años sin vernos, mis dos hermanos varones me visitaron en Argentina. Primero viajaron Leo y su esposa y diez años más tarde lo hizo Willy. Fue la única y última vez que los vi a cada uno de ellos. La visita de Willy me trajo reminiscencias de nuestra infancia, pues Julia se había trasladado hasta La Pampa desde Córdoba, donde vivía con su hija Clara, para que los tres estuviéramos juntos. Y así anduvimos, inseparables (recorriendo y saludando a todos), desde la mañana a la noche. Sabíamos que era el último tramo del camino y aprovechamos intensamente cada minuto de ese tiempo que Dios nos había vuelto a regalar. El tiempo de esos reencuentros fue un tiempo precioso y no lo desperdiciamos.

Años más tarde, mis hijos Amalia y Luis, en diferentes periodos y circunstancias, visitaron a Helen en Canadá y a mis dos hermanos en California.

En la década de los cuarenta, mi hija mayor, Amalia, se trasladó a vivir a Buenos Aires con su única hija, Olga.

Mi hijo mayor, Francisco (Pancho) vivía en una de las casas de la estancia San Francisco y junto a mis otros dos hijos, Enrique y Roberto, me ayudaron a sacar adelante la organización del campo. Tuvo tres hijos: Óscar, Marta y Nilda. Cuando se hicieron mayores, Pancho se trasladó con su familia a Villa Maza.

Mi hija Olga Esther (Tití) siguió viviendo durante muchos años en la estancia La Pala. Tuvo tres hijas mujeres:

María Esther, Azucena y Delia. No hace mucho, cuando ya sus tres hijas se habían casado, ella y su esposo dejaron aquella estancia, tan llena de recuerdos, y compraron un campo en las cercanías de Toay para vivir más cerca de toda la familia.

Mi hijo Enrique se casó el 22 de febrero de 1947 con una joven de nombre Leonor y tuvieron tres hijos: Nélida, José y Luis. Vivieron en la estancia San Francisco, en una de las casas, al igual que Francisco, y cuando los hijos tuvieron que ir a la escuela, compraron una quinta en Catriló. Pusieron una vaquería y mi hijo se encargaba de repartir la leche que se consumía en el pueblo. De todos mis hijos, fue el único que sufrió uno de los dolores más grandes que puede soportar un ser humano: la pérdida de un hijo. Luisito murió con once años.

Tu padre, mi cuarto hijo, se casó con Velda el 9 de agosto de 1951 y vivieron conmigo en la casa principal de la estancia hasta 1956. Luego naciste tú, y siete años después tu hermana Victoria. Tus padres han vivido alternativamente entre la provincia de Buenos Aires y La Pampa, según les iban llevando sus trabajos y finalmente se instalaron aquí, en Santa Rosa. Igual que mi padre (no por otra cosa lleva su mismo nombre), Roberto siempre fue nómada por naturaleza.

Luis, el menor de todos, ingresó en la Marina y se retiró con el grado de capitán de fragata. También estudió en la Universidad y se licenció como Contable (título que le valió para ocupar el Ministerio de Economía en la provincia de Neuquén y la provincia de La Pampa). Se casó con Marta el 14 de diciembre de 1957 y tuvieron cuatro hijos: Bernardo y Patricia (mellizos como él), Guillermina y Carolina.

Mi esposo Enrique, tu abuelo, falleció el 15 de mayo de 1956. Le quise con toda el alma, pero la vida nos terminó llevando a uno lejos del otro. Hubiera querido poder estrecharlo entre mis brazos en su última hora, pedirle que me perdonara, decirle que lo perdonaba, pero no pudo ser. Después del trago amargo de haber perdido nuestra estancia

San Francisco compró el campo de Las Vizcacheras y allí vivió
hasta el final. La muerte lo sorprendió a la hora de la siesta,
recostado en su cama. No se sintió bien y le pidió a Chon un
vaso con agua. El buen muchacho fue a toda prisa, pero
cuando llegó, el alma de Enrique ya se había marchado. Tu
padre y tu madre dejaron la estancia San Francisco donde
vivían contigo y fueron a hacerse cargo de aquel campo, hasta
cuando se dispusiera la sucesión. Yo, ante esta pérdida
irreparable, abandoné la estancia en ese mismo año y me
marché a vivir cerca de mi hija Amalia a Buenos Aires. En
1964 regresé a La Pampa y me instalé en Santa Rosa para estar
más cerca de mis hijos. Y aquí estoy... hasta que Dios lo
disponga ...

—Abuela, ¿y tu hermana Julia?

Mi hermana Julia casó a sus cuatro hijas: Rosa, Rosalía,
Clara y Saturnina y ha vivido en casa de su hija Clara en la
ciudad de Córdoba. En 1976 vino a visitarme. Fue la última
vez que la vi y al despedirnos me dijo: "La que se marche
primero que espere a la otra en la puerta...". Ella ha sido la
única persona de mi sangre que me ha acompañado en mi
largo camino desde que saliéramos un día lejano de nuestra
Rusia natal. Sé, con certeza, que las dos tendremos una promesa: cuando Dios disponga que yo me marche, si ella se ha
ido antes estará esperándome como siempre y para siempre. Y
si yo me voy antes, allí estaré en el umbral haciéndole señas
con la mano para darle la bienvenida...».

EPÍLOGO

«Aquí estoy, entretanto, casi al final del largo camino de mi vida, pero aún continúa y hay posibilidades para el olvido. Para olvidar aquello que nos causó dolor, ignorar los antecedentes de cada recuerdo. Sonreír siempre.

En el ocaso de mi existencia, bendigo todo lo que la vida me dio. Bendigo las penas y las alegrías, los sinsabores y los aciertos, el amor y el desamor, la felicidad y la desdicha. Todos los matices que pintaron mis días y que le dieron un sentido intenso de vivir a las veinticuatro horas de cada día. Siempre como si fueran las últimas. Perteneciéndome. Pues es lo más valioso que tengo. Mi tiempo. El tiempo de mi vida. De esa vida que nos hace únicos e irrepetibles y de la que ya nadie habrá, ni podrá vivirla, tal cual lo hemos hecho cada uno nosotros. Nunca habrá nadie como tú ni como yo. Nunca más en la historia del mundo. ¿No te parece demasiado grande el misterio que encierra cada existencia humana y el valor que contiene?

Y todo lo que somos, nos viene dado como una gracia de la vida. Yo heredé de mi padre aquel espíritu viajero y el irrenunciable compromiso con las ideas. Con el tiempo también lo heredaron mis hijos y mis nietos. Aunque por las circunstancias del destino nos quedamos anclados en medio de la extensa geografía de la pampa argentina (aquel mar inmenso de trigos y centenos, mucho más suave que aquel que un día atravesé con mi padre), mi alma viajera no reposó jamás. Mi mente voló siempre hacia los más tiernos recuerdos de mi infancia, aquellos en los que me he cobijado y refugiado siempre cada vez que he sentido próxima alguna sombra de muerte.

Hay personas que van haciendo su vida día a día y hay otras que pareciera que su vida es un círculo perfecto, donde todo está escrito en las estrellas. Mi padre fue de esas personas que intuyeron su destino ya marcado y peregrinaron por él hasta el final. Sin claudicaciones, con entereza, con valor. Cumpliendo sus sueños.

Indescifrable y profunda, cada persona vive su vida siguiendo sus sueños, deseando lograr con las obras reales lo impalpable de su designio. Algunas llegan al final transmitiendo júbilo, paz y sabiduría. Ojalá yo lo haya logrado a través de esta maravillosa experiencia de contarte mi vida. Ojalá te hayan servido mi experiencia y mis años vividos para que evites equivocarte y avances por la vida sabiendo que lo que verdaderamente importa son los afectos que sembraste y que después tendrás que recolectar.

Ahora que ha pasado el tiempo, los años me han dejado esta lección: debemos cuidar nuestros sueños, mantenerlos al día, porque ellos nos acompañan durante toda la vida. Es necesario crear sueños para seguir adelante. De algo me ha quedado la certeza: ¡Nada sucede, si primero no ha sido un sueño! Eso es lo que hace que el alma jamás envejezca. Y eso es lo que he hecho: soñar primero, realizar después...

Ha pasado mucho tiempo desde que vi la luz del mundo. Casi un siglo. Pero, mientras siga viva, seguiré ordenando las piezas del rompecabezas de mi vida. Cada pieza que coloco deja un nuevo espacio para ser descubierto y llenado con fragmentos de sueños que son inagotables. Pero detrás del rompecabezas incierto y desafiante, siempre inconcluso, puedo distinguir con nitidez el rostro de mis padres y de mis hermanos que me sonríen y vuelven a desaparecer, otorgándome una identidad que habrá de significar que yo, Olga, fui todo esto que está escrito y mucho más.

Sé que permaneceré en tu memoria, por eso te digo hasta siempre. Hasta que nos encontremos en las puertas del cielo...».

NOTA DE LA AUTORA

En 1979, Julia murió a los noventa y cuatro años de edad. Nadie quiso darle la triste noticia a Olga, para no agregar una pena tan grande al peso de su corazón, ya viejo y débil.

El sábado 24 de abril de 1982, Olga salió a dar un paseo en coche por la ciudad de Santa Rosa, con su hija Tití y su nieta María Esther. El automóvil no había recorrido cien metros cuando ella recostó su cabeza sobre el asiento: se había desvanecido. La llevaron de urgencia a un hospital y allí permaneció en coma hasta el martes 27, en que murió. Tenía noventa y tres años. Dejó seis hijos y dieciséis nietos. La muerte la sorprendió paseando una tarde soleada de otoño. Tal cual ella siempre lo había deseado y tal cual su padre le había enseñado: "Piensa en algo fervientemente y terminarás lográndolo". Así tomó el sendero de lo invisible y se fue de esta vida como siempre quiso hacerlo: de pie, firme y caminando erguida, sin conocer la progresiva decadencia de la enfermedad ni la decrepitud que trae la suma de los años, ni el sufrimiento de la invalidez.

AQUEL DILUVIO DE OTOÑO

Carlos Andrade

Así partió, definitivamente, para desandar el último tramo de su largo viaje. (Aquel viaje que había iniciado en 1889 en Rusia y que concluía en Argentina en 1982). Sin duda Julia estaría en la puerta, esperándola. Y detrás de Julia se asomarían los rostros sonrientes de sus padres, de sus hermanos y de sus hermanas.

Debo decir que me propuse escribir su vida porque fue un ejemplo de entereza. Porque no se puede dejar partir hacia el olvido a una mujer del temple de Olga ni permitir que el tiempo la vaya tapando con su arena hasta perderse. Al morir, me dejó en el recuerdo su inquebrantable fe por la vida y su férrea voluntad por lograr lo decidido. Ella vivirá por siempre en mí (pues yo soy la continuación de su sangre) y jamás habré de olvidarla.

9 de febrero de 2.005.

Ɵnowtilus
ficción

EN PALACIO
NOS ENCONTRAREMOS

Antonio tiene un sueño
y está dispuesto
a cambiar su vida para
conseguirlo

SUSO CASTRO

NARRATIVA
NOWTILUS

OTROS TÍTULOS

AQUEL DILUVIO DE OTOÑO

Un coro de voces narra la épica pelea en el palacio de las grandes veladas de boxeo, el mítico Madison Square Garden de Nueva York. Dos son los combates que tendrá que librar Orestes Lagoa, alias Bruno Broa: uno frente al demoledor Ñato Pólvora Herrera, el otro, el más duro de todos, el que librará contra una infancia fallida, las pérdidas y el miedo a los lazos afectivos.

Aquel diluvio de otoño se convierte en una alegoría del combate que todos libramos en la vida, la importancia del amor, la devastación que producen las pérdidas afectivas y la confusión que nos atrapa cuando todo nuestro horizonte ideológico se derrumba.

Una novela épica, de amor, pérdidas, encuentros y huidas, donde no falta el humor y el sarcasmo. Retrato agudo del neorrealismo hispánico de los sesenta con la ternura de sus protagonistas atrapados en la violencia del box y la vida.

Autor: Carlos Andrade Caamaño
ISBN13: 978-849763458-8

EN PALACIO NOS ENCONTRAREMOS

Original e irónica, En Palacio nos encontraremos es la historia de Antonio, de los profundos cambios que se producen en su vida desde que un día decide demostrar, con una sencilla idea, que se puede viajar en el tiempo. Para conseguirlo, tiene que empezar por cambiar la persona que hasta entonces había sido, abrirse a los demás y estar dispuesto a compartir su vida.

Desde entonces, los acontecimientos se suceden con rapidez. Antonio descubrirá el amor en la persona de Julia, una encantadora mujer con mala suerte hasta el momento. A la vez, pondrá en marcha un proyecto social de gran éxito, que cambiará la vida de los que le rodean.

Así, antes de saber si el sueño de Antonio se hace realidad, descubrimos la historia de un hombre que decide cambiar su vida y logra dejar huella en los que le rodean y en generaciones futuras.

Una novela vitalista, entrañable, con un lenguaje directo, sencillo, pero cuidado y desarrollado con solvencia para más que narrar, hablarnos, sugerirnos, confiarnos las quimeras, las frustraciones y los sueños del protagonista, quien, a pesar de todo y de tanto, presiente la importancia de aprovechar la vida y de disfrutarla tal y como es porque la felicidad puede encontrarse cuándo y dónde menos lo esperas.

Autor: Suso Castro
ISBN13: 978-84-9763-375-8